凝聚隧道及地下工程领域的

先进理论方法、突破性科研成果、前沿关键技术，

记录中国隧道及地下工程修建技术的创新、进步和发展。

穿越 Chuan Yue —— 中国隧道及地下工程修建关键技术研究书系

山岭隧道
地质调查与智能技术

关宝树　关向群　编著

SHANLING SUIDAO
DIZHI DIAOCHA YU ZHINENG JISHU

人民交通出版社
北京

内 容 提 要

本书系《矿山法隧道智能建造技术》在地质调查技术领域的深化与拓展。作者通过系统梳理国外山岭隧道地质调查的创新实践,凝练出地质调查的共性关键技术体系,涵盖高精度地质地层调查方法、三维地质建模与动态更新技术、典型工程地质评价案例库构建,以及地下水赋存规律分析与涌水智能监控技术。书中结合国际先进案例,深入剖析技术原理与应用要点,旨在为我国隧道工程地质调查提供可借鉴的经验与方法。

本书兼具学术参考价值与工程实用价值,既可为隧道工程勘察、设计、施工及信息化技术人员提供技术指导,也可作为高等院校土木工程、地质工程等相关专业的教学参考用书。

图书在版编目(CIP)数据

山岭隧道地质调查与智能技术 / 关宝树, 关向群编著. — 北京 : 人民交通出版社股份有限公司, 2025. 9.
ISBN 978-7-114-20747-1

Ⅰ. U459.4

中国国家版本馆 CIP 数据核字第 2025QC7180 号

Shanling Suidao Dizhi Diaocha yu Zhineng Jishu

书　　名: 山岭隧道地质调查与智能技术
著 作 者: 关宝树　关向群
责任编辑: 谢海龙　刘国坤
责任校对: 赵媛媛
责任印制: 张　凯
出版发行: 人民交通出版社
地　　址: (100011)北京市朝阳区安定门外外馆斜街 3 号
网　　址: http://www.ccpcl.com.cn
销售电话: (010)85285911
总 经 销: 人民交通出版社发行部
经　　销: 各地新华书店
印　　刷: 北京博海升彩色印刷有限公司
开　　本: 787×1092　1/16
印　　张: 14.75
字　　数: 301 千
版　　次: 2025 年 9 月　第 1 版
印　　次: 2025 年 9 月　第 1 次印刷
书　　号: ISBN 978-7-114-20747-1
定　　价: 150.00 元
(有印刷、装订质量问题的图书,由本社负责调换)

作者简介

关宝树

西南交通大学教授，博士生导师。1932 年 9 月出生，从教 60 年，长期从事隧道及地下工程教学和科研工作，为国家培养了一大批隧道与地下工程专业人才。

作为我国著名的隧道与地下工程专家，关宝树教授曾创造性地提出了铁路隧道设计荷载的统计计算公式及围岩分类标准，是我国地下工程围岩分级的奠基人之一，为我国隧道及地下工程学科的建设与发展做出了重要贡献。

关宝树教授注重理论联系实际，主持了关角隧道、高黎贡山隧道、秦岭终南山隧道、乌鞘岭隧道等诸多重大铁路隧道工程的专家论证或专题讨论会。同时，注重引进吸收国外先进技术理念，对实践经验进行总结和提炼，编著出版了《铁路隧道围岩分类》《隧道力学》《隧道施工要点集》《隧道设计要点集》《隧道维修管理要点集》《隧道及地下工程喷混凝土支护技术》《软弱围岩隧道施工技术》《矿山法隧道关键技术》《矿山法隧道智能建造技术》等十余部专著和教材。

关向群

西南交通大学地下工程系博士，一级注册结构工程师，全国注册监理工程师，商务部对外援助项目评审专家，亚洲开发银行独立专家，曾任职于北京城建设计研究院、中国国际工程咨询有限公司，长期从事中国对外援建工程、国际承包工程、EPC 项目的境外设计及咨询管理工作。

受聘担任国际工程管理特约讲师，主讲 EPC 模式的合同、设计、策划与计划、成本优化与风险管控，为中国勘察设计企业走出去提供咨询服务。

2021 年开始写作，关注智能建造中的信息化技术应用，协助关宝树教授编写有关山岭隧道建造、地质调查和维修管理相关书籍。

Preface 前言

在山岭隧道工程的诸多作业中，地质、地层条件始终是隐藏于围岩深处的“幕后主角”——它既是工程设计的原始依据，也是施工推进的隐形边界，更是决定项目成败的核心变量。从坚硬完整的花岗岩到软弱破碎的断层带，从干燥稳定的岩层到富水高压的岩溶区，每一种地质、地层形态都在以独特的方式塑造着隧道的施工路径、技术方案与风险图谱。

地质、地层问题的本质，是工程与自然界的对话密码。当隧道掘进机的刀盘划破山体的第一道围岩，当钻爆作业的冲击波在围岩中传递，地质条件便以直观的形态显现：围岩的稳定性决定支护结构的强度，地下水的赋存状态左右着排水与堵水策略，断层破碎带的分布直接关联着塌方与突泥的风险。可以说，对地质、地层规律的认知深度，决定了工程技术的应用精度；对地质、地层风险的预判能力，衡量着施工安全的保障力度。

然而，地质、地层条件的复杂性与隐蔽性，往往使这场对话充满挑战。深埋地下的围岩变化、未探明的隐伏断层、突发的涌水突泥，常常在施工中撕开“认知缺口”，导致设计方案被迫调整、施工进度意外停滞，甚至引发安全事故。历史经验反复证明：忽略地质、地层基础的工程实践，如同在流沙上筑楼——越是急于求成，越容易陷入被动。

因此，将地质、地层调查工作置于隧道施工的前置环节与核心地位，不仅是技术层面的理性选择，更是对工程规律的敬畏与遵循。唯有以“地质先行”“围岩为本”为原则，通过超前勘探解码地质、地层信息，依托动态监测追踪岩体响应，融入多学科技术协同破解复杂地质、地层难题，才能让隧道施工在未知的岩层世界中找到可靠的坐标。

基于这样的认知，聚焦山岭隧道施工中的地质、地层问题，从勘察技术、风险应对到成本控制、三维建模等，系统探讨地质、地层条件如何深度影响工程实践，以期为同类项目提供从“认识地质”到“驾驭地质”的思路与启示。

在隧道设计、施工中，解决地质、地层问题的核心逻辑是“先探后挖、动态调整、重点施策、风险前置”，即通过精准勘察掌握地质、地层规律，依托实时监测动态响应地质、地层变化，针对具体地质难题匹配专项技术，建立全流程风险防控体系。本书将从以下几个方面展开论述：

(1)强化超前地质勘察与预报，筑牢“认知基础”，地质先行，提取有潜在施工风险的地质不确定性因素；要意识到“地质、地层风险是难以看到的”，相关人员必须实现地质、地层风险的“可视化”，切实共享情报，力图减少、避免其影响。

(2)利用数字技术，实现“动态响应”，提供高质量的、确实的地质调查情报，实现建(构)筑物的智能建造。

(3)针对典型地质难题，实施“靶向技术”，以掌子面前方探查为主，采取各种手段，切实掌握掌子面前方的围岩和地下水状况以及必须关注的地质现象，确保施工安全顺利地实施；要充分认识到掌子面前方地质调查是隧道地质调查不可缺少的重要一环。

(4)围岩为本，获取与围岩分类、分级、三维建模有关的地质要素，为初步设计奠定良好的基础。

(5)构建全流程风险防控体系，做到“风险前置”，利用新技术提供高质量的、确实的地质调查情报，实现高质量的隧道建(构)筑物的智能建造。

解决隧道地质、地层问题，本质是“尊重地质规律、主动适应自然”的过程。从超前勘探的“探”，到动态调整的“变”，再到靶向技术的“治”，每一环都需以地质数据为依据，以风险防控为底线。唯有如此，才能让隧道施工在复杂地质环境中从“被动应对”转向“主动驾驭”，最终实现安全、高效、经济的工程目标。

“地质、地层”是从国土和城乡规划到建(构)筑物的规划、调查、设计、施工、维护管理等所有领域共通的“土木工程领域的枢纽”，所有参与相关工作的科研人员及工程技术人员应深刻认识其重要性。地下笃行，需要审慎的科学解释来支撑，同时，更需要行业有效的协同共享等工作机制来保障。

作　者

2025 年 6 月

Contents 目录

山岭隧道地质调查与智能技术

凝聚隧道及地下工程领域的

先进理论方法、突破性科研成果、前沿关键技术，

记录中国隧道及地下工程修建技术的创新、进步和发展。

SHANLING

DIZHI DIAOCHA

YU ZHINENG

SUIDAO

JISHU

第1章 概述

隧道是修筑在天然地质体中的线状构筑物,地质的不确定性是主导隧道建造的基本要素。目前,地质不确定性的评估大多还是依靠经验观察,通过地质调查是减少地质不确定性影响的重要环节。

思考的方向就是:

调查什么? 核心内容和相关内容的细化。如何快速获得更准确和详细的地质资料? 特别是掌子面前方的地质和水文情报。如何提高调查效率? 如何帮助工程师快速理解调查资料并快速决策? 在明确地质调查方法论的基础上,最后落脚点到如何利用快速发展中的新技术?

1.1 地质调查的概念及特点

地质调查指利用各种知识和方法，对基础设施的地质、地层数据进行调查、解析，将其提供给相关各方，以此进行设计、施工以及维护管理。地质调查是所有基础设施建设的基础。

与其他工程相比，隧道工程的智能建造技术发展比较迟缓，其根本原因是隧道为修筑在天然地质体中的线状构筑物，地质的不确定性是影响隧道建造的基本要素。迄今为止，对地质不确定性的评估大多还是依靠经验观察。

为了减少地质不确定性的影响，除健全、完善设计、施工前的一般调查外，更为重要的是分析和评价事前掌握的围岩的地质和地层状况，将地质调查作为建设过程中的重要一环。

众所周知，隧道施工中的地质环境是极为不匀质的，沿着隧道前进方向不断变化，且大多数是不可见视（隐蔽的），无法仅根据事前调查掌握全貌。为此，在地质调查中要尽可能地收集、掌握有效的地质情报（数据）。例如详细的地形图、钻孔数据、周边调查和相关设计的历史报告、施工记录等。在工程的早期阶段，难以全面进行实地地质调查时，分析早期阶段收集的地形、地质、地下水等情报的“质”和“量”极为重要。

地质调查是指根据资料调查、地形调查、地层调查、钻孔调查、物理探查等，推定地质、围岩的性状，获取钻孔数据、地层物性数据、地形判读图、地质平面图、地质纵断面图、围岩分级和推定物性分布等情报，可靠的地质调查能为设计、施工奠定良好的基础。

隧道的特点之一是地质状况大多数是隐蔽的、不可视的，直接确认地质、地层存在困难。因此，在工程各阶段应以必要的精度进行地质调查，明确隧道周边及施工影响范围内的地形、地质、水文等围岩条件。调查不足或调查精度低，是遗漏重要地质、地层风险源的重要原因。此外，提高资料调查、地质踏勘、地质构造分析等的精度十分重要。

在隧道建造过程中，地质调查在任何阶段都是不可或缺的。随着工程项目的推进，地质情报的“量”和“质”都在增加，地质的不确定性也在逐渐消除。因此，只有进行详细的地质调查，才能明确不确定性程度和地质及地层风险（图 1-1）。

从调查现状出发，隧道工程中的地质调查重点主要有以下几个方面：

（1）地质先行，提取成为施工风险的地质不确定性因素；要意识到“地质、地层风险是难以看到的”，必须实现地质、地层风险的“可视化”，切实共享情报，力图减少或避免其影响。

（2）围岩为本，获取与围岩分类、分级、三维建模有关的地质要素，为初步设计奠定良好的基础。

(3)以掌子面前方探查为主。采取各种手段,切实掌握掌子面前方的围岩和地下水状况以及必须关注的地质现象,确保施工安全顺利地实施;要充分认识到掌子面前方地质调查是隧道地质调查不可缺少的重要一环。

(4)利用新技术获取高质量、确实的地质调查情报,实现高质量的隧道建(构)筑物智能建造。

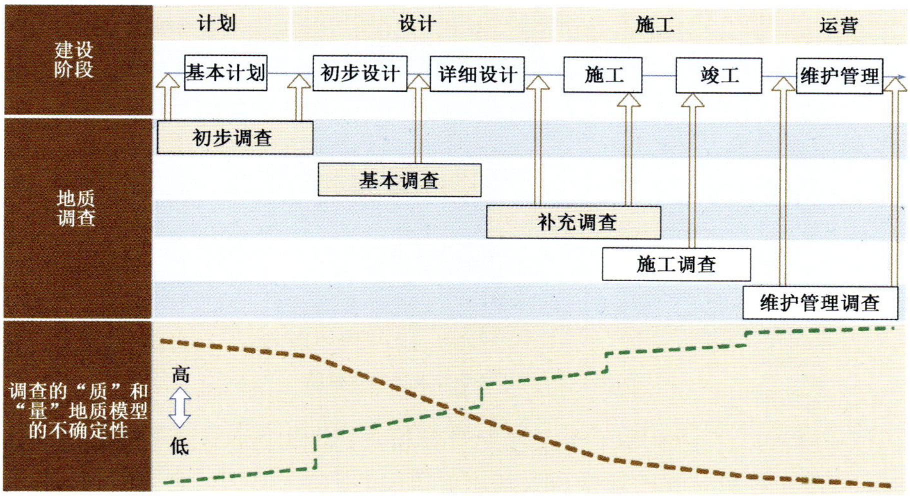

图1-1　各阶段的地质调查流程

1.2 地质调查作业流程

地质调查作业流程如图1-2所示。

从当前地质调查的现状看,人工智能(AI)、大数据、物联网(IoT)、图像处理、机器人等数字技术已逐步应用于地质调查的量测、监控、数据解析等业务中,在地质可视化、提高调查效率等方面发挥了重要的作用,成效显著。

智能化时代的地质调查和分析基于地质模型,重点关注用于风险控制和预测掌子面围岩的三维解析。地质三维模型是地质调查和风险预测的载体,是智能时代的产物,是数据的容器、可视化的表达,也是重要的解析工具。

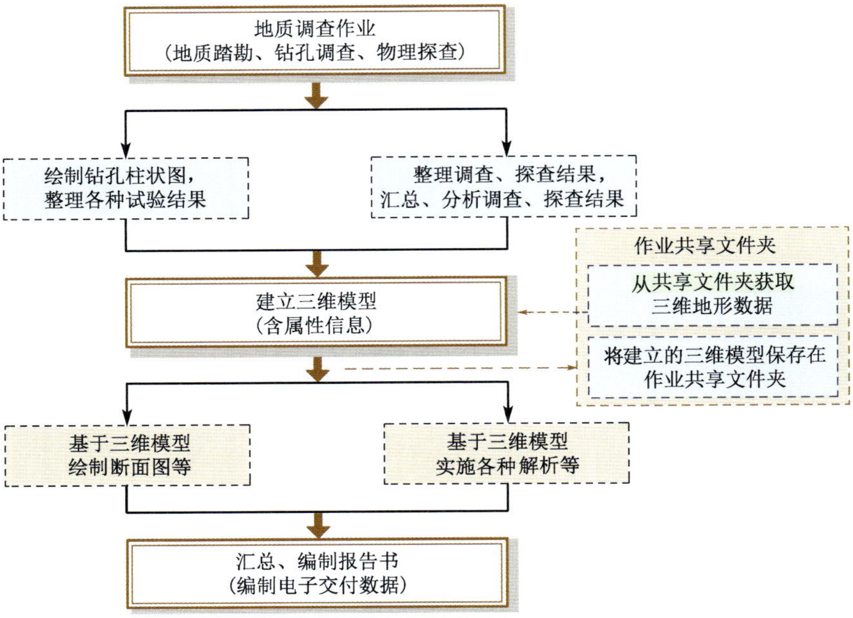

图 1-2　地质调查作业流程示意图

关于三维模型中的数据，地表地质踏勘、物理探查、钻孔调查、孔内量测、孔内试验等的调查结果，这些基于调查位置的情报可反映到可视化的三维模型中，地下水分布等必要情报也要反映到三维模型中。地表地质踏勘的结果和原位试验、室内试验的结果，要作为属性情报赋予三维模型。岩石试验、原位试验等试验结果，是调查地点的情报，要明确表达。基于这些物性值推定的围岩物性代表值，也要反映到三维模型中，赋予地层名、岩类、单轴抗压强度、围岩级别等属性情报。

在地质调查中，要进行以隧道变形、掉块为主的解析以及确认施工对周边影响的解析，基于这些解析构建相应的三维模型。

模型构建过程中，除了沿隧道中心线的调查外，还要实施洞口附近边坡的调查和小埋深地段的调查等。这些调查与隧道本体调查的目的不同，要构建与隧道不同的地质、地层模型。以地表地质踏勘、物理探查、钻孔调查等结果为主构建围岩的三维模型，根据调查数量、模型化的地层和构造的复杂性，构建模型的时间也存在较大的差异。

地质平面图、地质纵断面图、物理探查结果断面图等都是沿隧道中心线编制的。二维图纸的作业来自三维模型，其中高程线、距离标、表题、简略柱状图等都要按图面整理。二维图纸作为三维模型的成果呈现，目前仍然是非常必要的。

1.3 地质调查工作内容

1) 现场调查

- 地表踏勘(表层地质图)。
- 钻孔调查(采样、N 值、渗透试验)。
- 土壤污染调查。
- 物理探查(电气探查、S 波探查、电磁波探查)。
- 原位试验(现场剪切试验)。

2) 遥控、IoT 实时量测

- 量测监视。
- 变异的实时监视、安全性评价。

3) 室内试验、分析

材质分析、材料试验、水质分析、土的三轴抗压试验等。

4) 建立带有数据情报的三维模型的基础数据

- 基于三维模型的建模理论、技术和软件。
- 基于隧道和围岩、地下水的特性。
- 基于数据,以及数据更新和继承。

5) 地质解析、评价

- 利用数值解析方法预测、评价。
- 变形解析、地下水流动解析。
- 热、力、流动的联合解析。

6) 专家地质咨询

- 根据调查计划、调查实施、调查结果,评价并解决地层问题。
- 建立地质情报数据库、三维化,用于数据收集、施工及维护管理。
- 既有钻孔情报数据库,用于地质风险管理和灾害对策研究。
- 与三维模型协作。

地质咨询业务如图 1-3 所示。

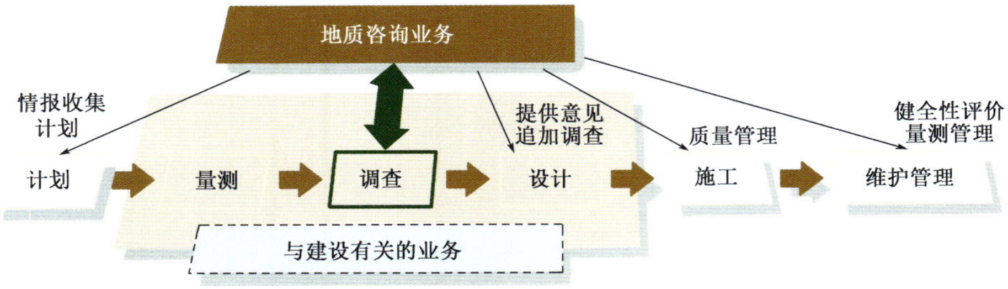

图 1-3 地质咨询业务示意图

7) 构建地质情报数据库

建立数据库,收集不同工程的相关情报(地质、地层情报、地下水情报、工程记录等),并将其作为共享的公共资产。良好的数据库可以减少地质、地层不确定性导致的工程风险,通过共享情报,可以推动地质、地层研究的持续深化。

地质情报数据库示意如图 1-4 所示。

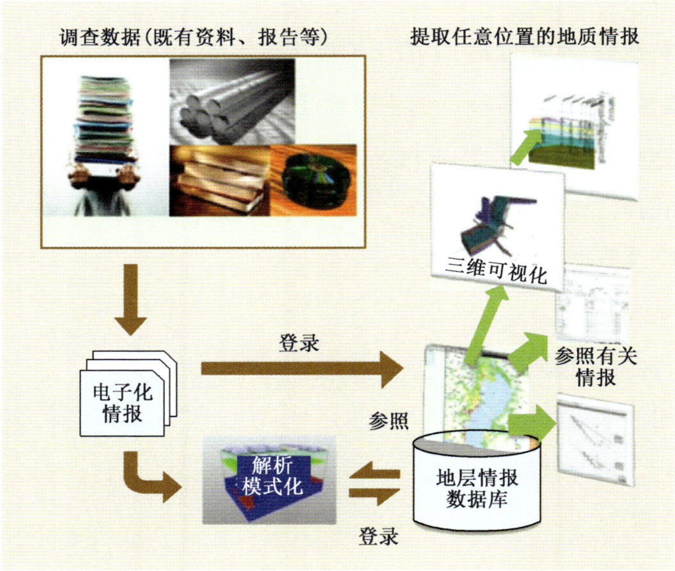

图 1-4 地质情报数据库示意图

与地上建(构)筑物的建造相比,隧道修建与地质地层有着密切关联,必须在设计施工前对地质进行周密的观察、监控,并进行动态调整。针对较大范围且详细的地层状况调查存在时间和成本的困难,因而需要开发针对性的新技术。

基于三维数据实现调查、设计、施工以及维护管理的一体化,有助于施工期间的数据更新与维护,并为未来管理者的数据筛选和系统开发提供有效的支撑。

1.4 隧道地质、地层调查应重视的技术问题

地质、地层问题是建(构)筑物的规划、调查、设计、施工、维护管理等各个阶段共同关注的重要事项,需要工程技术人员深刻认识到其重要性。

(1)地质、地层调查方法的可视化技术

目前,地质、地层调查方法很多,通过这些方法能够实现地质、地层情报的二维可视化表达。随着三维可视化技术的不断发展,地质、地层三维可视化表达成为重要的发展方向。

首先,实现地质、地层的可视化,依赖地质、地层模型的精细化和集成化。

"地质、地层模型的精细化、集成化"不仅是对地质、地层调查而言,还要阐明地质、地层与建(构)物的相互作用。涉及固体力学,以及不受达西定律限制的流体力学的处理、对长期行为的化学反应等。

其次,地层和地下空间数据来源多样,对不同种类的数据进行综合分析并可视化一直是研究的重点。这与医疗领域寻找看不见的内部状态的行为是共通的,没有外科医生会在检查诊断和可视化不充分的情况下实施手术。隧道的建造和运营也需要可视化的地层状态,同时要利用地层和建(构)筑物的历史记录,共享地层情报,进行数据的综合分析和维护管理。

(2)重视施工管理和调查

在隧道施工过程中,应进行周密的观测、监控,实行以数据为依据的精细化施工和全过程管理一体化。在选择适当调查方法的同时,应始终将安全置于首位。鉴于获取较大范围且详细的地质、地层状况存在困难,亟需研发价格低廉且能够详细掌握地质、地层状况(地质和水文地质)的探测技术。

(3)强化地质、地层风险管理

地质、地层和隧道问题,本质上存在很多未知和不确定因素,因此积累地质风险评估实践经验并深化建设单位的理解至关重要。在施工单位对等协作的基础上,切实推进地质风险的数据管理。具体来说,推动三维数据的调查、设计、施工与维护管理协同,强化施工期间的数据更新和维护管理,为管理者的数据筛选和系统开发提供支撑。

构建由经验丰富的专家参与的风险管理体制,加强多方协作。在每个项目启动阶段,以及后续定期开展正式的风险审查。必要时更新数字模型以确保模型保持最新状态,并适时调整隧道工程的风险管理目标。

(4)地质、地层数据的整合和利用

地质、地层数据的整合和利用，旨在实现地质、地层情报的共享和数据的综合分析与可视化。

首先，应系统收集各种地质、地层情报，并包括建(构)筑物的详细情况、施工记录、施工过程中的故障情报，地质、地层状况困难时的施工实践等，这些都是今后可以利用的重要情报。因此，应在各类工程中获取地质、地层、地下水及工程记录等信息，构建统一数据库，作为共享资产，进行授权访问和综合管理和利用。

其次，日本在灾害调查中利用数字信息归档系统(Digital Integration and Analysis System, DIAS)，不仅汇聚多源数据，还实现了多类数据的综合分析与可视化，强化了对数字模型的构建、管理和应用。

应根据隧道工程的范围、规模和背景，确定其数字表征和建模的复杂程度。数字模型可包括但不限于以下情报：

- 规划和未来发展。
- 三维(3D)空间设计的安排和约束。
- 物理调查，包括现场调查、地质数据(3D 围岩和水文地质建模)。
- 现有条件和基础设施，包括建(构)筑物、地层和公用设施。
- 施工工地、工序和后勤保障。
- 仪器、仪表和监测设备。
- 在数字模型中表示围岩(及相关围岩动态)的不确定性。

(5)强化地质、地层领域的综合知识学习

作为隧道工程技术人员，要判断可视化的地质、地层的准确性，需要能理解施工对象的地质、地层成长经历。此外，为了强化技术人员对地质、地层领域综合知识的掌握，还需要开展有关地质学、地球物理学、火山学、地形学、土壤学等专业知识的培训。

(6)施工人员从设计阶段开始参与

地质调查行业涉及防灾减灾、能源开发、环境保护、基础设施管理、资源开发等诸多领域，需要更多专业人才投身其中。这些人才不仅需具备地质学等理学背景，也应掌握建(构)筑物和力学等工程知识。

当前，因前期设计、施工准备不足导致建设费增加的事例不少。应从设计阶段起就与施工方协同合作，在明确设计规格的同时确定合理的招标方式，并引进将设计和施工相接合的一体化技术方案，这对于优化合同形式也很重要。应该认识到，调查者对设计的参与，以及设计者对调查的再次确认，都将极大地促进业务整体的最优化。

本章关注

- 隧道施工的重点是地质先行、围岩为本，地质调查要以掌子面前方探查为主，利用新技术提供高质量的地质调查情报。
- 地质调查已逐步引入 AI、大数据、物联网、数据库、图像处理、机器人等数字技术，在地质可视化、提高调查效率和安全性上发挥了重要的作用，效果显著。
- 隧道地质调查中要重视地层可视化技术、模型精细化和集成化、地质情报共享，加强对数字模型的构建、管理和利用。

SHANLING

DIZHI DIAOCHA

YU ZHINENG

第 2 章 山岭隧道的地质、地层调查

关于地质调查首先要知道的就是调查的内容和调查的方法论。

隧道地质调查的重要性毋庸置疑，包括一般调查、重点部位调查、风险调查等，旨在通过多种地质调查手段了解围岩、地下水和涌水的情况和可能的风险。

依赖经验的地质调查能否变得确定性更高?

智能建造时代的地质调查拥有了更多的调查手段和智能化的围岩解析能力，这无疑会大大有助于后续的隧道施工，从而提高作业效率，确保施工安全和质量。目前要知道的是，传统技术因新技术引入带来的变化? 新技术拓展了地质调查的边界。

容易忽略的是调查成果的利用，这就涉及数据的标准化、交付和共享。在数字化时代共享的前提是要有高质量的数据，因此数据存在格式和要求。

地质、地层与水、大气一样，是包括人类在内的众多生物赖以生存的活动的基础。对基础设施而言，地质、地层在提供支撑的同时也对建（构）筑物产生负荷，构成工程建设的根本条件。因此，理解和利用地质、地层结构和性状，并有效管理地质信息，对基础设施的合理利用具有决定性的影响。

地质、地层为自然物，非均质性高，具有地域性、多样性、个性化，从细节上预先了解其性状极为困难，存在许多未查明要素。这些都会造成地质、地层问题的不确定性。特别是隧道工程中，自然条件或社会条件的不利影响，常造成工程费用大幅增加、工期延长，甚至引发重大经济损失。

地质、地层在土木工程领域尚未形成明确定位，不能仅从狭义的地质、地层学的视角来理解，而是要积极扩展到地形学、地质学、地球物理学、土壤学、生物学、生态学等相关领域，以跨学科方式重新构建认知。对于任何类型的地下工程而言，开展高质量、适应地质条件和工程特点的施工前调查都是至关重要的。调查不充分或不准确，往往导致工程质量差且增加不必要的成本。

隧道地质调查的重要性毋庸置疑，包括一般调查、重点部位调查、风险调查等，旨在通过多种地质调查了解围岩、地下水和涌水的情况和潜在风险。智能建造时代的地质调查拥有了更多的调查手段和智能的围岩解析能力，这无疑会极大提升后续的隧道施工作业效率，确保施工安全和施工质量。

2.1 一般调查

1) 调查阶段和目的

隧道调查目的、方法及要求事项汇总于表 2-1。

隧道调查目的、方法及要求事项　　表 2-1

<table>
<tr><td rowspan="3">调查阶段</td><td colspan="2">计划阶段</td><td colspan="4">设计阶段</td><td rowspan="3">补充调查</td><td rowspan="3">施工阶段</td><td rowspan="3">维护管理阶段</td></tr>
<tr><td colspan="2">预调查</td><td colspan="2">初步调查</td><td colspan="2">详细调查</td></tr>
<tr><td>资料调查</td><td>现场调查</td><td>资料调查</td><td>现场调查</td><td>第 1 次调查</td><td>第 2 次调查</td></tr>
<tr><td>调查目的</td><td colspan="4">线路预备设计(路线选定)</td><td>编制设计图</td><td>道路详细设计、预算、施工计划</td><td>补充有问题地点的调查</td><td>施工管理资料、灾害资料</td><td>临时检查、收集技术资料</td></tr>
<tr><td>调查主要方法</td><td>资料收集与分析、地形判读</td><td>地形地质调查</td><td>资料收集与分析、地形判读</td><td>地形地质踏勘、物理探查、钻孔调查</td><td>地形判读、地形地质踏勘、物理探查、钻孔调查等</td><td>地形判读、物理探查、钻孔调查</td><td>调查钻孔、物理探查、特殊调查及试验</td><td>物理探查、调查钻孔、现场量测</td><td>地形地质踏勘、调查钻孔、追踪调查</td></tr>
<tr><td>通用调查</td><td colspan="2" rowspan="2">整体地形、地质概要和提取问题:溪谷、主要河流、大断层、破碎带、滑坡、崩塌地带、大规模软弱地层地带</td><td colspan="2">地质构造图、地形、地质图,第 1 次调查的具体计划</td><td>施工单位实地踏勘、编制实施计划</td><td colspan="4">对重要地点以及对策设计进行精查,编制和实施详细的对策计划</td></tr>
<tr><td>专项调查</td><td colspan="2">掌握围岩条件,为详细调查提供计划资料</td><td colspan="2">围岩分类、洞口位置的地质调查、洞内涌水及其集水范围、地下水位、涌水量及其对周边环境的影响</td><td>围岩分类、洞口周边状况、洞内涌水及其集水范围</td><td>位移量测、应力、补修解析</td><td>必要时实施</td></tr>
<tr><td>主要成果</td><td colspan="2">地形、地质解析、地形地质图、地层推定断面图等</td><td colspan="2">地形、地质综合解析、地形地质图、地层地质断面图等</td><td>调查结果的综合分析、编制相关图</td><td>调查结果的综合分析、研究并选定对策、实施调查计划及补充计划</td><td>以详细调查为准</td><td>以详细调查为准</td><td>以详细调查为准</td></tr>
</table>

隧道的地质调查大致可分为以下 4 个阶段:

(1) 计划阶段(选定路线的地质调查)。

(2) 设计阶段(设计、施工计划的地质调查)。

(3) 施工阶段(施工中的地质调查)。

(4) 维护管理阶段(施工后的监控)。

各阶段地质调查目的和调查方法见表 2-2。

调查目的和调查方法 表 2-2

阶段	调查目的	调查内容与方法
计划阶段	●掌握路线的大致地质构成和地质构造； ●掌握路线的地层特性、构造、地下水、断层等； ●提出并整理地形、地质上的问题，例如滑坡等崩塌性地形	●收集和风险相关的既有资料； ●地形、地质调查； ●能够掌握概略的地质构成和地质构造的物理探查和钻孔调查
设计阶段	●掌握隧道区间的地层构成、地层特性(变形、强度)、地质构造等的围岩评价结果及用于围岩分类的详细情报； ●掌握断层、破碎带等有代表性的软弱地带的位置、规模、方向及其物性等详细情报； ●掌握地下水环境、水文地质的详细情报； ●掌握有关含有崩塌性坡面的位置、规模和对施工影响的详细情报； ●掌握有关施工上的问题及其详细情报[例如对近接既有建(构)筑物的影响]	●详细地形、地质调查； ●弹性波探查法及高密度电法探查； ●钻孔调查； ●岩石试验(强度特性、变形特性、其他物性等)； ●水文调查、涌水压试验、渗透试验为中心的水文地质调查； ●滑坡范围、深度、机制和移动通信的调查； ●渗透解析和补修解析
施工阶段	●掌握详细设计预计出现的地质状况，用于研究变更设计的详细情报； ●掌握小埋深，可能对地表以及近接构筑物的影响等详细情报； ●掌握地下水对周边环境影响的详细情报	●掌子面前方探查； ●弹性波及比阻抗的解析(钻孔、隧道和地表、掌子面前方钻孔)； ●岩石试验； ●围岩的详细渗透流解析和地下水变动观测； ●围岩的详细变形解析和变形观测
维护管理阶段	●监控隧道施工后周边地下水环境的变化； ●监控近接隧道的既有建(构)筑物和围岩的影响	●地下水观测(地下水变动和水质变化)； ●围岩的动态观测； ●建(构)筑物的动态观测

地质调查主要采用钻孔调查和物理探查、地表地质调查、文献调查等方法，以掌握基本的围岩条件及特殊围岩条件的分布、性状等属性。

调查时，要着重研究对施工影响大的围岩条件，当遇到表 2-3 的围岩条件时要特别注意。

特殊围岩的性状和问题　　表 2-3

围岩状况	围岩主要性状	问题的根源	存在问题及对策
膨胀性围岩	●温泉余土； ●蛇纹岩； ●强度低的泥岩； ●断层黏土； ●强度比小的围岩	●含有大量蒙脱土的膨胀性黏土矿物； ●起因于含有黏土矿物的围岩体积增大、土压增大，应力再分配产生的塑性变形； ●瓦斯压造成的膨胀	●向断面内挤出显著和对支护、衬砌产生强大的地压
预计发生高压、大量涌水的围岩	●断层黏土隔断的地下水、承压水； ●节理、裂隙中含有的裂隙水	●高压、大量的承压水	●作业困难、效率降低，围岩因涌水而脆弱化、土压增大或产生偏压，支护变异； ●因突发的高压、涌水造成掌子面崩塌和围岩流失
未固结围岩	●第三纪末到第四纪形成的沉积物； ●火山碎屑层； ●岩石的风化带； ●破碎带	●未固结地层、火山泥流沉积物、土砂围岩、岩石的风化带、断层破碎带等破碎的围岩	●掌子面自稳性变差，在地下水面以下的情况，因涌水、围岩流出、掌子面崩塌，隧道基底易于脆弱化； ●涌水造成地下水枯竭和围岩流出、崩塌造成地表面下沉，影响周边环境
存在高地热、温泉、有害气体等的围岩	●热水变质带； ●破碎带； ●侵入带； ●煤和金属的胚胎层	●高地热、温泉、有害气体溢出的围岩； ●瓦斯压造成的膨胀、挤出	●从确保作业的安全性、劳动卫生看，维护作业环境和作业人员的健康很重要； ●可燃性瓦斯、一氧化碳、硫化氢等有害气体或缺氧空气等涌出的围岩中，有可能爆发灾害和影响作业人员的健康
预计发生岩爆的围岩	●由硬岩构成的埋深大的围岩； ●脆性度（单轴抗压强度和抗拉强度比）大的岩石崩解现象	●大埋深隧道在围岩中积累的潜在的应力能量，一旦释放引发的	●在隧道开挖中，薄层围岩突然飞散，会发生伴随作业的危险
洞口附近和谷部滑坡、有崩塌可能的围岩	●滑坡； ●崩塌土和岩堆等沉积厚度大； ●固结度低的火山碎屑物、丘陵沉积物； ●强风化岩； ●破碎带	●在滑坡地层中开挖隧道引起的滑坡，洞口附近开挖引起的滑坡	●滑坡地形和洞口附近的偏压地形等，要在充分的监视下，采用对应偏压的构造
洞口附近和谷部滑坡、有崩塌可能的围岩	●片理和裂隙发育的泥质片岩； ●温泉余土； ●第三纪泥岩、页岩、凝灰岩； ●涌水多		
含有重金属的围岩	●矿山、温泉、矿化带、变质带及其周边； ●蛇纹岩等超盐基性岩； ●海相的泥质岩和未固结沉积物； ●污染的河川水和地下水流入的地点	●从含有重金属的弃渣中溶出，污染周边地层和地下水； ●含有黄铁矿的硫化矿物的氧化，产生氧化水	●基于相关要求采取必要的措施； ●发生酸性水时采取适宜的措施对策

针对不同的隧道条件，应注意收集与隧道设计、施工条件有关的情报，见表2-4。

与隧道设计、施工条件有关的情报 表2-4

设计、施工条件	注意事项	获取的地层情报
小埋深	地表面下沉、陷没	滑坡等地形条件、力学强度、渗透性
通过城市的场景	地表面下沉、近接建(构)筑物的位移和变异	力学强度、渗透性、当地条件、近接建(构)筑物位置
通过大埋深的场景	高压涌水、增大的土压	力学强度、渗透性、水压、地下水位
通过水底的场景	大量涌水	力学强度、涌水量、渗透性、水底的地形
斜井、竖井	涌水、地表水及土砂流入	涌水量、渗透性、力学强度
洞口	滑坡、边坡崩塌、偏压、地表下沉和陷没	滑坡等地形条件、力学强度
近接施工	偏压、建(构)筑物的变异	力学强度
大断面	掌子面崩塌	力学强度

2)隧道施工需要的地质情报

(1)地形、地质状况

隧道施工需要的地形、地质情报如下：

- 滑坡、崩塌地形。
- 偏压作用的地形。
- 埋深。
- 地质分布。
- 地质构造(断层、褶皱等)。
- 岩质、土质名。
- 岩相。
- 裂隙的分离面。
- 风化、变质。
- 固结度。

特别是，针对引发围岩崩塌和崩落、断层破碎带和裂隙发育的裂隙带的不连续面情报，掌握其位置和特性是非常重要的。

(2) 围岩物性值

围岩中岩层和地层的物性值情报是调查的主要内容，具体如下：

- 弹性波速度。
- 物理特性（比阻抗、密度、含水比、稠度等）。
- 强度特性（单轴抗压强度、抗拉强度等）。
- 变形特性（变形系数、泊松比、内摩擦角、黏聚力等）。
- 黏土矿物（含有膨润性黏土矿物）。
- 吸水膨胀率。
- 崩解度。

特别是，软弱围岩和特殊围岩多是影响隧道和地表变异与变形的重要地质情报。此外，断层破碎带和裂隙带等脆弱围岩通常反映出围岩的软硬状态，可用弹性波速度的物性值分布予以表征。

(3) 地下水和涌水状况

隧道施工需要的地下水和涌水情报如下：

- 含水带。
- 地下水位（钻孔的地下水位、比阻抗的分布等）。
- 渗透系数。
- 地下水流动。

一般来说，事前地质调查掌握地下水动态是比较困难的，大多需要施工中采取相应对策（排水钻孔等）配合调查。涌水与渗透系数高的地层和含水带、断层破碎带的分布状况等密切相关，正确掌握地质分布和地质特性十分必要。

(4) 自然重金属的赋存状况

从隧道工程的开挖弃渣中溶出重金属的情况较多，在有重金属溶出的地质条件中，必须采取相应对策。

3) 隧道重点部位的调查

(1) 隧道的深层软弱带

在文件解析的基础上，可从二维图纸 CAD 文件和形状格式中生成隧道深层软弱带。以数字高程模型（DEM）投影到 3D 模型中，模型显示的具有深部软弱概率较大和较小的区域如图 2-1 所示。图中紫色区域表示软弱概率较大的区

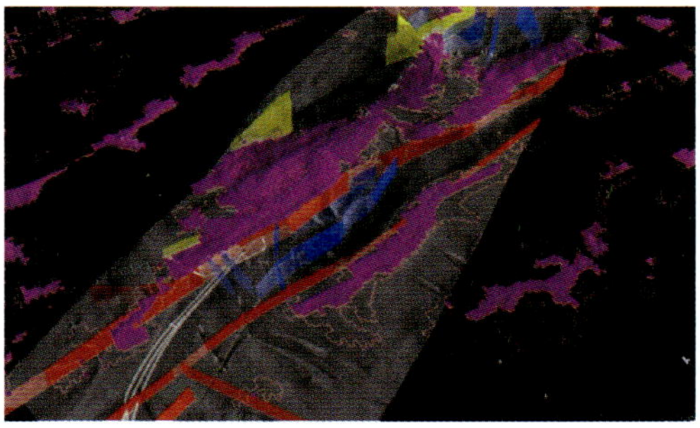

图 2-1　隧道的深层软弱带模型

域，粉红色表示软弱概率较小的区域。也可以用其他数据集以同样的方法进行可视化表达。

(2)地质钻孔与地球物理钻孔

根据地质钻孔和地球物理钻孔结果使用地质模型将大幅度提高工作效率。

如图2-2所示，取芯钻孔按钻孔标准直径1m范围获取。根据挪威地质调查局(NGU)的标准颜色图表，沿取芯钻孔记录不同岩石类型。

除获取岩石类型分布外，沿取芯钻孔还可获知破碎带和高含水区情况。在图2-2示例中，破碎区域和含水区的直径为2m，分别为白色和蓝色。破碎区定义为1m < RQD < 8m的区域。注意，在取芯钻孔过程中，可能会出现破碎带的偏差。

在给定的条件下，将钻孔RQD值分成若干段的范围，并为每个RQD范围定义特定的直径，同时显示沿取芯钻孔的破碎带RQD值和水的流入量。常用的RQD范围是0 ~ 8m、8 ~ 20m，20 ~ 80m，直径为0.4 ~ 2.4m，间隔为0.2m。

(3)从地表钻孔取芯

通过地表探孔可以从钻孔壁直观地观察到地面到钻孔深处的状态。如图2-3所示，土中钻孔长度用白色表示，岩石钻孔长度用红色表示。

例如，挪威国家围岩调查数据库(NADAG)汇集了已经进行调查的围岩钻孔(点)。施工单位在完成一个项目后，将钻孔数据交付给NADAG数据库。数据点从NADAG应用程序可下载到专用软件Geosuite中，用于Novapoint和CAD软件分析。

钻孔元数据包括：

- 调查类型。
- 状态：计划/执行。
- 地表和基岩水平。
- 土和岩石中钻孔长度。
- 停止码。
- 钻孔取芯断面。
- 钻孔操作员的说明。

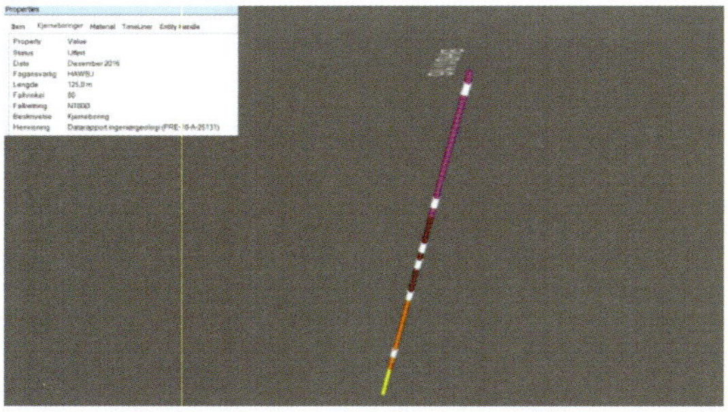

图2-2 钻孔取芯的地质模型

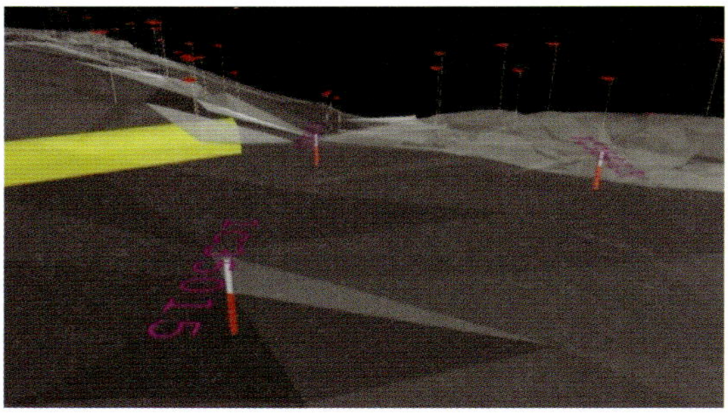

图2-3 探测钻孔的地质模型

(4)工程地质测绘

三维模型中工程地质填图的区域显示为符号码,如图 2-4 所示。填图符号记录露头岩体的地质资料位置、属性等信息,即只将岩石的类型、程度以及裂隙特征等重要工程地质情报登记在册。

工程地质填图元数据包括:

- 本地号码。
- 岩石类型。
- 岩体质量特征。
- 其他情报的记录。

工程地质填图也可以用高分辨率的三维曲面模型提取。例如,对于难以进入的边坡和挖方的场景,通常使用三维表面模型进行节理测绘。其方法是通过激光雷达或摄像量测获得数据(存储于云上)构造三维地物模型,提取平面特征,计算平面的方向(倾斜和倾斜方向),之后将数据导出到立体图中进一步分析。

三维表面模型能够显示由颜色区分的已识别的不连续点或不连续集(图 2-5)并将其集成到地质模型中。

单独分析平面特征时,需要知道的数据包括 *XYZ* 坐标、区域情报、围岩倾角和倾角方向、节理间距和不连续性的波浪性(曲率)。

映射结果的质量可以通过能否识别平面特征来评估。计算平面的方向受以下因素的影响:

- 激光雷达扫描仪的测距精度和扫描条件。
- 摄像量测中的照片质量。

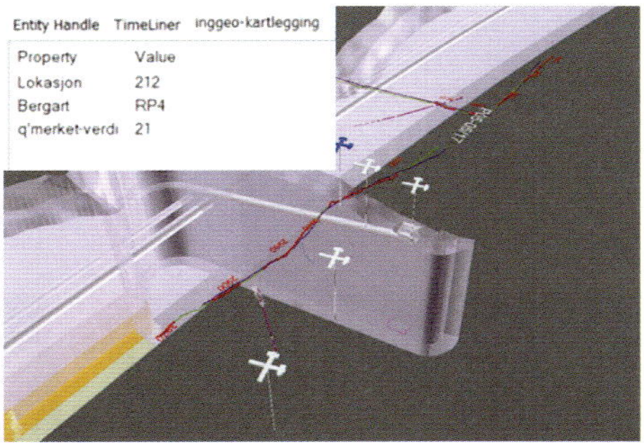

图 2-4 可视化的地质图示例

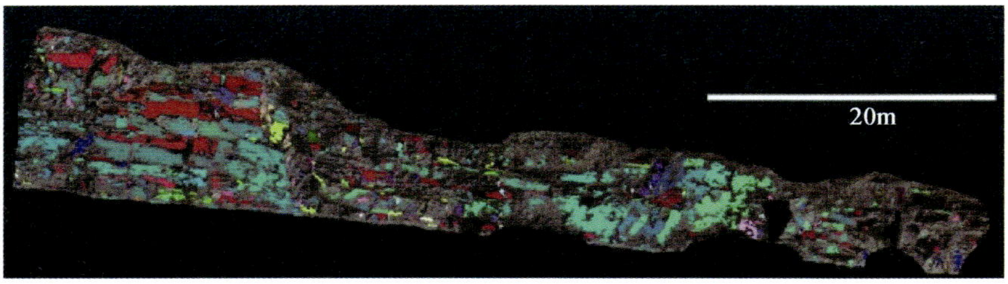

图 2-5 三维模型自动拼接

- 云图的分辨率。
- 云图定位和地理定位精度。

(5)基岩表面

基岩表面填图的调查方法包括钻孔、地震勘探、电阻率量测、航空电磁量测(AEM)和露头等。

基岩表面模型如图 2-6 所示,为固体透明表面,由来自各类调查的数据,根据专业预测进行调整得到的。

该调查用符号或文本表示。例如,露头用双 V 表示。每个调查点都有附加的元数据,说明调查的类型、日期、模型所有者,有效数据应附引用数据报告。

(6)基岩地质

根据观测资料,对调整后的基岩地质图进行投影,使用数字高程模型(DEM)创建 3D 模型,显示不同围岩的分布情况。在这种情况下,使用分辨率为 25m × 25m 的 DEM 生成模型。根据 NGU 的标准颜色,对不同的围岩类型进行分类。在不同的层,可以点击地图,观察选定岩石类型的岩石单位随深度的分布,以不同颜色的体块呈现,如图 2-7 所示。岩石类型的分布是基于对构造地质、现有地图和地质断面、地质和工程地质野外测绘、岩芯钻孔和地球物理的全面解释。值得注意的是,模型中没有考虑不确定性。不确定性在远离调查点的地区最大,并且通常随深度增加。一般来说,岩石类型分布的准确性取决于 NGU 地图的准确性、早期研究的情报以及地质填图和调查的程度。

假定围岩类型随深度的分布,可用沿隧道线形不同颜色体块的三维模型表示,如图 2-8 所示。

岩石类型分布由基岩面模型确定,这是对实际情况的一种简化,岩石类型的边界很少像岩石那样尖锐地出现在模型中。

(7)预计的软弱区域

软弱区域是指对隧道开挖具有挑战性的围岩质量较低的区域。该区域在三维模型中按指定范围进行宽度、倾角和走向的地形解译、前期调查及地质填图,如图 2-9 所示,基于软弱围岩区域分级,给出四个不同的区域颜色,说明预期的区域大小对隧道开挖产生的不利影响。

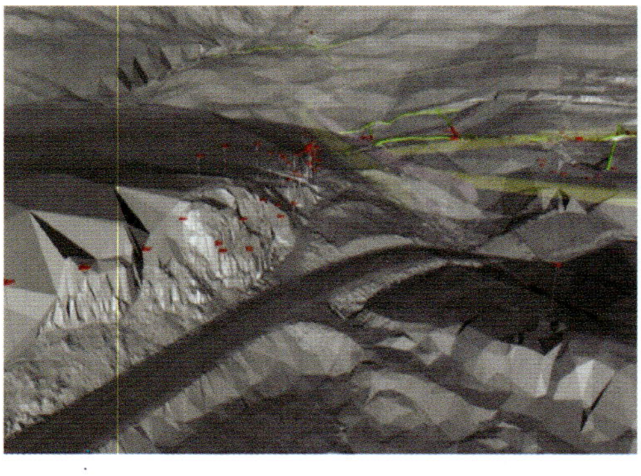

图 2-6　基岩表面模型

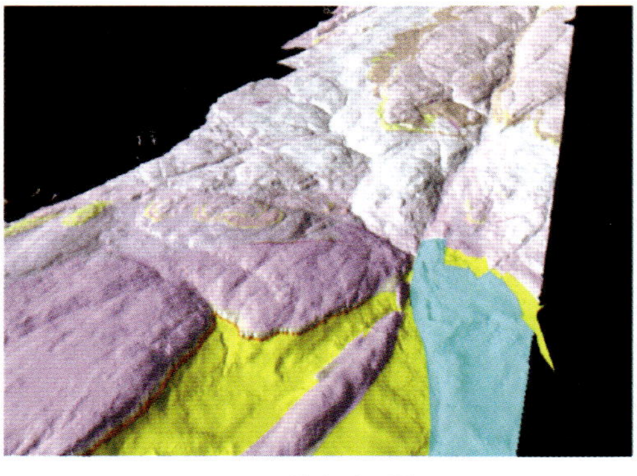

图 2-7　基岩地质模型

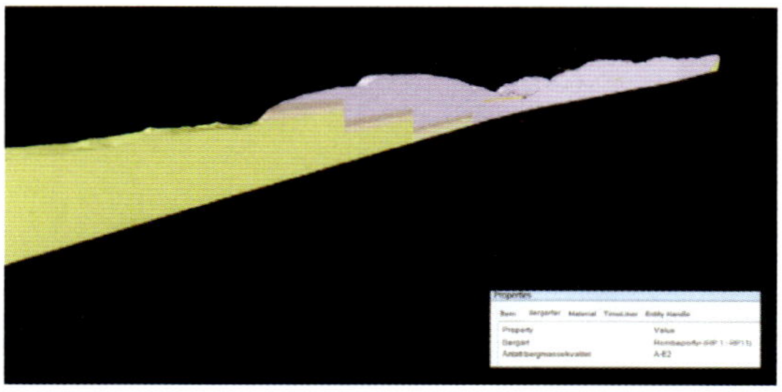

图 2-8　假设围岩沿隧道纵断面随深度的分布

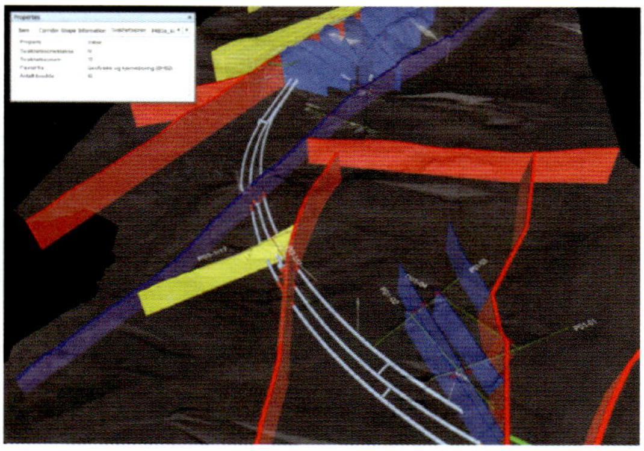

图 2-9　地质模型中假定的软弱区域

软弱区域被划分为Ⅰ～Ⅳ级，见表 2-5。

软弱区域分级和表示　　表 2-5

软弱区域分级	颜色	类别、稳定性、涌水
Ⅰ	蓝	具有挑战性的围岩条件、不利的开挖条件、岩块掉落、涌水
Ⅱ	黄	具有挑战性的围岩条件、差的开挖条件、岩块掉落、涌水
Ⅲ	红	具有较大挑战性的围岩条件、崩塌、涌水
Ⅳ	紫红	具有极大挑战性的围岩条件、极差的开挖条件、崩塌、涌水

(8)地下水和水文地质

现有的井点，通常是地热井或水井，在三维模型中用简单的线表示其位置和理论深度。

参考地质资料，标记钻孔位置，从而确定水井的位置，以便在施工时监测地下水的影响。

地下水位模型基于钻井、地图、围岩等级以及现有井点的地下水情报构建，对调查地区的预测较为有限，充满不确定性。

图 2-10 表示各种地质调查情报方法和结果的示例。

4)地层调查方法的优点和限界

隧道的地层调查以钻孔调查及物理探查为主，根据调查目的和深度可综合应用多种方法。在对比分析各自方法的优点和限界的基础上，编制调查计划。在隧道调查中，各调查方法的优点和限界见表 2-6。

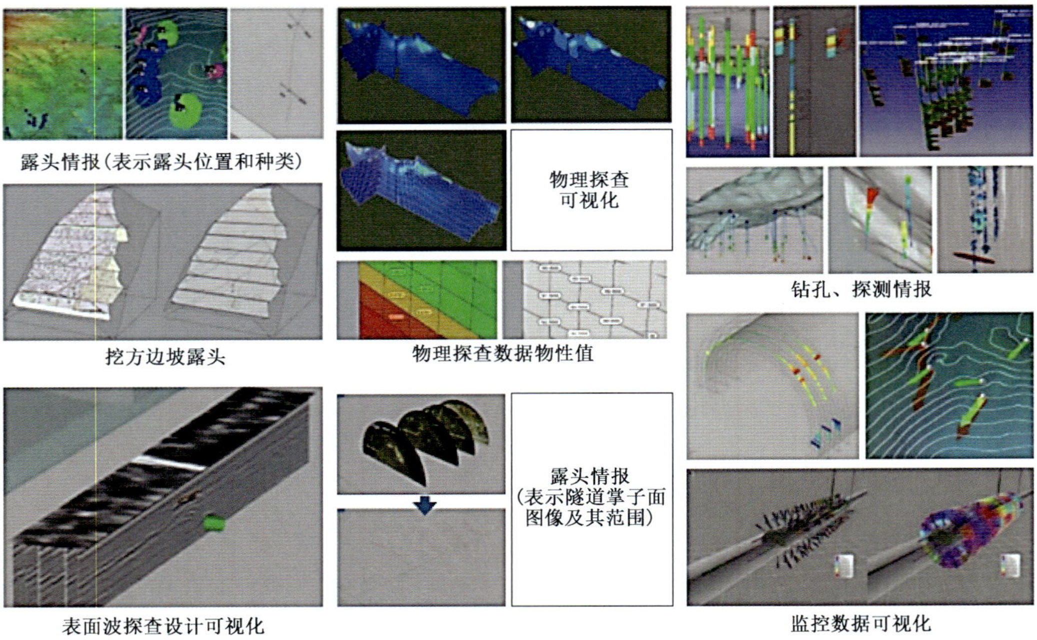

图 2-10　各种地质情报示例

调查方法的优点和限界　　表 2-6

地层调查方法	概要	优点	限界
地表地质踏勘	●观察、记载地形、地表露出的地质、涌水等水文条件、植被状况等，掌握总体的围岩状况； ●利用地质图学的方法，推定围岩内部的地质分布、地质构造	●掌握广域的三维围岩条件； ●掌握评价地史、层序、地质构造等地层的基本条件	●采用的地形图会影响调查精度、可靠性； ●调查结果会受到调查人员技术能力、经验的影响； ●围岩内部的地质分布、地质构造等仅用地表有限的情报推定，调查越深精度越低
钻孔调查	●采用钻孔机械钻 ϕ8mm 左右的钻孔，用于采集、观察、记载地层构成，推定围岩内部的地质分布、地质构造； ●根据孔内水位的测定掌握地下水状态	●能够直接观察围岩内部的状况，调查区间围岩内部的推定精度高； ●利用钻孔能够进行孔内试验和钻孔探查	●因获取的围岩内部情报是线状的，故进行大范围三维推定较为困难； ●与其他调查方法相比，费用高，调查地点设置多，不经济
物理探查	●弹性波速度、比阻抗等物理量是重点，基于其原理进行测定和解析，推定围岩内部的物理量	●能够在较大范围推定物理量分布； ●利用颜色断面图表示，易于将地质构成、地下水分布可视化表达	●从地表面进行探查，调查越深精度越低； ●视围岩的物性、地下水等围岩条件，推定的物理量不同（绝对评价困难）。为此，仅从物理量的角度来确定围岩条件有时存在困难

隧道技术中的地质、地层调查要视项目阶段研讨其内容和工作量。这些调查大多要分数次进行，也要提取有问题的地点进行重点调查。

设计要配合项目阶段依次进行可行性研究、初步设计和施工图详细设计。有问题的地点要在施工中进行修正设计。施工中的调查要加上掌子面观察并对有问题的地点进行进一步详细调查，如对掌子面、洞壁进行前方探查。但即使这样，初步设计的围岩级别与实施的支护模式仍会出现不符合的情况，其原因包括：

- 各阶段的调查内容和调查量不足。
- 大埋深和复杂地质构造等特殊条件下的调查方法受限。
- 实施围岩分类时，考虑工学的地层特性不充分。
- 调查人员向设计人员的情报传递不充分等。

各阶段的调查内容和调查量，根据隧道的规模确定，基于充分的调查结果进行设计是很重要的。

5) 地质地层调查中应关注的工程地质因素

施工前调查，通常称为预调查，对项目的可行性评估和规划设计非常重要，需要高度重视。预调查可以用于分析稳定性和评估支护要求，评估不同的隧道开挖方法和选择开挖和支护设备/工具，预测性能和容量，是估算成本和进度的基础，评估潜在的环境影响，以及为准备投标文件提供依据。

如果预调查不充分或质量差，则报告和投标文件将无法正确反映实际的地质条件。由于“不可预见的地质条件”，很容易导致施工单位与业主发生冲突。在最不利的情况下，可能会增加额外成本。因此，高度重视“预”调查对项目参考各方都非常重要。

作为材料的围岩是复杂的，与钢铁和混凝土等其他建筑材料存在很大区别。它通常是不完整、非均质且多呈各向异性。其复杂的构造，如褶皱和断层，以及受其他因素影响，如围岩应力和地下水等，都会对围岩工程性质产生重大影响。此外，对于地下项目，预调查必须从围岩开始，这意味着需要将围岩解释作为项目规划的条件。因此，基于预调查的围岩条件评估往往是一项困难的任务，需要丰富的经验。

规划中的地下工程需要调查的工程地质因素主要有：

- 埋深，特别是洞口段和埋深小的地段。
- 基岩，特别强调围岩类型的分界和力学特征。
- 各种围岩类型的断裂。
- 断层/风化带。
- 地下水条件。
- 围岩应力条件。
- 围岩和土质材料的力学特性等。

2.2 风险调查

地质的不确定性是山岭隧道设计、施工的大敌，是隧道风险的根源。为了减轻地质不确定性带来的影响，在地质调查中，要把地质、地层风险调查置于首位。在地质调查中，对地质不确定性的鉴定和评估都是基于经验的。在工程地质报告中，主观和定性的描述居多。实际操作包括工程地质学家在施工过程中的主动跟踪，通常也是基于观察的方法。因此，都必须以岩土技术、知识和技能为基础，才能进行有意义的风险评估。

1) 基本目的

风险影响评价中的地质和地层风险调查流程和步骤分别如图 2-11、图 2-12 所示。在项目早期阶段，主要着眼于提取风险因素。随着项目进展，从风险识别转移到评估、分析的调查，在详细设计阶段转移到风险应对。可见，项目各阶段中评价对象常发生变化，因此，有关各方之间进行风险沟通，在不同阶段按照一定精度选择有效的调查方法很重要。

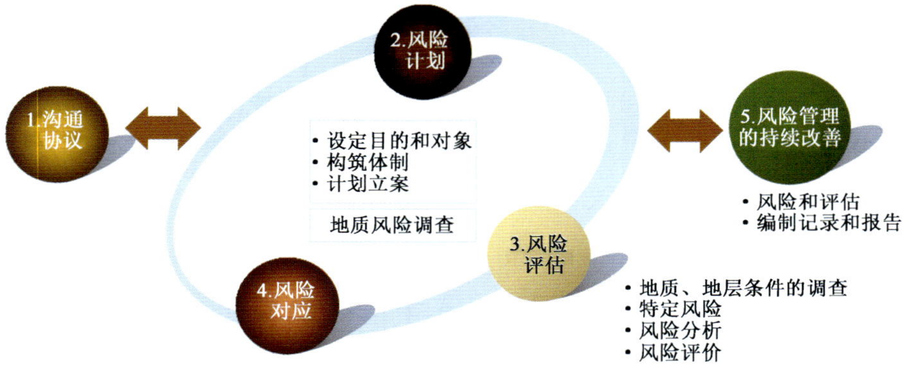

图 2-11　地质、地层风险调查流程图

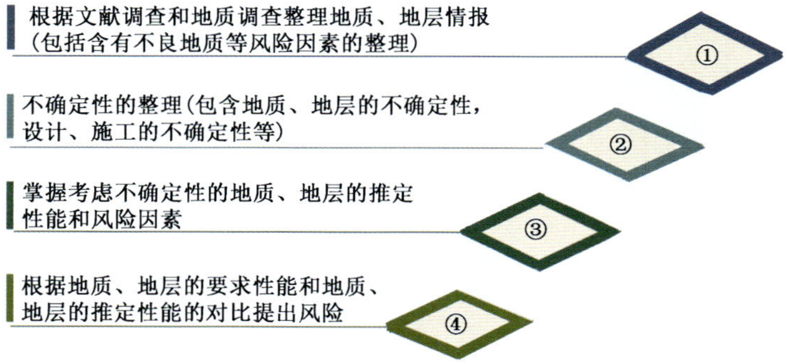

图 2-12　地质、地层风险调查步骤

地质、地层风险研究项目及实施内容见表 2-7。

地质、地层风险研究项目及实施内容　　表 2-7

研究项目	实施项目	实施阶段				
		构思、计划		调查、设计	施工	维护管理
		方案	初步设计	初步设计 技术设计		
制定地质、地层风险应对方针	计划条件的确认	◎	◎	◎	◎	◎
提出地质、地层风险情报	地形解析	◎	—	◎	△	△
	文献资料调查	◎	◎	◎	◎	◎
地质、地层风险现场踏勘	现场踏勘(1/8000)	○	◎	—	—	—
	地表地质踏勘(1/5000～1/2500)	—	○	—	—	—
	地表地质踏勘(1/2500～1/800)	—	△	○	—	—
	地表地质踏勘(1/800～1/500)	—	—	△	△	△
	现场踏勘(对策地点、变异地点等)	—	—	—	◎	◎
地质、地层风险分析	地质综合分析	—	—	◎	△	△
	提出地质、地层风险	◎	◎	◎	◎	◎
	分析、评价地质、地层风险	◎	◎	◎	◎	◎
	三方会议(合同调整会议)	◎	◎	◎	◎	—
地质、地层风险应对研究	判定风险管理对象	◎	—	—	—	—
	编制风险对策计划	◎	◎	◎	◎	◎
	编制后续调查计划	◎	◎	◎	◎	◎
形成报告书	编制报告书	○	○	○	○	○
	编制电子成果	○	○	○	○	—

注：◎-必须实施的项目；○-建议实施的项目；△-必要时实施的项目。

2)调查内容

地质风险调查研究业务的各阶段工作内容如图 2-13 所示。

在地质、地层风险调查研究各阶段中，应注意以下事项：

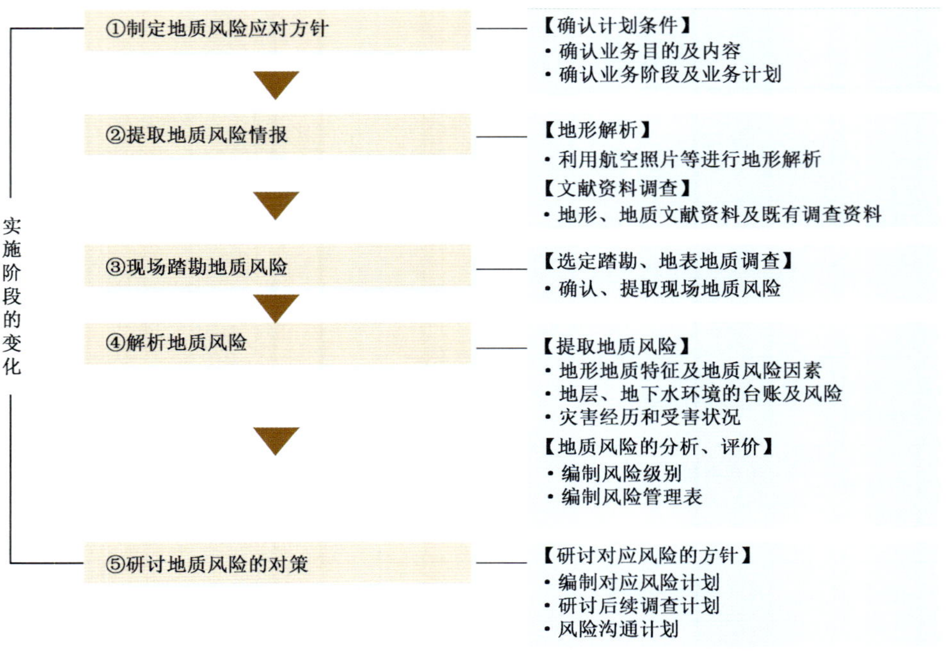

图 2-13　地质风险调查研究业务的各阶段工作内容

(1)确定地质风险应对方针

在地质风险调查研究业务中,调查研究精度视项目的成熟度而定。图 2-14 为不同阶段地质风险调查业务的实施内容及成果。

①策划、计划阶段

主要通过文献调查和地形解读等资料调查确定风险,掌握风险因素的地质、地层性状,风险的不确定性和可能发生的事项,以及应对机制,进而从极其有限的情报中考察风险对项目的影响程度和发生的概率。为了不遗漏影响较大的地质、地层风险,在这个阶段有必要实施地质、地层条件等的初步调查。这个阶段的风险评估,需要有经验的专业技术人员的参与。

在此阶段,从比较方案中选定最佳方案,选定风险对策。对于影响重大的风险,通常采取回避措施。因为在路线比选中,地质、地层风险并不是唯一的选择条件,有时也会选择保留风险,因此需提前制定明确的风险对策。

②设计阶段

设计阶段的风险分析主要是为了制定与设计相关的风险对策。因此,有必要对前一阶段掌握的或新掌握的风险特性进行详细的描述。此时,应尽可能地揭示地质、地层的风险因素和风险事件的详细情况,分析其对设计、施工产生的影响以及该影响的可能性和推定的影响幅度,同时明确分析所使用的方法、情报的种类及其可靠性。

在设计阶段的风险评估中,如果没有根据当时的情报确定新的风险,风险有限,就需要对已经采取的风险应对措施进行修正或者选择更具体的应对方案。

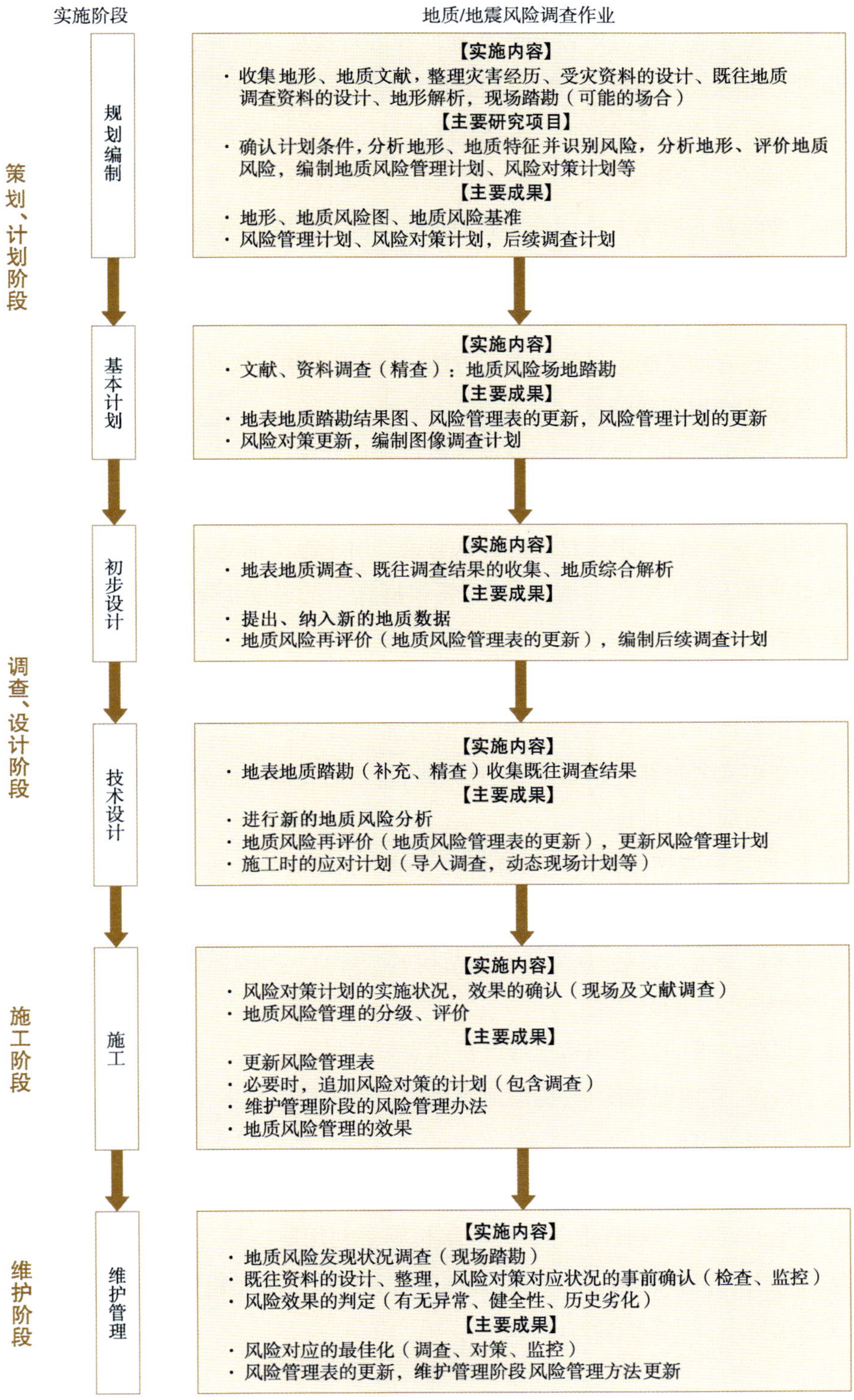

图 2-14　地质风险调查业务的内容及成果

在设计阶段，主要工作是进一步细化和优化前一阶段所选择的风险对策，使其更具针对性和可操作性。由于这一阶段对设计的准确性和可行性要求更高，因此必须对地质和地层相关的情报进行更深入的分析，而这些情报往往具有一定的不确定性。在这种不确定性下，须对不同对策进行对比分析，特别是要考虑这些对策在乐观和悲观情景下的成本表现。例如，某些在通常条件下成本最低的方案，可能在悲观假设下成本反而高于其他方案，这使得它们在不确定性较高的情况下可能并不占优势。此时，应考虑选择设计变更自由度高的方案，因为这类方案能够更灵活地应对地质和地层条件的变化，降低不确定性带来的风险。此外，如果项目的调查成本相对较低且工期充裕，可以考虑追加调查，以获取更全面准确的地质和地层数据。这有助于确定最优的施工方法，从而提高项目成功的概率。

③施工阶段及维护管理阶段

施工阶段及维护管理阶段的风险管理是通过现场状况、量测、检查得到的情报和追加的调查、解析等，修正、追加之前掌握的风险情报，进行风险应对的修正。特别是隧道围岩分类、挖方等的边坡对策，以及填土材料的性状对策。由于施工前地质、地层条件不确定，在保留风险的状态下进入施工阶段的情况很多，要根据施工的进度不断修正地质、地层条件，反复进行风险分析。

在维护管理阶段，建（构）筑物的健全性及历年劣化记录将作为新的风险因素处理。在施工阶段和维护管理阶段的风险评估中，根据追加调查、量测和检查的结果分析风险，判断是否需要设计变更或者重新评估量测、检查方法，是否需要修正已经采取的风险对策或者对已经保留的风险采取应对措施。

提取地质、地层风险情报要以地形分析和文献资料调查为基础。在这些调查分析中，由于利用的情报量不同，有必要每次都重新审视。地质、地层风险因素的提取有遗漏会对后续的风险管理结果产生重大影响，在项目前期阶段必须综合、全面地进行风险提取。

（2）提取地质风险情报

提取地质风险情报的方法包括地形解析和文献资料调查。

项目前期阶段，实地调查困难，提取地质风险情报主要依赖案头讨论。地形是地球表层长年受到各种地形营力作用（地壳变动、火山活动、侵蚀、堆积等所谓地形营力）的结果。通过掌握和理解地形的形成史，可以推断过去、现在和将来的地形变迁；推测地质、地层风险因素的存在和发生的概率、影响程度等。地形解析则是利用航空照片判读的实体和航空量测的微地形解析等文献资料研究。近年来的研究中，利用航空激光量测数据的微地形解析，减少滑坡遗漏的示例不在少数（图 2-15）。

应收集的文献资料有地形图、航空照片、三维地形情报、地质图、地层图、国土空间规划图、土地条件图、钻孔情报、既有调查结果、施工记录、灾害记录、地质文献资料以及其他资料。

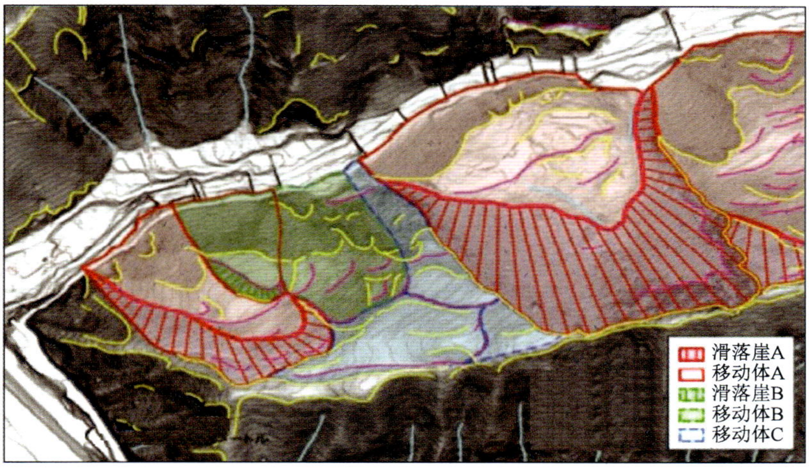

图 2-15　利用航空激光量测数据的微地形解析

3) 现场调查

现场的实地考察,能够确认地形分析和文献资料调查中提取的地质、地层风险情报。利用地形图进行地表地质考察,可提高具体的地形和地质结构、地质分布等风险情报的精度。

在地表观察地形、地质、涌水、泉水等方面的情报,对地下的三维地质和地下水分布进行推算和基本调查。用这些信息绘制地质平面图和地质断面图,为应对风险及进行后续物理探查和钻孔调查提供资料。

4) 地质风险解析和评价

在地质、地层风险分析中,首先是提取地质、地层风险,之后进行地质、地层风险分析与评价。

(1) 提取地质、地层风险

建设项目中出现地质、地层风险的因素见表 2-8。

建设项目中出现地质、地层风险的因素

表 2-8

项目	地质、地层风险现象	风险因素
挖方	坡面崩塌	坡度、地质构造(节理、层理、断层)
	开挖土的重金属污染	试件采取地点、风化
	暴雨时的表层崩塌	崩解、膨润、水质特性
	坡面护坡的老化	累计降雨量、时间雨量
填方	材料劣化	崩解、膨润、地下水特性
	地层下沉	软弱黏土的压密特性、腐殖土、地下水位降低
	地层液化	强度特性、粒度特性、地下水
桥梁	基础不均匀下沉、倾斜移动	支持层深度急变、地层特性
山岭隧道	异常涌水	断层、不透水层、地下水分布
	开挖土中的重金属	试件采取地点、风化
	掌子面崩塌	地质的不均匀性、地下水位降低
	井户枯竭	地下水位降低、井户分布
城市隧道	建(构)筑物变形	地层的不均匀性、地下水位降低
	地表面下沉、陷没	地下水位降低、施工时振动

由表可知地质、地层风险的提取必须在整理规划建(构)筑物所要求的地质、地层性能的基础上,考察并整理所提取的风险因素的影响。

(2)地质、地层风险的分析和评价

设定地质风险等级后将讨论选择哪种应对对策。

作为参考,表 2-9 列出建(构)筑物与地质、地层风险因素的组合可能导致的风险示例。

建(构)筑物与地质、地层风险因素的组合可能导致的风险示例　　表 2-9

地质、地层风险因素	挖方	填方	桥梁	隧道
滑坡等(岩层崩塌、深层崩塌)	坡面不稳定、诱发滑动	诱发滑动、地下水位上升	诱发滑动	洞口坡面不稳定、断面变形诱发滑动
崩塌地形、岩堆沉积物等	坡面不稳定	诱发滑坡	支持层强度不足	洞口坡面不稳定
风化带、松弛带	坡面不稳定	诱发滑坡	支持层强度不足	洞口坡面不稳定
表面流水、涌水、地下水	坡面不稳定、对利用水的影响	发生湿润的滑坡	临时挖方坡面不稳定、注浆材料流失	掌子面崩塌、水流作用的影响
集水地形	坡面不稳定、土砂流入	发生湿润的滑坡	—	洞口坡面不稳定、土砂流入
浮石	坡面落石	从自然坡面落石	落石	洞口落石
顺层构造(断层、层理面、节理面、低角度断层等)	坡面不稳定	诱发滑坡	临时挖方坡面不稳定	洞口坡面不稳定、掌子面崩塌
断层破碎带、热水变质带、岩脉等不连续面	坡面不稳定	诱发滑坡、不均匀下沉	支持层深度急变,不均匀下沉	掌子面不稳定、水流作用的影响
特异的水理地质构造	坡面不稳定	发生湿润的滑坡	临时挖方坡面不稳定	掌子面不稳定
崩解	坡面不稳定	坡面不稳定、不均匀下沉	—	衬砌变异、底鼓
软弱地层	—	下沉、液化、流动	下沉、流动、液化、工法变更	洞口坡面不稳定
支持层分布(软硬分布)	坡面不稳定(坡度不合适)	不均匀下沉	锚固不足	支护大幅度变更
泥石流堆积物	泥石流、水的流入	泥石流、水的流入	物性指标离散	洞口坡面不稳定
有害物质(硫化物、含有重金属矿物)	土壤污染、植被不良	土壤污染	—	土壤污染材料扩散

地质、地层风险的应对方针大体上分为回避、降低、保留 3 类。

- 回避:消除产生地质风险的因素本身,完全消除原因。
- 降低:降低发生地质风险的可能性和显现时影响大小的对策。
- 保留:不采取特别的对策,以自然状态接受风险的应对措施。

表 2-10 列出了隧道地质、地层风险级别及其对策。

地质、地层风险级别及其对策　　表 2-10

级别	应对方针	具体对策	预计事项
AA	回避	回避到不影响构筑物和周边环境的范围	通常的对策不能应对的事项，例如大规模滑坡和深层崩塌
A	回避、降低	回避到不影响构筑物和周边环境的范围或采取标准工法以外的对策(需要进行详细的调查)	需要通过变更构造形式来降低风险的事项，例如挖方易诱发滑坡(坡面崩塌)，需要追加调查
B	降低	用标准工法能够应对	需要追加轻微的调查、变更调查范围能够对应的事项
C	保留	保留风险到下一阶段	采用事前对策的必要性低，可保留到施工阶段和维护管理阶段

(3)地质风险级别的设定

为了让地质风险定量化，设定地质风险级别见表 2-11。

地质风险级别　　表 2-11

影响度 E		可能性(发生概率)L				
		非常低 评点:1	低 评点:2	中 评点:3	高 评点:4	非常高 评点:5
非常高 评点:5	导致无法继续的影响	B ($R=5$)	A ($R=10$)	A ($R=15$)	AA ($R=20$)	AA ($R=25$)
高 评点:4	施工中断 或大幅延迟的影响	C ($R=4$)	B ($R=8$)	A ($R=12$)	A ($R=16$)	AA ($R=20$)
中 评点:3	虽然损失大， 但施工可以继续，有延迟	C ($R=1$)	B ($R=6$)	B ($R=9$)	A ($R=12$)	A ($R=15$)
低 评点:2	轻微修复， 就能继续施工的影响	C ($R=1$)	C ($R=4$)	B ($R=6$)	B ($R=8$)	A ($R=10$)
非常低 评点:1	不影响施工的继续	C ($R=1$)	C ($R=2$)	C ($R=3$)	C ($R=4$)	B ($R=5$)

注：R-风险评分($R=E\times L$)；

AA-回避：期望回避风险的风险事件($R\geqslant20$)；

A-避免或降低：应采取避免或详细的地质调查，采取彻底的风险降低措施的风险事件(R 在 10 ~ 19 之间)；

B-降低：应采取地质调查，根据调查结果采取适当的风险降低措施的风险事件(R 在 5 ~ 9 之间)；

C-保留：不需要回避或降低风险的对策，可以将风险保留到施工阶段的事件($R<5$)。

5)地质风险对策的研究

地质风险的对策首先是对各种风险进行登记，而后逐一讨论并整理对策。对各种风险，在何时、由何人、采用何种方法等逐一细化明确，再按照时间序列复核该对策是否解决了风险，是否延续到下一道工序等。

表 2-12 介绍了一个风险管理的示例。

风险管理示例 表 2-12

编号	风险内容	措施要求	措施手法	需要资料	判明的事项和今后的方针	残存风险
①	缓边坡的成因不明确	最小化	航空照片判读、现场踏勘、岩芯判读、综合评价	航空照片、地形图、钻孔岩芯	该边坡不是滑坡，是岩堆堆积物	无
②	地下水的变动不明确	最小化	地下水位测定、地下水探查、简易扬水试验	钻孔后的观测孔，设置自计水位计	根据既有报告书地表是湿地	合同期间不能充分观察地下水位

调查计划考虑到情报分享时，除设计所需的常规钻孔调查计划外，还应对风险分析评估制定调查计划。调查计划应考虑优先级和新技术的应用，形成高效实用的计划。为了切实地将风险措施计划和残余风险传递到后续业务和相关业务，同样要具体说明何时（时期）、由谁（主办者、参加者）、做哪些内容（具体的风险项目）、如何（目的和手段）、风险沟通机制等。

风险管理中应该关注以下事项：

（1）构建适宜的管理体制

地质、地层风险管理中最重要的是要求建设单位、施工单位、地质和地层专家、设计人员、施工技术和管理人员等各方共同参与，通过深化协作，共享风险的情报，共担相应的义务，增强风险应对的意识，共同应对风险，并将其制度化。图 2-16 介绍了各方组成团队的机制，这也是风险管理的体制。

（2）实施风险管理和监测

除填方外，大部分自然形成的地质、地层的分布和性质都是不匀质且复杂的。几乎所有的土木建筑设施的建设都是基于原有地质或先进行改变再加以利用的。地质、地层是土木建筑设施极为重要的部分。要充分且精确地掌握地质和地层的真实状况，需要在项目各阶段不间断地实施管理和监测。

图 2-17 为各业务阶段中实施风险管理的循环示例。

（3）准确掌握地质、地层情报不确定性的影响

众所周知，地质、地层情报的不确定性很大。这里“不确定性很大”是指与人工材料和构筑物比较而言。这些不确定性不仅会造成项目延误、成本增加，还会引发事故。研究地质、地层的不确定性一直是土木行业的重要课题。

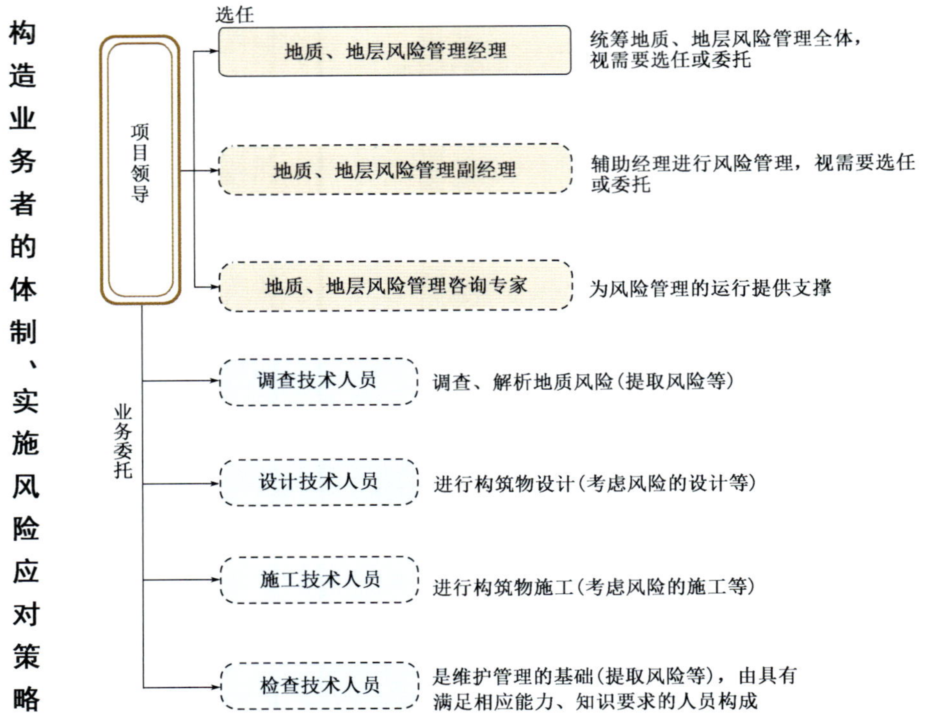

图 2-16　地质、地层风险管理体制

①地质、地形情报不确定性的处理

对地质、地层情报不确定性的考虑要明确两个前提：一是地质调查获得的情报是有限的；二是即使增加地质调查的“质”和“量”，推定的精度也有不能改善的情况。

在项目初期，只能要求尽可能地获取一个地质、地层条件的粗略情报，而在项目的各阶段中，要基于可利用情报的“质”和“量”，推定和预测具体地质、地层条件，理解其具有的不确定性程度和特性，进行风险评价。

在设计、施工、维护管理中，明确地质、地层条件包含的不确定性是必要的，在调查中要明示不确定性的程度和特性。

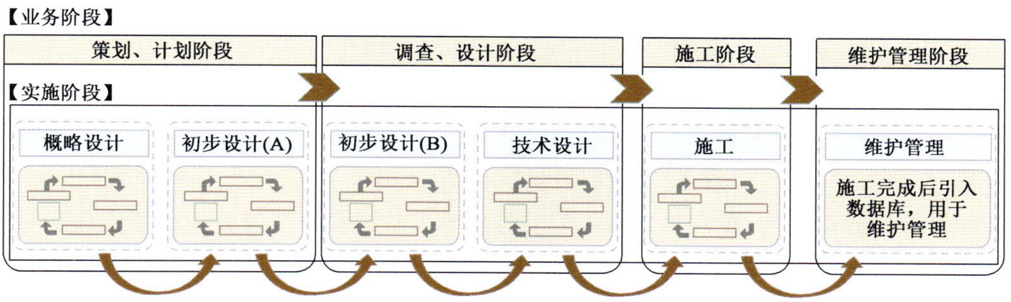

a) 阶段间的风险循环和更新

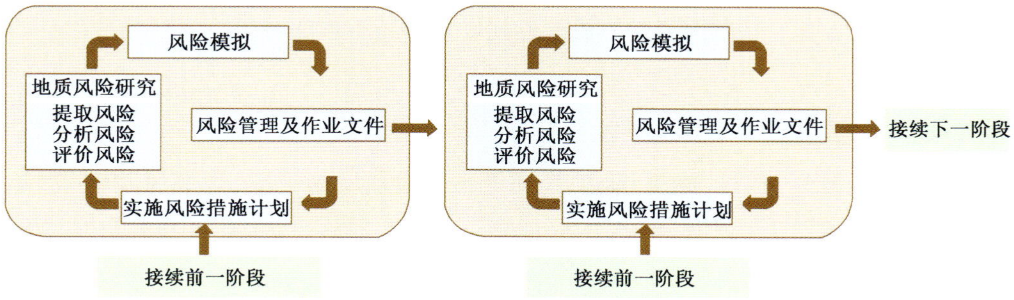

b) 风险管理内容

图 2-17　各业务阶段中实施风险管理循环示例

②地质、地层的风险因素

土木工程中的地质、地层风险管理对象的风险因素包括的自然因素和人为因素。

地质、地层、地下水等自然因素是主因，包括地质、地层的材质、构造、物性等的不确定性，地质、地层灾害发生的不确定性，地层、地下水等环境影响发生的不确定性，以及地下水、瓦斯等的存在和动态的不确定性等。

相关人员及其对应的人为因素是诱因，包括地质、地层的调查、设计、施工方法等可行性的不确定性，设施（包括基础设施）管理妥当性的不确定性，以及地质、地层情报的继承和应对妥当性的不确定性。此外，还有施工不确定性（如转压的非均质性、锚固的不确定性、药液注浆改良体的不确定性、非均质性）等人为因素。

地质、地层的风险因素有时不是自然因素单独造成的，而是由自然因素和人为因素共同造成的。根据对已往案例的统计分析，多数的地质和地层风险与人为因素有关。因此，考虑人为因素很重要。

地质、地层风险的不确定性主要取决于地质和地层现象的特性以及所采用的估计方法。以下简要说明这些不确定性因素：

物性值与真实值的偏差：即使反复测量，物性值与真实值之间仍可能存在偏差。这种偏差的幅度是风险评估中需要考虑的不确定性的关键方面。

地质分布的假设：由于地质学假设与实际情况可能存在差异，因此基于这些假设产生的地质分布的不确定性也需要纳入风险评估之中。

地质学上的假设难度：在石灰岩中的溶洞分布或采矿空洞分布等复杂地质结构中，地质学上的假设尤其困难。这种不确定性特性与不确定性的幅度大小以及缩小幅度的难度密切相关，从而对风险评估结果产生影响。

地质、地层风险的不确定性因素多样且复杂，涉及测量偏差、地质假设以及特定地质现象的假设难度等方面。这些因素的不确定性幅度及其缩小难度对风险评估的准确性具有重要影响。

(4)地质、地层风险管理的必要性

为了能够在规划、设计、施工、维护管理等各个阶段实施地质、地层风险评估，必须建立相关的技术体系，明确程序，培养专业人员。在从计划到设计，从设计到施工等进入下一阶段时刻，须建立所谓的“三方会议”(建设单位、前一阶段的实施者以及后一阶段的实施者)沟通机制，切实继承前一阶段获得的技术知识和情报，并最终传递到维护管理阶段。在地质、地层风险评估的基础上制定并实施监控计划，利用情报共享系统，使相关方掌握的情报同步。

(5)整理地质、地层的要求性能

根据建(构)筑物的设计条件等整理地质、地层的要求性能。要注意以下方面：

- 早期阶段，地质、地层的要求性能不明确，流动的情况较多。
- 根据地质状况构造出现变更时，地质、地层的要求性能本身也会出现变更。
- 地质、地层的要求性能变化时，地质调查的内容和精度也会发生变化。在确认相互关联性的同时，有必要对要求性能进行整理。

土木工程中，一般地质、地层的要求性能如下：

支撑地层的性能(包括施工中)：力学性能(强度、变形性、各向异性等)，水理性能(遮水性、透水性等)，长期稳定性(下沉、液化、风化、侵蚀等)。

对施工区域及周边的性能(包括施工中)：边坡稳定性(滑坡、崩塌等)、环境安全性(地下水水质等)。

(6)掌握地质、地层的推定性能和风险因素

地质、地层的推定性能指，以地质调查结果为基础，基于项目要求性能，在平均的、有代表性数据的基础上，考虑地质的非均质性、各向异性、物性偏差等不确定性的性能。如果有特别的风险因素(例如可能成为滑坡等地质事件)，要掌握其详细状况。此外，地质、地层的

不确定性和施工时的不确定性也可能成为较大的风险因素。

(7)提取地质和地层风险

提取地质、地层风险的条件:

- 地质、地层推定性能可能低于地质、地层要求性能的不良地质和灾害危险部位(破碎带、滑坡、活断层、软弱地层等)。
- 施工不确定性大的项目。

提取的地质、地层风险,按照“计划立案”所设定的风险的整理方法,对其风险因素及其特性进行整理。根据需要在平面图、断面图中明确地质、地层风险的范围,实现“风险可视化”。以下是对提取风险进行整理的项目示例。仅靠地质、地层条件等的调查,很难记载全部项目的情况,但需在可能的范围内对这些资料进行整理。

- 风险的项目。
- 风险的位置和范围。
- 风险的内容(要因、主因和诱因等)。
- 结果的大小及其根据。
- 发生的可能性及其根据(地质、地层的要求性能与其估计性能的关系等)。

6)地质、地层风险调查研究业务的基本项目

综上所述,地质、地层风险调查研究业务的基本项目列举如图 2-18 所示。

按照计划、调查、设计、详细设计等各阶段所实施的地质、地层风险研究业务的实施内容和成果见表 2-13 ~ 表 2-15。

7)山岭隧道地质风险因素和降低风险对策

山岭隧道各阶段的地质风险要素及降低风险的对策见表 2-16 ~ 表 2-27。

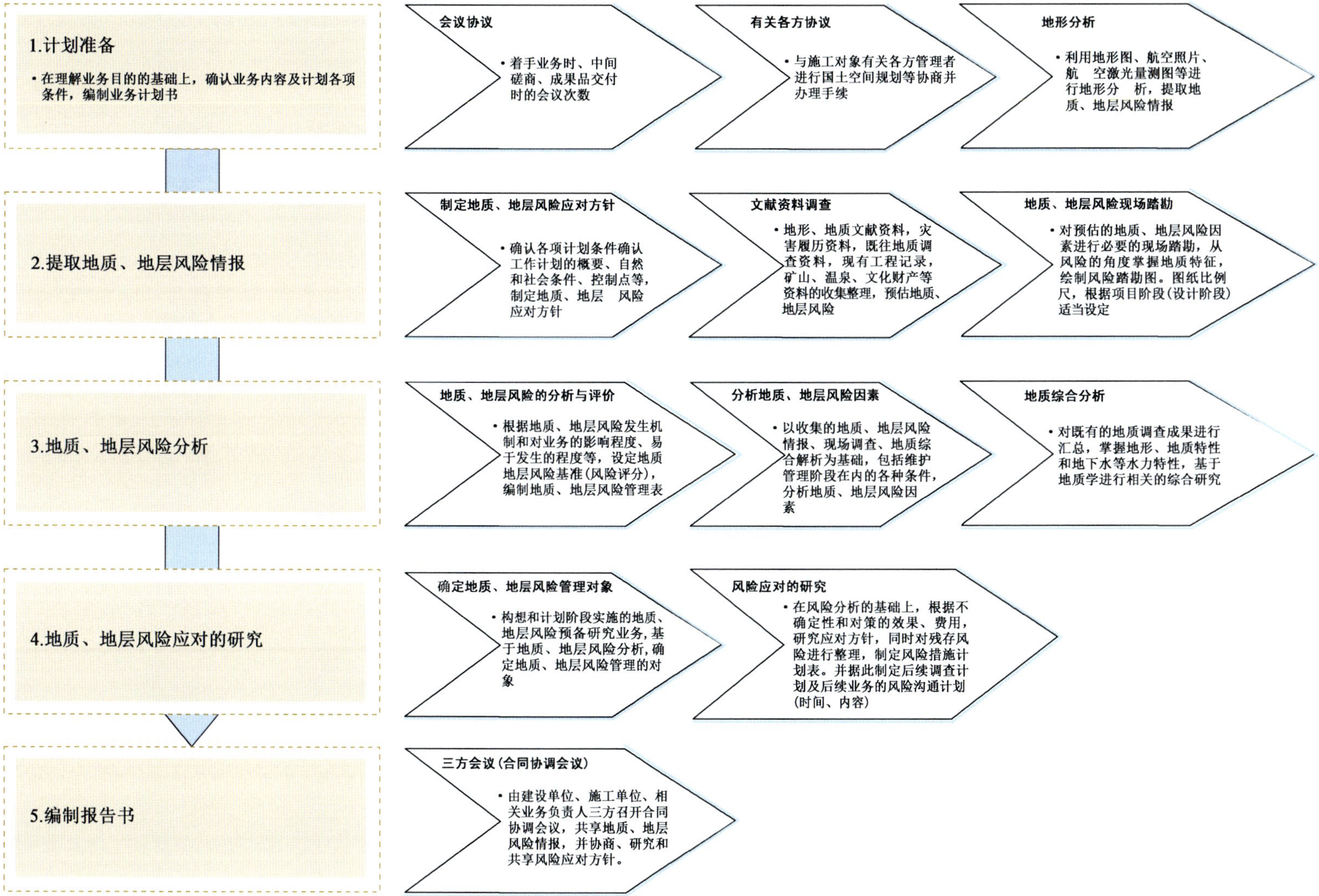

图2-18 地质、地层风险调查研究业务的基本项目

地质风险调查行业的内容和成果(计划阶段)　　表 2-13

<table>
<tr><th>项目</th><th>实施项目</th><th>内容</th><th>成果</th></tr>
<tr><td>准备计划</td><td>准备计划</td><td>业务目的、业务内容的确认、业务配置</td><td></td></tr>
<tr><td>协商协议</td><td>业务协商</td><td>业务着手时、中间会议、成果交付时</td><td>会议协议书</td></tr>
<tr><td>有关各方协议</td><td>与有关各方协商</td><td>与有关各方协商</td><td>有关各方协议资料</td></tr>
<tr><td>研讨地质风险应对方针</td><td>确认计划条件</td><td>确认初步设计、计划:
●计划概要
●自然与社会条件
●着眼点等
●确认地质风险预备研讨事项的成果</td><td>计划条件一览表</td></tr>
<tr><td rowspan="2">提取地质风险情报</td><td>地形解析</td><td>用于地质解析的航空照片、航空激光量测图:
●提取大规模植被、崩塌
●提取断层、活动断裂带
●提取岩堆、扇形地、泥石流
●判读其他有问题的地形</td><td>地形解析图、判读图
用于判断的航空照片
航空激光量测图</td></tr>
<tr><td>文献资料调查</td><td>既有资料的收集、整理:
●地质风险预备研讨时的成果
●计划地域的航空照片、地形图
●地形地层、水文、活动断裂带、滑坡地层下沉等文献资料
●计划地域的矿山、温泉、设施等资料
●计划地域的地层调查、地层物性等资料
●有关受灾等资料
●准备道路的管理记录等
●防止滑坡、扇形地、泥石流等危险区域的调查状况
●地震等受灾资料</td><td>收集资料目录、概要</td></tr>
<tr><td>地质风险实地踏勘</td><td>地质、地层踏勘</td><td>地质、地层初步踏勘:
●初步掌握地形状况、地层分布状况
●实地确认提取的地质风险状况</td><td>地质、地层初步踏勘结果图
实地照片</td></tr>
<tr><td rowspan="2">地层风险解析</td><td>提取地层风险</td><td>●掌握地质、地层构成
●初步掌握地质、地层的特性
●提取地层、地下水点的特性和风险
●按构筑物提取地质、地层风险要素(例如:滑坡、崩塌地、断层、软弱地层等)</td><td>地质风险提取结果图
地质风险要因和地层风险事项提取结果一览表</td></tr>
<tr><td>地质风险分析、评价</td><td>●编写地质风险基准(风险识别)
●编制地质风险管理表
●提取的地质风险发生机制及对工程的影响</td><td>地质风险基准
地质风险管理表</td></tr>
<tr><td>研讨应对地质风险</td><td>研讨分析应对方针</td><td>研讨或更新风险应对计划:
●风险识别和应对方针
●风险沟通(三方会议)方法</td><td>风险对策计划
后续调查计划
后续业务的风险统一计划(时间、内容)</td></tr>
<tr><td>三方会议</td><td>三方会议</td><td>发包方、承包方、事业方三方的合同会议</td><td>三方会议资料、修改结果</td></tr>
<tr><td>编写报告书</td><td>编写报告书</td><td>报告书编写项目:
●资料收集整理结果
●地形解析结果
●实地踏勘结果
●地质风险解析结果
●地质风险应对研讨结果
●后续调查计划
●三方会议研讨的事项</td><td>报告书
电子成果</td></tr>
</table>

地质风险研究业务的基本项目(调查、设计阶段)　　表 2-14

项目	实施项目	内容	成果
计划准备	计划准备	业务目的、业务内容的确认、业务配置	
会议协议	业务会议	业务着手时有关、中间会议、成果交付时	会议协议书
有关各方协议	与有关各方协商	与管理会议机构的协商	有关各方协议资料
研讨地质风险应对方针	确认计划条件	确认既有设计成果: ●计划概要 ●自然与社会条件和控制点 ●确认既有地质风险研讨的成果	计划条件一览表
提取地质风险情报	地形解析	利用航空照片、航空激光量测图的地形解析: ●提取滑坡、崩塌 ●提取断层、活动断裂带 ●提取岩堆、扇形地、泥石流 ●判读其他有问题的地形 ●对既有成果进行再解析、再评价	地形解析图、判读图 用于判断的航空照片 航空激光量测图
	文献资料调查	既有资料的收集、整理、汇总: ●地域的航空照片、地形图、DEM ●地形、地层、水文、活动断裂带、滑坡、地层下沉等文献资料 ●计划地域的矿山、温泉、设施等资料 ●计划地域的地层调查、地层物性等资料 ●有关受灾(风灾、边坡崩塌、火山喷发)等资料调查 ●周边道路管理记录等	收集资料目录、概要
地质风险实地踏勘	地质、地层踏勘	地表地层踏勘: ●地层构成、地层构造(断层、活动断裂带、褶皱)地层分布状况 ●地层走向、倾斜、风化程度 ●风化层厚度、特性 ●原岩的力学特性 ●自然重金属的存在 ●地下水(pH、利用状况) ●污水对策、地层下沉 ●初步设计阶段提取的地层风险,构筑物的详细评价	地表地层踏勘结果图 实地照片 线路图
地层风险解析	地层综合解析	在对策风险调查业务中,实施的地形解析以及地表地层踏勘获取的地层调查数据,对地层进行综合解析	地层平面图 地层纵断面图 既有调查结果汇总(钻孔、柱状图等)
	提取地层风险	●提取构筑物的地层风险要素 ●提取地壳、地下水等的特性和风险	地质风险提取结果图 地质风险要因和地层风险事像提取结果一览表
	地质风险分析、评价	●编写地质风险基准 ●编制地质风险管理一览表 ●提取的地质风险的发生机制及对工程的影响 ●对既有成果进行再评价、更新	地质风险基准 地质风险管理表
研讨应对地层风险	研讨风险应对方针	研讨或更新风险对策计划 ●风险识别和应对方针 ●风险沟通(三方会议)方法	风险对策计划 后续调查计划 后续业务的风险统一计划(时间、内容)
三方会议	三方会议	发包方、承包方、事业方三方的合同会议	三方会议资料、修改结果
编写报告书	编写报告书	报告书编写项目: ●资料收集整理结果 ●地形解析结果 ●实地踏勘结果 ●地质风险解析结果 ●地质风险应对研讨结果 ●后续调查计划 ●三方会议研讨的事项 ●电子交付	报告书 电子成果

地质风险调查项目(详细设计阶段)　　表 2-15

项目	实施项目	内容	成果
准备计划	准备计划	业务目的、业务内容的确认、业务配置	
协商协议	业务协商	业务着手时、中间会议、成果交付时	会议协议书
有关各方协议	与有关各方协商	与有关各方协商	有关各方协议
研讨地质风险应对方针	确认计划条件	确认既有设计的成果: ●计划概要 ●自然与社会条件 ●确认既有地质风险研讨事项的成果	计划条件一览表
提取地质风险情报	地形解析	用于地质解析的航空照片、航空激光量测图: ●提取滑坡、崩塌地层 ●提取断层、活动断裂带 ●提取岩堆、扇形地、泥石流 ●判读其他有问题的地形	地形解析图、判读图 用于判断的航空照片 航空激光量测图
	文献资料调查	既有资料的收集、整理: ●计划地域的航空照片、地形图 ●地形、地层、水文、活动断裂带、滑坡地层下沉等文献资料 ●计划地域的矿山、温泉、设施等资料 ●计划地域的地层调查、地层物性等资料 ●有关受灾等资料 ●防止滑坡、扇形地、泥石流等危险区域的调查状况 ●地震等受灾资料	收集资料目录、概要
地质风险实地踏勘	实地地层踏勘	地表、地层踏勘: ●地层构成分布、地层构造(断层、活动断裂带、褶皱等) ●地层的走向、倾角、风化程度 ●风化层的厚度地层、特性 ●岩层的力学特性 ●自然重金属 ●地下水的水位、水压以及利用状况 ●污水、地层下沉等对策	地表、地层踏勘结果图 实地照片
地层综合解析	地层综合解析	地层风险调查中实施的地形解析、地表地层踏勘结果,加上地层调查数据,解译地层特性;必要时修正既有的钻孔、物理探查结果	地层平面图 地层纵断面图 汇总既有量测结果(钻孔、柱状图等)
	提取地层风险	●提取构筑物的对策风险要因 ●地层、地下水的特性和提取风险	地质风险提取结果图 地质风险要因和地层风险事项提取结果一览表
	地质风险分析、评价	●编写地质风险基准 ●编制地质风险管理表 ●提取的地质风险的发生机制及对工程的影响 ●与设计业务协作	地质风险基准 地质风险管理表
研讨应对地质风险	研讨分析应对方针	风险计划措施: ●调查计划 ●地层风险评价及具体的应对措施 ●详细设计阶段中,必要时并行施工阶段的调查及动态量测	风险对策计划 后续调查计划 后续业务的风险统一计划(时间、内容)
三方会议	三方会议	发包方、承包方、事业方三方的合同会议 地层风险的共享和风险应对方针的研讨	三方会议资料、修改结果
编写报告书	编写报告书	报告书编写项目: ●资料收集整理结果 ●地形解析结果 ●实地踏勘结果 ●地质风险解析结果 ●地质风险应对研讨结果 ●后续调查计划 ●三方会议研讨的事项 ●电子交付结果	报告书 电子成果

挤出、大变形的风险要素及其对策　表 2-16

阶段	风险要素	风险对策
计划、调查、设计阶段	●事前调查不能确定成为挤出、大变形原因的地质； ●选定开挖可能的极度膨胀性围岩的路线； ●设计时没有预测到的挤出、大变形在施工中发生	●进行事前调查、试验的同时，不要遗漏具有膨胀性可能地质的存在； ●选定路线中，避免极度膨胀性问题的地质； ●充分考虑围岩和设计条件，选择适宜方法进行支护设计
施工阶段	●不能充分掌握褶皱等低强度地质的围岩构造； ●突然出现具有挤出动态的不良围岩； ●选定的支护模式和辅助工法不适应围岩条件； ●发生大变形，确保净空断面困难； ●对强大地压支护构件发生变异； ●自开挖经过长时间，变形继续没有收敛	●事前调查地质情报不充分的场合，从洞内采用水平调查钻孔、前方探查等，事前掌握危险的地质构造； ●遭遇不良地质的场合，实施松弛范围的调查，慎重地编制施工计划； ●实施前方的掌子面稳定性评价，选定适宜的支护模式和辅助工法； ●早期掌握的围岩动态反馈到对策中，经量测分析十分有效； ●对变异、支护的高承载力化、掌子面前方围岩补强和多重支护； ●抑制围岩松弛、早期闭合有效，但也要注意没有预估到的情况
维护管理阶段	●由于蠕变变形，衬砌发生变异； ●由于底鼓，隧道底部发生变异； ●由于地下水和中央排水，发生吸水软化	●研究衬砌补强对策； ●对于挤出动态强烈的场合，要注意仰拱形状； ●注意对中央排水的水处理

未固结、土砂围岩的风险要素及其对策　表 2-17

阶段	风险要素	风险对策
计划、调查、设计阶段	●事前地质调查不足，不能准确掌握未固结、土砂围岩的性状； ●设计的支护模式和辅助工法不符合围岩条件	●选定适合未固结、土砂围岩的掌子面稳定性评价和流动化判定的指标，实施调查、试验； ●基于地质调查结果，评价掌子面的稳定性并选定适宜的支护模式和辅助工法
施工阶段	●掌子面涌水持续发生； ●在透水层和不透水层的互层地层，实施降低地下水工法，存在残留水； ●采用超前支护的场合，前端呈放射状展开，直到需要改良部分； ●超前支护下部围岩和撤出钢管的地点，发生围岩掉落； ●辅助工法的注浆材料和注浆量与围岩条件不适应	●未固结、土砂围岩开挖时，进行掌子面涌水状况的观察； ●在互层的场合，注意地下水降低工法实施后残留的地下水； ●只用排水钻孔的场合，要另外实施辅助工法； ●采用超前支护的场合，因为前端呈放射状展开，要注意钢管间距间的流砂、崩落； ●超前支护下部围岩和撤出钢管时，要采取防止掉块的对策； ●采用注浆工法

强风化、岩堆围岩的风险要素及其对策 表 2-18

阶段	风险要素	风险对策
计划、调查、设计阶段	●强风化岩的风化程度有一定幅度； ●规划隧道位于岩堆存在的地点	●为详细掌握强风化、岩堆围岩的性状及分布，地质调查要充分； ●基于地质调查结果，评价边坡和掌子面的稳定性，选定适宜的对策
施工阶段	●在地质调查中，掌握的强风化围岩的性状差异； ●掌子面发生过小规模崩落，施工继续	●发现场点事前调查困难，应在洞内进行调查； ●小崩落是大崩落的前兆，要力求预防

软岩围岩的风险要素及其对策 表 2-19

阶段	风险要素	风险对策
计划、调查、设计阶段	●事前调查不足，没有预测到与掌子面崩塌有关的地层变化	●为掌握地层变化选定调查、试验项目实施； ●对于不能掌握地层变化的场合，施工阶段应加强洞内调查
施工阶段	●判定洞外的事前调查充分，未进行洞内的地质调查； ●掌子面前方和上方存在不透水层的高水头地层； ●没有实施适合掌子面崩塌的地质状况的对策； ●判断掌子面前方和上方的地下水位降低不充分或错误； ●掌子面崩塌的地质状况应优先选定利于施工效率的开挖工法	●为掌握崩塌风险，既要进行洞外的事前地质调查，又要进行洞内的地质调查； ●降低作为崩塌诱因的掌子面前方地下水位； ●对预计的问题采取适宜的对策； ●即使排水钻孔的水量减少，也有可能存在地下水位降低不充分的问题； ●选定开挖工法不以施工效率优先为原则

含有断层、破碎带的围岩的风险要素及其对策 表 2-20

阶段	风险要素	风险对策
计划、调查、设计阶段	●在计划路线区域内分布大规模的破碎带； ●计划路线区域内存在没有预估到的派生断层； ●根据地质及地下水状况，存在突发涌水的围岩	●视风险等级，研究变更路线，如风险不可避免，则采取相应对策（提高支护构造等级，采取辅助工法等）； ●当存在派生断层的情况时，建议采用探孔和超前钻孔； ●实施排水钻孔，降低地下水位，但在设计阶段要研究水位对周边环境的影响
施工阶段	●有未预估到的破碎带出现； ●没有继续进行地形、地质调查及水文调查，或调查不充分； ●计划、设计、施工阶段地质的不确实性造成的支护构造不足	●在计划、设计、施工阶段精查断层、破碎带的位置、性状等，采取相应的对策； ●继续进行掌子面前方探查，早期掌握断层、破碎带等的位置、规模和性状； ●视断层、破碎带的位置、规模、性状实施适宜的对策

层理、节理发育的围岩的风险要素及其对策　　表 2-21

阶段	风险要素	风险对策
计划、调查、设计阶段	●岩类起因于层理、节理发育的裂隙(不连续面)的情况； ●广泛分布的附加体，掌握其位置、规模、性状困难	●围岩弹性波速度因测线方向不同而异，要注意对岩芯的观察，掌握围岩松弛； ●参考相邻相似地质的示例，整理弹性波速度和支护模式的关系，为设计提供参考
施工阶段	●掌子面的小规模崩落与连续的大规模崩落有关； ●极少的涌水、水压会使围岩松弛，掌子面崩塌	●追加支护构造，掌子面补强和初期支护等； ●观察掌子面时，即使少量涌水也不要放过，对于有水压作用的情况，要研究排水降压对策

滑坡、坡面崩塌的风险要素及其对策　　表 2-22

阶段	风险要素	风险对策
计划、调查、设计阶段	●分布有无数的滑坡地形，在计划阶段对洞口的小滑坡情报掌握不足； ●洞口的挖方设计多是基于经验的设计； ●洞口处于地形上不利的位置； ●隧道计划路线上有与隧道相互作用的滑坡存在	●隧道路线尽可能避免滑坡地形； ●隧道洞口是关键部位，应设在有利的位置，要充分注意导坑的开挖施工； ●受地形限制的位置，采取适宜的滑坡对策
施工阶段	●对滑坡面、地质条件评价有误； ●设计阶段采取的滑坡对策不充分； ●滑坡地形围岩脆弱，有滞水的情况，可能出现大规模的滑坡	●必要时，应追加地质调查； ●即使采取滑坡对策，也要强化监控量测； ●存在大规模滑坡风险，要提前应对预案
维护管理阶段	●运营后，滑坡产生偏压作用	●应重点研究滑坡地段； ●强化滑坡地段的衬砌构造，如衬砌采用接近圆形的形状、使用过去的材料、采用预制化构造

岩爆的风险要素及其对策　　表 2-23

阶段	风险要素	风险对策
计划、调查、设计阶段	●没有精确评价岩爆发生的可能性； ●不能或很难掌握地压的状况	●在大埋深而且坚硬围岩分布的区间，要认识到有发生岩爆的可能性； ●参考过去示例和文献，掌握岩爆的危险度； ●利用调查钻孔和岩芯物性测定或推定地压状况
施工阶段	●预测不会发生岩爆的区间，也有可能发生岩爆； ●根据弱层分布和节理方向，有发生岩爆可能性高的情况； ●超前钻孔中可见高地压、显著的应力各向异性的征兆； ●对岩爆的发生准备不充分； ●地震也会诱发岩爆	●仔细观察掌子面状况和山鸣等征兆，是辨识岩爆发生可能性的常识； ●在洞内测定地压； ●考虑最大压应力方向和节理方向的关系； ●观察超前钻孔的岩芯有无饼化现象，不放过岩爆发生的征兆； ●基于超声波检测(AE)量测实施作业人员暂时退避和采取岩爆对策； ●对掌子面进行防护或让作业人员暂时退避； ●对岩爆的飞石采用摩擦式锚杆、喷混凝土应对； ●地震发生后，注意岩爆的征兆，作业人员暂时退避

地下水位降低的风险要素及其对策　　表 2-24

阶段	风险要素	风险对策
计划、调查、设计阶段	●计划路线区域的水文调查不足； ●对施工影响周边水环境的影响过小或过大； ●在路线计划区域分布有涌泉、稀少动植物； ●没有与当地包括居民在内的有关各方形成共识	●进行水文调查和数值解析，掌握地下水位降低的风险； ●必要时，求助于专家等； ●如有风险，研究变更路线，如不可避免，研究代替水源和采用防水型隧道构造； ●与有关各方(包括当地居民)取得共识
施工阶段	●遭遇含水带； ●没有精查计划、调查、设计阶段的风险评价和对策分析； ●没有继续进行水文调查，或调查不足； ●没有获得预期的风险对策效果； ●没有与当地包括居民在内的有关各方形成共识	●事前制定包括应急对策的风险对策，做好能够迅速应对的准备； ●精查地下水位降低的风险和对策； ●继续进行水文调查和数值解析，力求早期掌握地下水位降低的风险； ●确认风险对策的效果，如不充分，研究包括补偿在内的追加对策； ●向有关各方仔细说明，形成共识
维护管理阶段	●没有继续进行水文调查； ●由于经年劣化，风险对策的功能降低； ●没有管理好设计、施工记录； ●没有与包括当地居民在内的有关各方在补偿范围达成共识	●继续进行水文调查，确认地下水位降低有无影响及对策的妥当性； ●继续检查衬砌和洞内外的排水、送水设备； ●对各种图像和观察、量测结果以及研究资料、协议记录等施工情报进行一体化管理 ●与有关各方明确代替水源的维护管理及补偿范围等

水质变化的风险要素及其对策 表 2-25

阶段	风险要素	风险对策
计划、调查设计阶段	●在计划区域内的生活用水来自地下水或农业、渔业等用水； ●计划路线周边流域存在稀少动植物的栖息地； ●计划路线的围岩含有天然重金属等	●进行用水状况的实态调查和地下水流动解析，掌握地下水水质变化风险； ●实施考虑周边环境的线形计划； ●组织技术研讨会，咨询专家建议； ●选定与周边地域相适应的风险对策
施工阶段	●忽视自然条件和地形、地理条件等； ●没有继续进行计划、调查、设计阶段的水质调查，或没有修正； ●伴随开挖作业的污水、混凝土浇筑作业的强碱性水、重型机械的油脂、辅助工法的药液等流出	●精查在计划、调查、设计阶段中实施的风险对策，并定期实施中间调查； ●继续进行水质调查，力求早期掌握水质变化的风险； ●根据地质条件和水理条件预计的排水量，选定污水处理设备； ●实施考虑事前计划的应急对策和永久对策
维护管理阶段	●没有继续计划、调查、设计、施工阶段的水文调查； ●不能确认围岩中的强酸性水和重金属继续流出使排水功能降低以及包括支护在内的隧道构造功能劣化的程度； ●没有管理好设计、施工记录	●继续实施水质调查，确认河川水、地下水的水质变化程度、复原程度等； ●检查衬砌，继续进行对排水设备等的维护检查； ●对施工记录（设计、变更、观察、量测结果，会议记录等）进行一元化管理

瓦斯风险要素及其对策 表 2-26

阶段	风险要素	风险对策
计划、调查、设计阶段	●计划路线的围岩调查不充分； ●对瓦斯储留构造和发生形态（机理）、可燃性瓦斯的性状等认知不充足； ●欠缺瓦斯探查系统和管理体制	●对可能发生可燃性瓦斯的地域和地质等进行充分调查； ●要充分理解可燃性瓦斯储留的地质构造和发生形态； ●掌握可燃性瓦斯的性状（种类、爆发限界等）； ●研究瓦斯探查系统和管理体制
施工阶段	●不能准确掌握可燃性瓦斯围岩的存在状况； ●瓦斯的稀释、排出等防控措施不合适； ●火源对策不充分； ●安全管理机制没有充分告知作业人员	●测定可燃性瓦斯浓度； ●可燃性瓦斯稀释的风速至少在 0.5m/s 以上，甲烷等定时涌出的情况，风速取 1m/s（通风对策、通风设备）； ●采取充分的火源对策； ●检查日常的通风设备及电气设备（检查防爆化状况）； ●定期实施防灾教育

天然重金属的风险要素及其对策　　表 2-27

阶段	风险要素	风险对策
计划、调查、设计阶段	调查、试验计划： ●是否需要采取对策。对策土量的推定、试验、判定方法，有无酸性水等的调查、试验不足； ●设计、发包者的认识不足 弃渣处理计划： ●预计的对策土量难以掌握； ●对需要采取对策的土的种类和有无酸性水没有掌握	调查、试验计划： ●为判定是否采取对策，实施施工前初步调查； ●根据施工前初步调查实施施工前的详细调查，充分掌握地质状况； ●确认有无酸性水； ●事先理解试验、判定方法 弃渣处理计划： ●根据有关法规以及处理方法，合理选择场地位置等； ●根据初步调查，实施详细调查，掌握地质状况； ●编制考虑土量变化的最佳处理计划
施工阶段	施工中调查： ●出现与设计阶段预估不同种类的重金属等； ●与设计阶段推定的含有重金属的地质位置、范围不同 临时设备： ●从临时弃渣场流出含有重金属的水、粉尘飞散； ●弃渣搬运时发生含有重金属的水流出和粉尘飞散； ●隧道涌水和施工排水中含有重金属的水流出 弃渣处理、对策： ●从弃渣场经由地下水等含有重金属的水移动扩散； ●在处理场，由人直接采取； ●超过处理场的能力、搬运径路引起近邻居民的投诉，造成停工 监控： ●由于监控不充分，造成对周边环境的影响和不能确认对策的效果 酸性水： ●与计划、调查、设计阶段不同的区间出现酸性水； ●实际酸性水比计划、调查、设计阶段推定的水量大； ●支护构件和衬砌劣化； ●从弃渣场流出酸性水，污染周边环境	施工中电池盖： ●施工前由掌子面或洞口钻孔，进行尽可能长距离的调查； ●以配合临时弃渣场容量的频率、距离进行前方探查 临时设备： ●考虑隔水性、排水管理、防止扩散对策及弃渣保管量、弃渣分选等设定临时弃渣场； ●研究搬运弃渣时防止含有重金属的水流出和粉尘飞散的对策； ●设置对应重金属等的污水处理设备 弃渣处理、对策（填土、回填土的利用）： ●对利用地点的指标居民和动植物，研究溶出地下水的风险对策； ●研究直接采取的风险对策 弃渣处理、对策（场外处理场的处理）： ●充分考虑周边处理场的处理能力、搬运距离； ●开展居民说明、情报展示，研究考虑居民的搬运路径 监控： ●正确理解监控目的； ●以适宜的时期、项目、频率进行调查，准确判断其结果 酸性水： ●研究施工中超前钻孔中的水质； ●考虑酸性水的劣化作用，研究支护构件和衬砌混凝土； ●研究不让酸性水流出的处理方法和渗漏监控
维护管理阶段	●混凝土衬砌和附属建（构）筑物的功能降低	●排水构造要注意酸性水继续排出的可能； ●从衬砌漏出酸性水，要注意其对长期耐久性的影响

2.3 隧道掌子面前方探查和新技术

1）隧道掌子面前方探查

项目前期阶段仅利用有限的地质调查难以掌握详细的地质情报，围岩的地质状况不确定性较大，导致施工费用增加和工期延误，降低运营期间的安全性。为了减少上述问题，应边施工边修正初步设计。对掌子面前方探查能够获取更为准确的围岩地质情报，补充、完善事前地质调查中的不确定性部分，以安全而合理地实施隧道施工，是地质风险管理主要对策之一。

（1）掌子面前方探查的优点

■ 能够获取掌子面前方开挖方向各种连续的数据。

■ 掌子面前方未开挖区间因为是探查的对象围岩，范围狭窄而且距离短，能够采用物理探查获取高精度的围岩物性值。

■ 通过岩芯、钻孔拍照等直接手段，能够观察、评价掌子面前方未开挖区间连续的地质状况。

■ 利用获取的岩芯进行室内试验，连续地获取开挖方向的围岩物性值。根据开挖后暴露的试件情况也能够掌握重金属等的溶出、地下水污染状况。

■ 能够确认未施工（开挖）和未明了的事项，例如配合位移观测，推定开挖后的围岩松弛和应力释放、预测围岩物性的变化等。

■ 利用凿岩机（钻孔台车）可在短时间内实施掌子面前方探查，并可以在施工循环中实施。

（2）掌子面地质观察的图像

隧道掌子面是可在短时间内直接而且详细观察围岩地质状况的大露头。同时，在一般围岩中是连续出现的，能够详细观察已开挖区间的地质状况，考察地质构造的连续性，推测掌子面前方的地质分布状况。

隧道施工中的日常管理项目中有掌子面地质观察。详细的地质观察不仅可预测掌子面前方的地质状况，也是研讨围岩变化的重要地质情报。图 2-19 是现场人员绘制的掌子面素描示例，把涌水地点和裂隙状况、地质划分附记在掌子面图像上。图 2-20 是技术人员绘制的掌子面素描示例，把掌子面的层理面、节理面，与断层、倾斜、走向、围岩分级等详细的掌子面地质情报用素描方法记录在掌子面图像上。

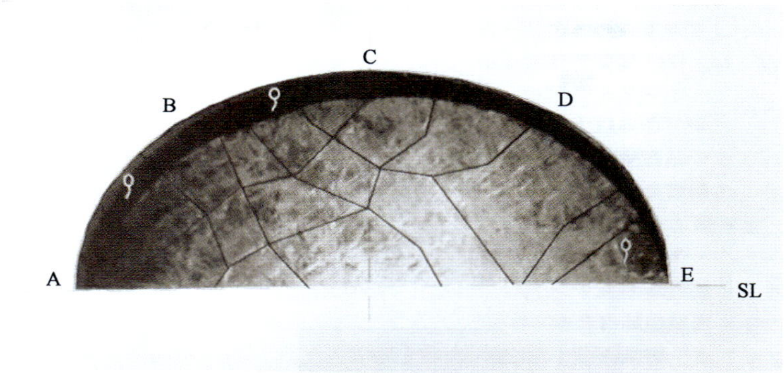

图 2-19　掌子面素描示例(现场人员绘制的)

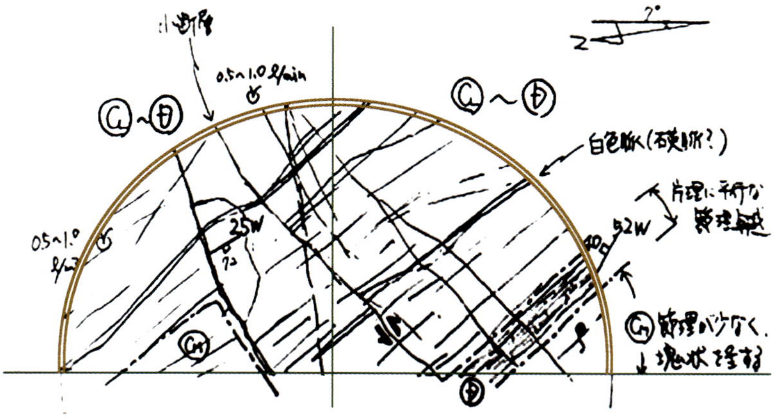

图 2-20　掌子面素描图(地质人员绘制)

2) 隧道前方围岩探查技术现状

前方围岩探查技术包括钻孔、调查坑道以及物理探查等几个方面,从洞内外实施的各种掌子面前方围岩探查方法及其应用现状见表 2-28。

掌子面前方探查技术的现状和评价(从洞内实施的调查技术)　　表 2-28

探查方法概要			掌子面观察、图像处理	钻孔、调查坑道的利用											物理探查			
				钻孔调查		调查坑道	孔内观察、图像处理	各种孔内试验、探查	各种试件试验	各种原位试验	钻孔探查	地温测定	围岩先行位移测定	洞内电阻比测定	洞内简易弹性波探查	洞内水平弹性波探查	表面波探查	电磁波反射法
				无岩芯	有岩芯													
基本事项	调查内容		掌子面的围岩状况	钻孔情报	岩芯情报	各种围岩情报	孔内围岩情报	各种物理量等			破坏能量	围岩温度	围岩先行位移	电阻比分布	弹性波速度	弹性波反射面等	表面波传播速度	断层部反射面等
	探查可能距离(m)		掌子面	钻孔、调查坑的深度							70	数米	20	数米	数米	80	30	8
	准备、作业时间		○	△	△	△	△	△			△	◎	◎	◎	○		○	◎
	解析时间		◎	◎	△	△	△	○			◎	◎	◎	◎	○	○	◎	◎
调查项目	地层状况变化	破碎带等的位置		○	◎	◎				◎				○		○	○	○
		同上、走向、倾斜	◎			◎				△						○		○
		同上规模(宽度等)			◎	◎				◎						△		—
		有无地下空洞	○	◎	◎	◎				◎				△				○
		瓦斯赋存位置		○	○	◎				△								
		岩质、地层对比	◎	△	◎	◎	◎			○					△	○	○	△
	地下水	含水层位置		○	○	◎					○	○		○		△	△	○
		含水层的渗透性	△			△		◎	◎	◎								
		同上、水压	△			△		◎		◎								
	地质状态	不连续面间隔	◎		◎	◎	◎											
		不连续面状态	◎		◎	◎	◎											
		风化、变质	◎	○	◎	◎	◎	◎	◎	◎	○			○	△	△	△	
	力学性质	围岩强度	△	△	△	○		◎	◎	◎	○				○	△	△	
		变形系数	△					◎	◎	◎			○		○	△		
		各向异性	△					◎	◎	◎								
		松弛区域	△	△	△	△	○	◎	○	◎	○		△		◎	○		
实用化的水准			◎	◎	◎	◎	◎	◎	◎	◎	○	△	△	△	◎	○	○	△

注:1. 探查可能范围:即使采用同一技术因地质条件等围岩条件不同,也会产生差异。

2. 准备、作业时间:◎-1、2h 左右;○-半日左右;△-1 日以上。

2.4 地质调查的数字化技术

为应对数字化的未来社会，地质调查行业需要逐步实现作业自动化、分析实时化和数据可视化。

1）作业自动化

■ 机器人流程自动化（Robotic Process Automation，RPA）：通过软件机器人模拟人类操作计算机，自动执行基于规则或重复性高的业务流程。这些软件机器人可以在各种应用程序（如办公软件、企业资源规划系统、客户关系管理系统等）中完成数据输入、文件处理、系统操作等任务。

■ 实施条件：地质调查工作需明确作业顺序和判断基准，确保流程可清晰表达。目前，原位测试、室内测试、解析规则明确的水文分析和地层分析等环节均可利用 RPA 技术实现自动化。

2）分析实时化

■ 三维模型的精细化和高速化：随着计算机技术的发展，三维模型的精细化和分析速度的提升成为可能。

■ 基础地图情报网站：为公众提供便捷的地理信息获取渠道，包括地形、地质、植被、水文、构筑物等信息。

■ 卫星数据与实时分析：卫星数据实时提供各类情报，企业员工和研究人员将这些数据与地下水位、地层位移等监测结果结合，进行实时分析，支持相关工作。

3）数据可视化

■ 虚拟现实（VR）等技术：数据可视化是地质调查的关键，三维模型作为实现这一目标的重要工具，在地质调查领域具有重要意义。

■ 三维模型的应用：地质调查处于行业最上游，通过将调查结果以三维形式表达并传递给后续流程，有利于行业的整体优化（图 2-21）。

■ 开发和普及三维调查技术：致力于开发和普及能够表现地层、地质不确定性、补充钻孔数据的三维调查技术。

4）实时可视化技术

■ 云集成与人工智能：地质调查行业正致力于实时可视化所有地层情报，通过将当地获得的数据实时集成到云端，并在数据分析中引入人工智能等先进技术，开发出能够实现实时可视化的新技术与工具。

图 2-21　地质调查三维模型利用示例

■ 高效便捷的数据处理：这将使地质调查数据的获取、处理和表达更加高效便捷，让任何人在任何地点、任何时间都能轻松访问并查看所需的情报，从而创造出更加直观和易于理解的可视化输出。

综合上述内容，表 2-29 展示了近年来显著推动地质调查发展的代表性新技术。

地质调查有效的新技术　　表 2-29

序号	调查方法	目的	筹划、计划阶段	调查、设计阶段
			不进入现场	进入现场
1	航空激光量测 无人机(UAV)激光量测	高精度微地形解析	◎	◎
2		采用倾斜量图、三维立体图软件提取落石等危险地点	◎	◎
3	空中物理探查	掌握三维地层物性	○	○
	采用干涉孔径雷达 SAR 的地层变动解析	地层变动解析	◎	○
4	携带式荧光 X 线分析装置	掌握重金属含有量分布状况	○	◎
5	便携式激光量测	高精度微地形调查	—	○
6	高品质钻孔	高质量钻孔	—	◎
7	浅层反射法探查	确认支持地层的连续性	—	◎
8	微动数组探查	推定支持层分布(二维、三维微动探查)	—	◎
9	三维电气探查	掌握地质、地下水的三维分布状况	—	○

注：◎-基本调查；○-必要的采用的调查。

项目前期，进入现场困难或受到限制时，必须防止风险等级 AA 的重大风险（大规模滑坡等）。表 2-29 列举的技术是有效的，可不直接进入现场，非接触、非破坏地提取地质风险。而当自由出入现场时，选择调查方法的限制较少，应选择更高效、实用的调查方法。在设计阶段，地质调查主要依靠钻孔调查。再借助物理探测补充钻孔信息，这样可以有效地降低地质的不确定性。

2.5 调查成果的电子交付

地质、地层调查的电子交付是指将调查、设计、施工等各业务阶段的地质、地层调查的最终成果以电子数据成果的形式交付。日本于 2023 年 4 月开始全面应用在线电子交付。传统纸质文件(包括图纸、照片等)的交付形式正在被电子数据的形式交付替代。

显然,电子交付可节省存储空间、节约资源、降低成本,易于情报共享和管理的一体化,促进数据再利用,提高数据管理的质量,公布信息量大的公共情报。对地质情报而言,电子交付对实现以下目标大有裨益:

- 地层情报数据库的低成本化。
- 实行地质情报的广域联合、推进地质情报的高密度化。
- 地质风险的早期发现。
- 快速预测周边围岩液化危险度。

为此,对要加强调查成果的电子交付及数据的标准化,这是数据处理和数据分享的基础。

1) 电子交付流程

在线电子交付是相对于 CD-R、DVD-R 等电子介质的电子交付,是通过网络向情报共享系统线上交付电子成果(图 2-22)。在线电子交付的前提是情报共享系统的利用。

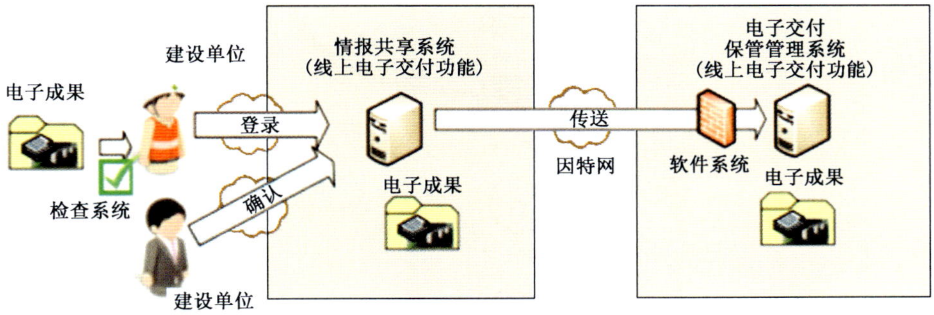

图 2-22 线上电子交付构成示意图

无论是在线电子交付,还是基于电子介质的电子交付,都要进行前期协商。事先理解作业中的情报交换、情报管理、电子成果的制作-检查-核查-保管-管理等电子交付的一系列流程,明确交付的内容和标准。

承包方编制电子成果,提交给发包方的流程如图 2-23 所示。

施工中电子交付的流程如图 2-24 所示。

2）电子成果交付的事前约定

为防止返工，电子成果变更导致承包商积累无效的电子数据。建设单位对电子成果交付的要求要以书面方式等提供给承包商。收到承包商数据后，应确认资料内容，同时用最新的电子交付系统进行检查。承包商在此阶段也要根据自身的经验评判电子交付的要求，判定需要交付的成果是否有利于项目开展，是否有利于下一阶段工作等以及自身的交付能力。

为了顺利进行电子交付，事前约定的内容应包括：

- 业务中的情报交换方法。
- 电子成果资料。
- 处理难以电子化的资料。
- 处理利用数据表交换的数据。
- 可否向外部公开。
- 检查方法。
- 其他事项。

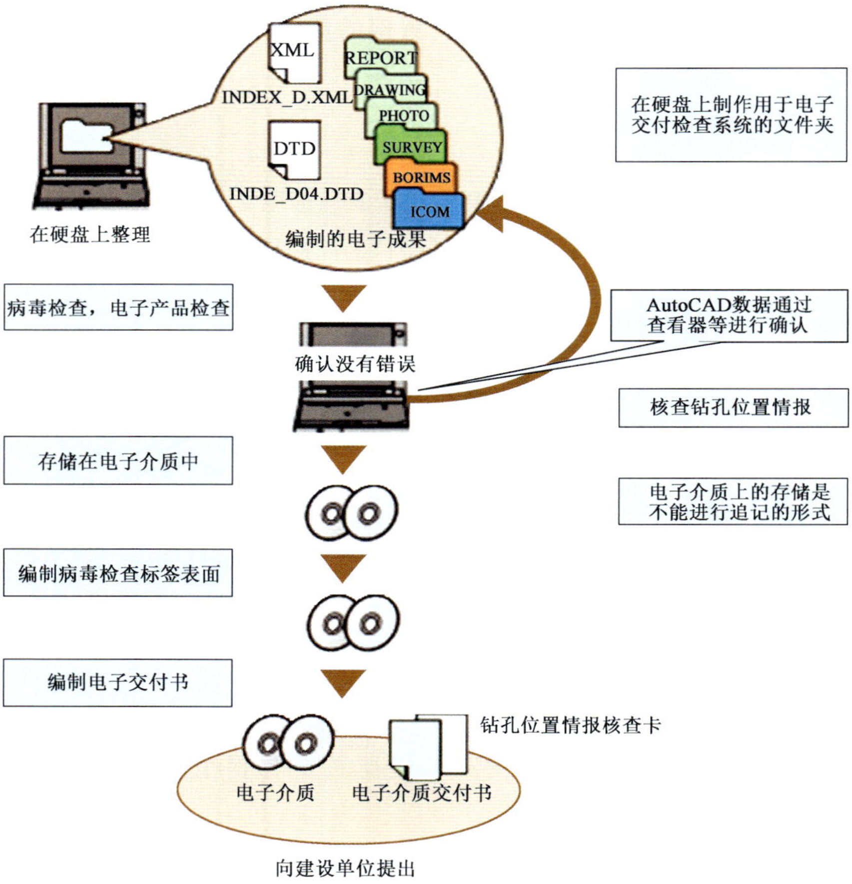

图 2-23　电子介质从编制到提交的全流程

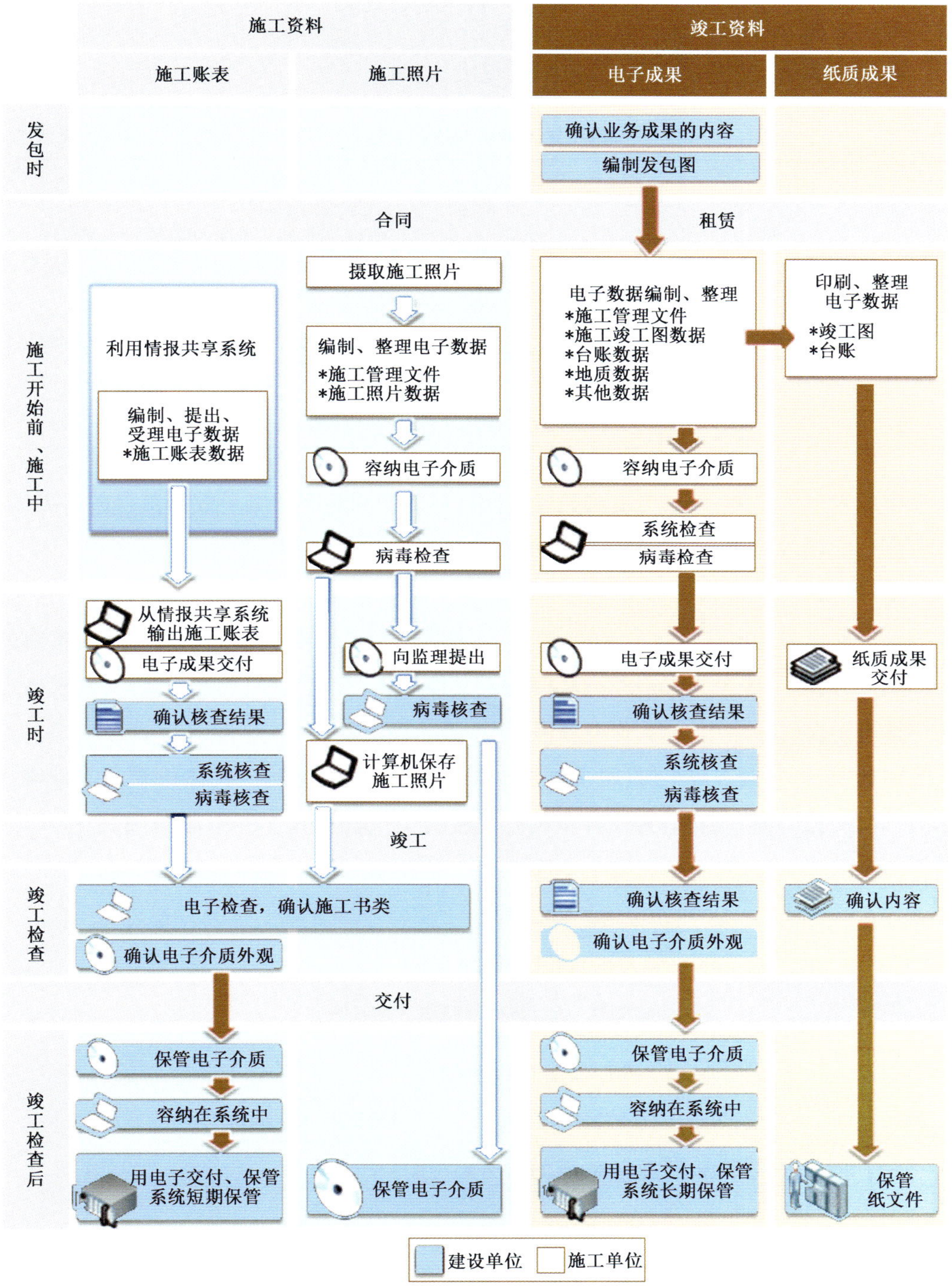

图 2-24　电子交付的流程

需要事前协商并约定的事项包括:施工单位提交原始文件的软件及版本;电子交付的要领、标准;工作中电子数据的保管方法;地质数据位置情报的核查结果及提交方法,以及上述文件的检查方法。

一些调查成果交付存在电子化的困难,见表2-30。

电子化困难的地质调查成果　表2-30

成果	存储的文件夹	电子交付的对应方法
纸质图纸(文献内容、地质图等)	DRAWING	通过扫描仪输入编制的图像数据,交付图像数据或嵌入图像数据的CAD数据
CAD等难以制作的图纸(路线图、素描等)	DRAWING	通过扫描仪输入编制的图像数据。交付图像数据或嵌入图像数据的CAD数据
只能用纸得到的资料	REPORT	通过扫描仪输入生成图像数据,电子交付

对于难以电子化的资料,考虑到设计阶段以后的使用频率及电子数据留存的必要性,交付方法(纸张、图像数据、CAD数据))由承发包双方专门协商确定。

3)电子成果的文件构成和文件夹

关于地质成果等电子成果的制作,需在仔细阅读相关的电子交付要领、标准、指南的基础上,充分了解电子成果的规格(存储文件夹、文件格式、管理文件、数据格式、文件规格等),深入理解电子交付的运用规则、作业顺序、注意事项等内容。

编制地质、地层调查成果时,可参考图2-25所示文件夹结构。具体成果及文件格式见表2-31、表2-32。地质情报管理文件中钻孔文件夹中包含钻孔交换用数据、电子柱状图、电子简化柱状图等文件,每个钻孔1个文件。

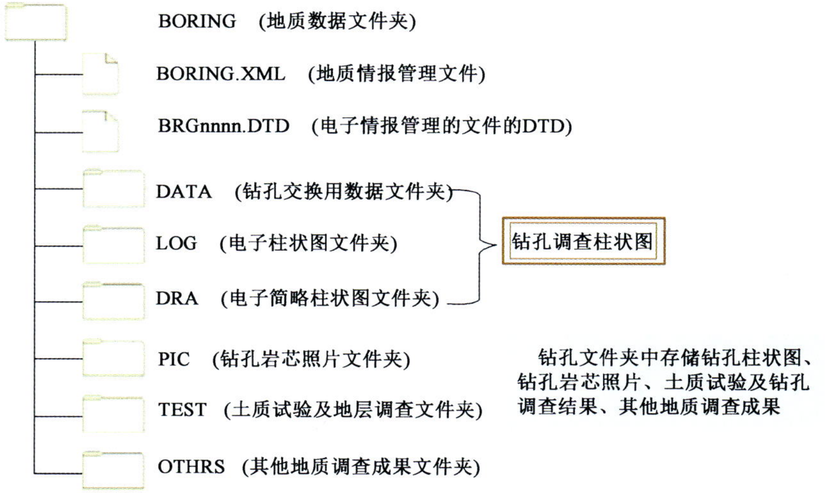

图2-25　BORING文件夹构成

地质情报电子交付的文件夹、文件格式　　表 2-31

电子交付对象资料		文件名	文件形式	存储的文件夹名
业务管理文件		INDEX_D. XML	XML	路径
报告书	报告书	REPORT. XML	XML	REPORT
		REPORTnn. PDF	PDF	
	报告书原始文件	REPnn_mm. * * *	原始文件	REPORT/ORG
钻孔柱状图	地质情报管理文件	BORING. XML	XML	BORING
	钻孔交换用数据	BEDnnnn. XML	XML	BORING/DATA
	电子柱状图	BRGnnnn. PDF	PDF	BORING/LOG
	电子简略柱状图	BRGnnnn. P21 或:P2Z	SXF	BORING/DRA
地质平面图、地质断面图	图纸管理文件	DRAWING. XML	XML	DRAWING
	地质平面图	SOGPnnnZ. P21 或 P2Z	SXF	
	地质断面图	SOxxnnnZ. P21 或 P2Z	SXF	
钻孔岩芯照片	钻孔岩芯照片管理文件	COREPIC. XML	XML	BORING/PIC
	钻孔岩芯照片	Cnnnnmmm. JPG	JPEG	
	连续钻孔岩芯照片	Rkkkklll. * * *	原始文件	
土质试验及地层调查	土质试验及地层调查管理文件	GRNDTST. XML	XML	BORING/TEST
	电子土质试验结果数据	STBnnnn. PDF STAnnnn. PDF STSnnnn. PDF	PDF	
	土质试验结果数据	STBnnnn. XML STAnnnn. XML STSnnnn. XML	XML	
	电子数据卡	TSnnnmmm. PDF	PDF	BORING/TEST/ BRGnnnn 或 BRGnnnnA 或 SITnnnn
	数据卡交换用数据	TSnnnmmm. XML	XML	
	数值试件照片	Snnnmmmk. JPG	JPEG	BORING/TEST/ BRGnnnn 或 BRGnnnnA 或 SITnnnn/TESTPIC
现场照片	照片管理文件	PHOTO. XML	XML	PHOTO
	现场照片	Pnnnnnnn. JPG	JPEG	
其他的地质调查成果	其他管理文件	OTHRFLS. XML	XML	BORING/OTHRS
	其他地质调查成果	* * * * * * * *. * * *	原始文件	
与智能建造有关的地质成果		—	—	ICON

注：k、nn、mm、xx、kkkk、lll、nnn、mmm、nnnn、nnnnnnn，表示各成果拱顶的编码。

地质调查成果文件夹、文件的构成　　表 2-32

文件夹	子文件夹	容纳的文件种类(文件形式)	成果
地质数据文件夹		地质情报管理文件 地质情报管理文件	• 地质情报管理文件
	钻孔交换用数据文件夹	钻孔交换用数据文件 钻孔交换用数据文件	• 钻孔交换用数据
	地质柱状图文件夹	电子柱状图文件	• 电子柱状图
	地质简略柱状图文件夹	电子简略柱状图	• 电子简略柱状图
	岩芯照片文件夹	钻孔岩芯照片管理文件 钻孔岩芯照片管理文件 钻孔岩芯照片 扩展、力学钻孔岩芯照片	• 钻孔岩芯照片管理文件 • 钻孔岩芯照片 • 连续钻孔岩芯照片
	土质试验及地层调查文件夹	地质调查管理文件 土质试验及地层调查管理文件 土质试验结果一览表数据 土质试验结果一览表数据 电子土质试验结果一览表	• 土质试验及地质调查管理文件 • 土质试验结果一览表数据 • 电子土质试验结果一览表
	钻孔和网站的子文件夹	数据卡交换用数据 数据卡交换用数据 电子数据库	• 数据库交换用数据 • 电子数据库
	试件及试验的子文件夹	数据卡交换用数据 图表、素描情报	• 数据库交换用数据（图表、扫描情报）
	数值试件及照片的子文件夹	数值试件及照片	• 数值试件及照片
	其他地质、土质调查结果子文件夹	其他管理文件 其他地质、土质调查结果 其他管理文件	• 其他管理文件 • 其他地质、土质调查成果

续上表

文件夹	子文件夹	容纳的文件种类(文件形式)	成果
地质数据文件夹 容纳有关地质、地层调查结果的电子成果		地质情报管理文件	• 地质情报管理文件 • DTD
	钻孔交换用数据子文件夹	XML文件　DTD文件	• 钻孔交换用数据 • DTD
	地质柱状图子文件夹	PDF文件	• 电子柱状图
	地质简略柱状图子文件夹	子简略柱状图	• 电子简略柱状图
	钻孔岩芯照片子文件夹	岩芯钻孔照片管理文件 JPG文件　任意	• 钻孔岩芯照片管理文件 • DTD • 钻孔岩芯照片 • 连续钻孔岩芯照片
	土质试验及对策调查子文件	土质试验及对策调查管理文件 数据文件XML　数据文件DTD PDF文件　JPG文件	• 土质试验及对策调查管理文件 • DTD • 电子土质试验结果一览表 • 土质试验结果一览表数据 • 电子数据卡 • 数据卡交换用数据 • 数值试件照片
	其他的地质、地层调查结果子文件夹	其他管理文件 原始文件	• 其他管理文件 • DTD • 其他地质、地层调查成果

钻孔柱状图的文件夹和文件的存储形式如图 2-26 所示。

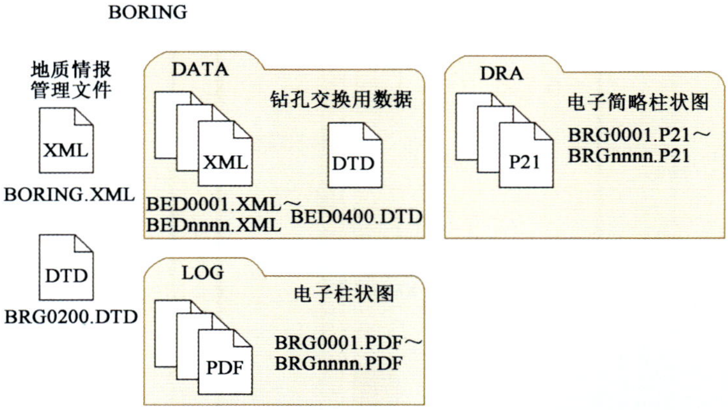

图 2-26　钻孔柱状图的存储图像

钻孔柱状图成果的文件格式、文件夹如图 2-26、见表 2-33。

钻孔柱状图的成果　　表 2-33

成果	文件名	文件形式	存储文件夹	备注
地质情报管理文件	BORING. XML	XML	BORING	为了检索、参考、再利用钻孔柱状图的电子数据，填写了最低限度管理情报的 XML 文件
钻孔交换用数据	BRGnnnn. XML	XML	BORING/DATA	以数据库化和数据交换为目的的钻孔柱状图的数值数据
电子柱状图	BRGnnnn. PDF	PDF	BORING/LOG	纸柱状图以土层、岩层、滑坡柱状图等样式输出的柱状图的 PDF 文件
电子柱状简易图	BRGnnnn. P21 或 P22	SXP	BORING/DRA	地质图等 CAD 图纸上简易柱状图的 CAD 数据

注：nnnn-钻孔编号。

钻孔情报文件(BORING. XML)，是指每个钻孔重复填写所创建的钻孔柱状图的文件名、经度、纬度、高程等钻孔位置情报。填写时注意地质情报管理文件中的钻孔名、钻孔连号、经度纬度、测地系统、孔口高程、总削孔长、柱状图区分，必须与钻孔交换用数据的填写内容保持一致。见表 2-34。

钻孔交换用数据的记入项目　　表 2-34

样式编号	归类项目	样式编号	归类项目
O	基础情报	D1	观察记事
A	标题情报	D2	观察记事框线
B	工学的地质划分名、现场土质名	D3	标准贯入试验
C	颜色划分	—	—

不同阶段的电子交付文件夹是不同的，项目整体电子交付文件夹如图 2-27 所示。施工阶段电子交付文件夹如图 2-28 所示。设计阶段调查电子交付的文件夹结构如图 2-29 所示。

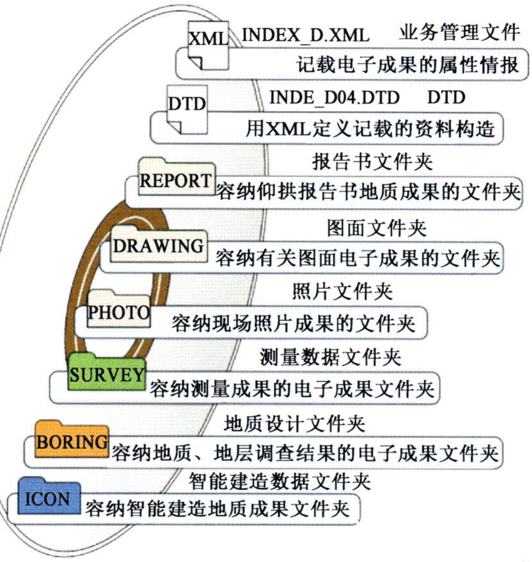

图 2-27 业务电子成果示意图

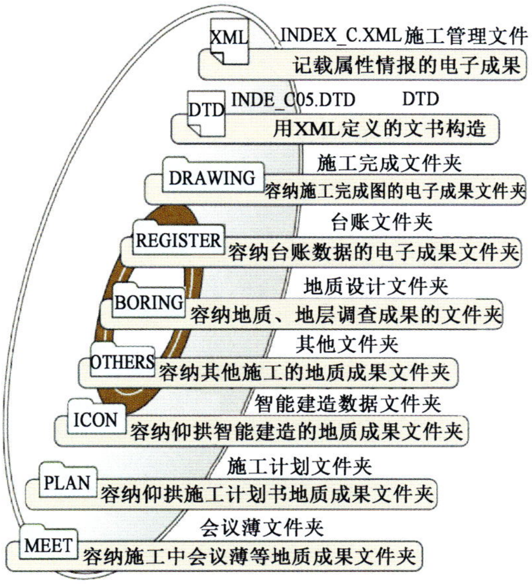

图 2-28 施工的电子成果及施工账表示意图

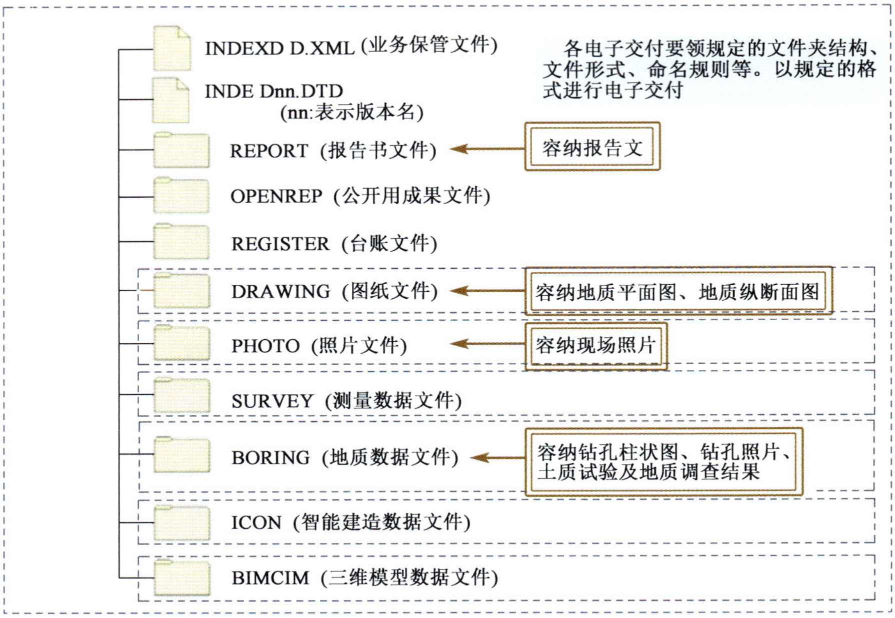

图 2-29　电子成果的文件夹结构(调查设计业务的电子交付)

一般来说,地质平面图、地质断面图原则上应按照 CAD 数据交换标准,采用 SXF(P21)格式或 SXF(P2Z)格式交付。文件尺寸较大的 CAD 数据需要承发包双方进行协商。

文献地质图、路线图、素描手绘图等难以 CAD 化的图纸,可以通过承发包双方的协商,以图像数据的形式交付。

地质平面图、地质断面图作为图像数据电子交付时,用扫描仪取入参考时的解析度以 200 ~ 400dpi 的分辨率为标准。

地质平面图、地质断面图的文件夹及文件的保存如图 2-30 所示。土质试验及地层调查文件夹及文件的存储如图 2-31 所示。

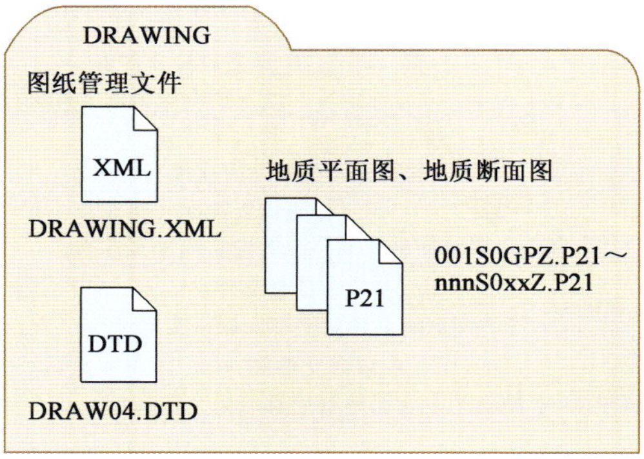

图 2-30　地质平面图、断面图的保存示意图

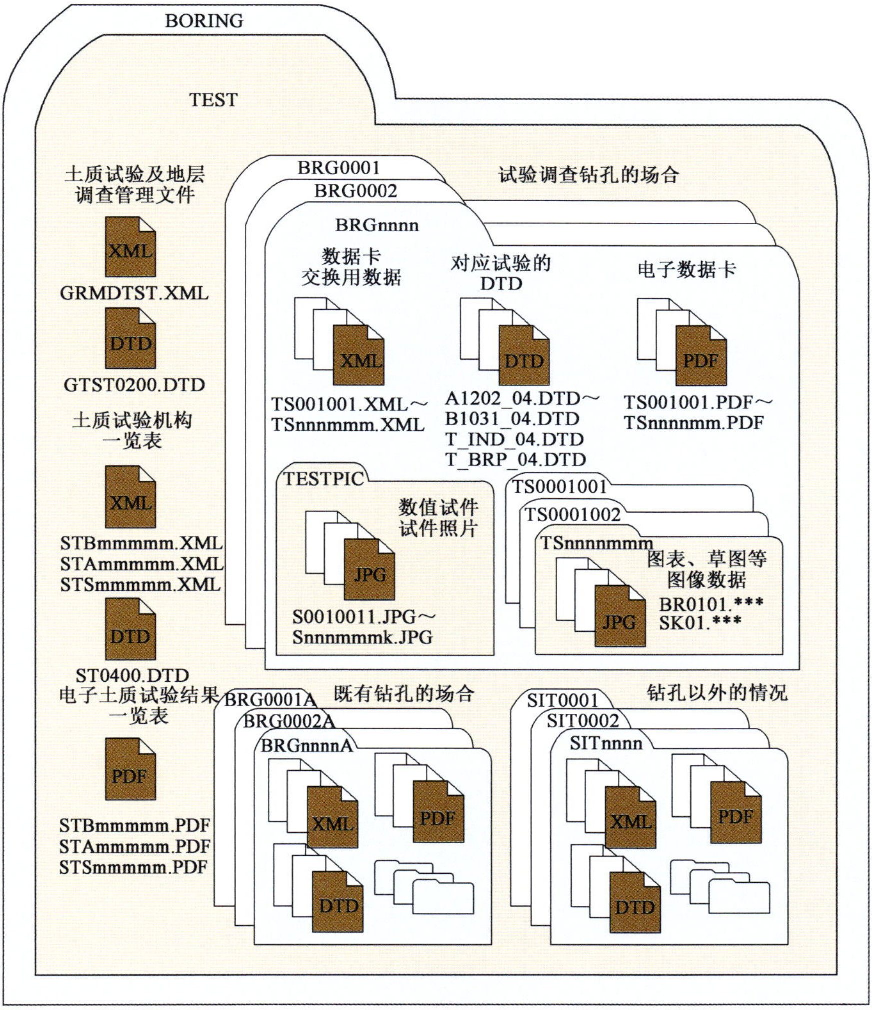

图 2-31　土质试验及地层调查文件夹及文件的存储示意图

4)成果检查

承包发方在验收成果之前,要事先确认验收方法。验收设计成果图、地质图等 CAD 数据时,如果电子验收有困难,可对纸面图纸进行验收。

通过电子交付验收系统进行数据验收,将数据存储在电子介质上,进行病毒检查、标签制作等,然后进行电子交付。在线电子交付与电子媒体交付在成果数据的汇总、验收等过程上有所不同,因此要事先确认电子交付应用指南等相关资料。

无论是在线电子交付还是电子介质交付,对成果数据的验收都是极其重要的。数据制作过程中的各种检查、地层情报的审定、电子产品制作工具的验收等对电子产品实施的各种检查是最后阶段的验收,承包商必须负起责任。验收时,留下验收记录,与电子交付一起提交发包者,这也是确保质量的重要一环。

本章关注

- 回顾地质调查中的一般调查和风险调查，特别是隧道掌子面前方探查。
- 了解地质调查的数字化技术，特别是在隧道掌子面前方探查中新技术的应用。
- 地质调查成果的电子交付要求。

SHANLING

DIZHI DIAOCHA

YU ZHINENG

SUIDAO

JISHU

第 3 章

三维地质和地层模型的编制与利用

在工程建设领域,数字化的基础是就是模型和数据,模型是“骨”,数据是“肉”。地质模型为隧道建设而构建,并不独立存在,其包括结构、围岩、地下水等实体内容及关于围岩记录和描述的种种数据。

我们想要一个什么样的模型是最有用的?

首先是可视化,能读懂,好读懂;其次是带有各种数据,可更新、可追溯;最后要会做解析,给建议。

模型用来干什么也是要思考的一个问题,切忌为“智能化”而“智能化”。智能化的好处就是提高生产效率,提高建造质量,这永远是基础建设追求的本源之一。

模型构建时,要深入思考向谁传递信息?目标是什么?明确信息传递的内容和范围,才能在模型中涵盖地质关键信息,信息传递的准确性是基本要求,更重要的是基于可信信息对问题进行客观分析。

首先，要明确隧道建设中不可能只关注结构本身，地质、地层包括地下水条件始终被视为整体结构的组成部分，围岩对隧道的位置、尺寸和施工方法起着决定性的影响，隧道建设的成本和工期与项目周边的地质、地层和围岩条件休戚相关。在隧道工程中必须基于对地质、地层和围岩条件进行广泛和详细的调查，与其他土木工程相比，这可能需要具备更多的地质专业知识。

近年来，越来越多的人关注关于围岩记录和三维数字模型表达。

三维模型的建立实现了地质学认知从感性阶段到理性阶段的飞跃。不同的专家学者在地质模型建立过程中存在不同的技术思路，但其核心思路基本相通，即：

以多源地质数据为基础，以地质理论为原则，结合专家对地质现象的认知，将以点、线为基本形式的散布式、局部的地质资料解析结果在三维空间中进行综合表达，展现地质界面和地质体的空间形态和组合关系，完成三维地质构造形态的重现。图 3-1 为地质体三维建模体系结构的简要描述，主要包括地质数据处理、地质体实体建模和模型分析与应用三个阶段。

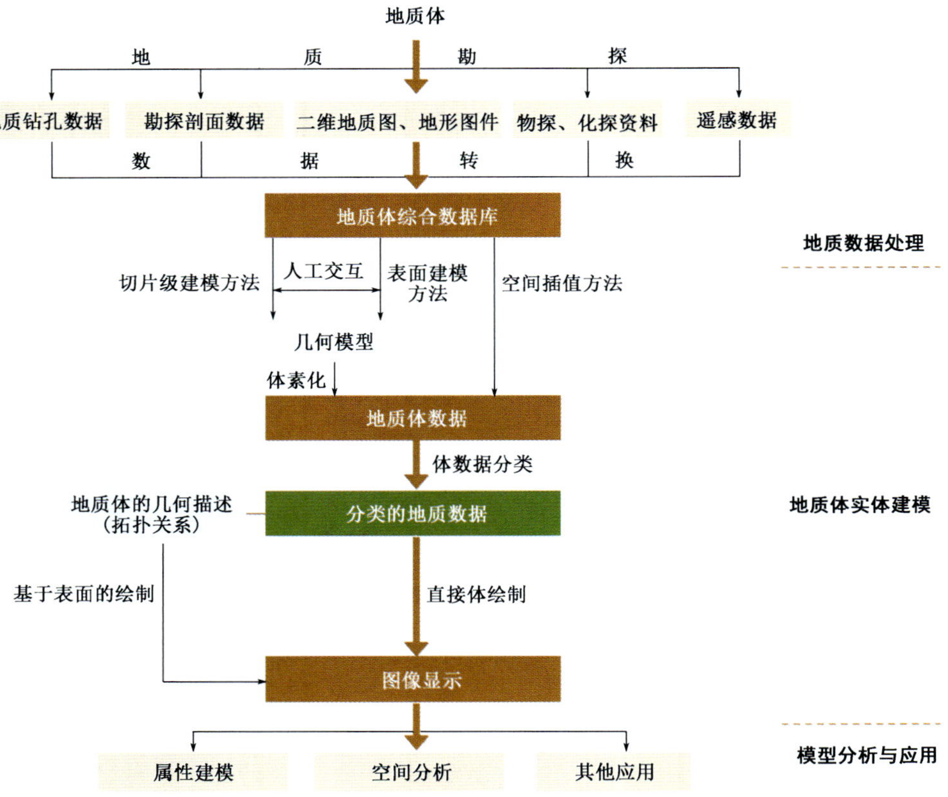

图 3-1　地质体三维建模体系结构

地质环境中，对隧道建设影响最大的无疑是隧道周边的围岩，这是与隧道相关的地质调查和建模的重中之重。描述围岩的传统方法中，地质调查是通过参考现有数据（如地质、地层图、对比断面)和项目相关勘探实现的。调查结果以报告的形式交付,地质调查的范围和详细程度与建设阶段相关。这些情报在围岩模型中汇总、解析并以可视化形式呈现。

为项目整个生命周期,建立跨阶段的情报和协作平台并以此作为“单一真相来源”,是围岩模型构建的基础要求。数据和情报的交换以数字形式进行。调查结果的数字化不仅包括通过数据平台交换数据和报告,而且包括管理整个生命周期内该平台和模型的情报。随着隧道的数字化发展,为广泛推广该平台需要统一接口,使情报对相关各方更加有效和透明。显然,围岩情报和协作平台的使用对隧道建设中地质调查和掌握围岩状况方面提供了以下帮助:

- 改进了现有基本数据。
- 使准备工作省时省力。
- 可考虑模型中的所有情报,更好地了解围岩情况。
- 促进了高质量和一致的三维模型的创建,并注意到“模糊性”。
- 有利于项目开展,从而有利于所有参与方。
- 通过 3D 建模改善复杂几何形状的转换。
- 简化了变更研究。
- 提高了预测的准确性。

围岩数字化的三维模型是项目的实时数据库和数据平台。它并非用以取代传统的围岩工程报告或隧道施工报告,而是对这些报告进行补充,提供必要的说明和解释。将更多的模拟/数字文件(如钻孔日志、实验室报告)导入模型,能够帮助使用者获得更全面和多角度的情报。

围岩模型作为围岩基本内容的表现,为规划和设计提供了各种基础,应该在项目早期建立。因围岩具有不规则的几何形状;难以明确界定的地质、地层单元的延伸范围;以及观察区域内存在难以明确计数的断层和裂缝,部分地质与地层单元难以清晰界定,地层坐标分布复杂等特性。与其他构筑物建模相比,围岩模型因围岩特性有着不同的边界条件和规则。为此,需要建立一个与建模或协调模型结构相匹配的对象结构,包含围岩的几何特征和形式表达。围岩模型是一个独立的技术模型,在层次上隶属于协调模型。

当项目区域明确后,可以建立初始围岩模型,随着项目的深入开展,模型描述对象对应的数据、属性、参考资料有所不同。在所有阶段都应对围岩模型进行持续、认真地维护。围岩数据记录的基本原则要在项目规划中确定,这是围岩模型下一阶段(从规划到施工和运营)文件编制的重要基础。

可视化技术可以把科学研究中涉及的各类数据,如原始输入数据、计算或分析过程中的变化数据以及最终输出数据,借助于计算机图形图像处理技术以图形图像的形式表现出来,并允许人们直接使用三维空间数据,在地质体三维模型的基础上进行空间显示、空间计算和空间分析。三维建模为复杂地质体空间几何的可视化奠定了基础。图 3-2 展现了虚拟地质建模与可视化结构的体系结构。

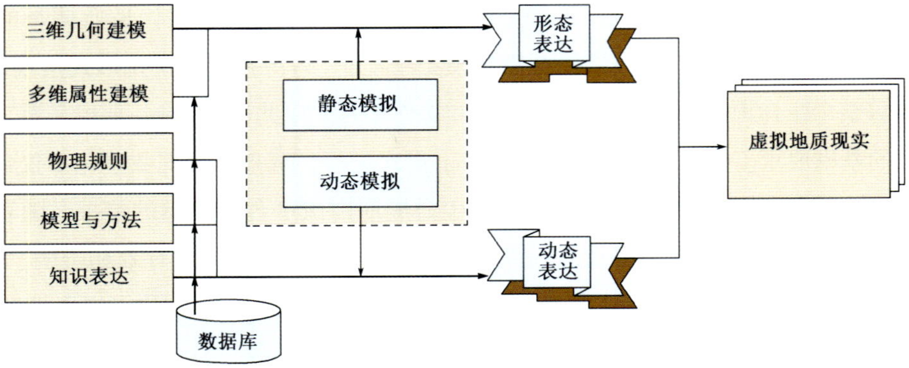

图 3-2 虚拟地质建模与可视化系统的体系结构

3.1 三维地质和地层模型概述

简单地讲,隧道建设中的三维地质和地层模型囊括了所有地质的情报,如历史的、调查的、计算推演的情报,以及形成的可视化表现,涉及地层、地质大环境、隧道周边围岩小环境、地下水、隧道等内容。因此,要了解隧道三维地质、地层模型就需要了解三维模型建模的基本理论和技术(不作为本书的重点)、三维地质模型、隧道模型及相关的应用。

(1)三维地质和地层模型的构成

三维地质和地层模型是在三维空间表现相关地层和地质形状、性质、地质风险等与建设相关内容的三维模型,与建(构)筑物的模型一样,也是由相关几何模型、属性情报和参照资料综合构成,见表 3-1,其示例如图 3-3 所示。

三维地质和地层模型的构成　　表 3-1

构成要素	说明
三维模型	指将三维立体表现作为对象的构造物等的形状的情报; 地质模型包括钻孔模型、准三维地层模型、三维地层模型等
属性情报	指向三维模型赋予的构件(部件)的情报[构件等的名称、形状、尺寸、物性和物性值(强度等)、数量及其他能够赋予的情报]; 把地质模型整理成编制地层、岩体划分、地质时代、深度、物理力学特性、示例(着色)模型的一览表
参照资料	补充三维模型(或不创建三维模型的结构等),指的是过去的二维图纸等"机器无法判读的资料"; 地质模型中,作为三维模型构建基础的钻孔柱状图、地质剖面图等

(2)地质模型与地层模型

三维地质模型与三维地层模型并不相同。三维地质模型是根据地质学的分类,如沉积学、构造地质学、地史学、古生物学、岩石学、矿物学、火山学等,将有关地质的种类和分布在三维空间中可视化表现。而三维地层模型则是根据地质、土质调查结果,将地层的物理、化学特性在三维空间中可视化表现。图 3-4 所示的上半部分表示平原地区的三维地质和地层模型，下半部分表示岩层边坡的三维地质和地层模型。需要注意的是，如果没有建立左侧的三维地质模型，就不能合理地解释右侧的三维地层模型。

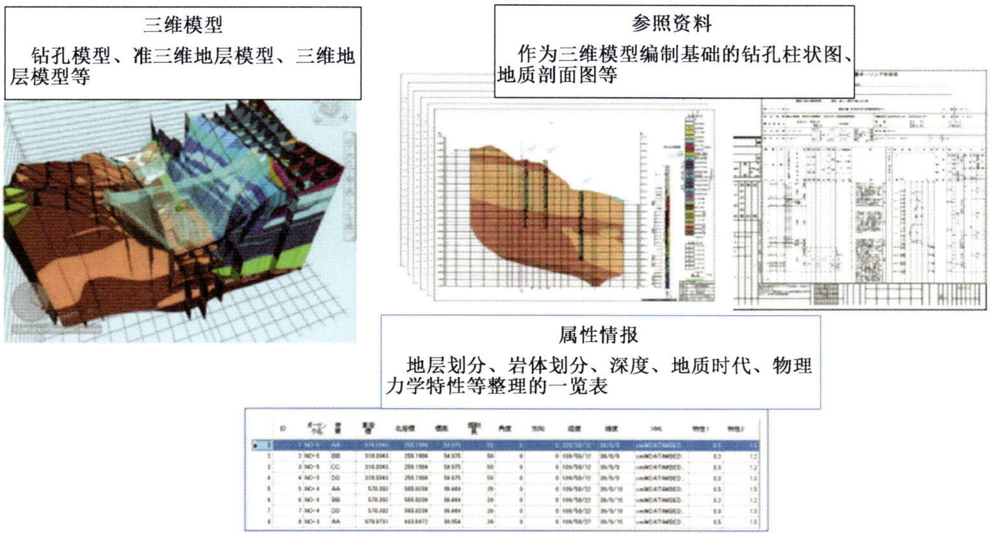

图 3-3　三维地质和地层模型构成示例

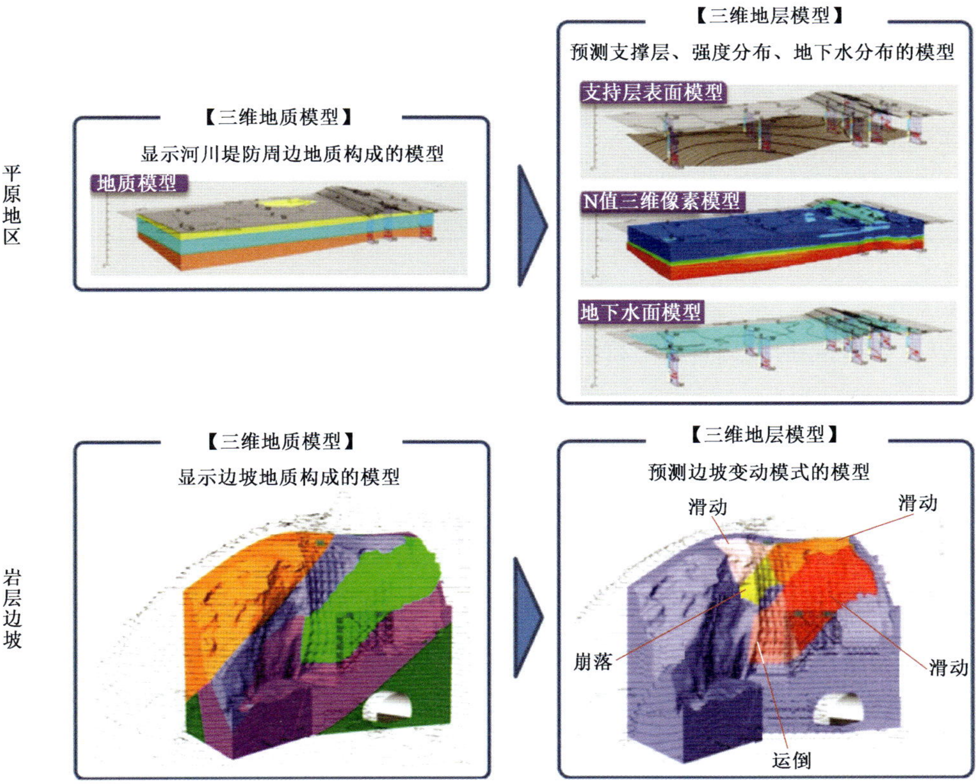

图 3-4　三维地质模型和三维地层模型的表现对比

三维地质模型在三维空间里集成了钻孔柱状图、地质和地层平面图、地质和地层断面图等地质、地层调查成果，以及以此为基础编制的地质、地层分界面等 CAD 数据。模型包含如图 3-5 所示的钻孔模型、准三维地层模型和三维地层模型。

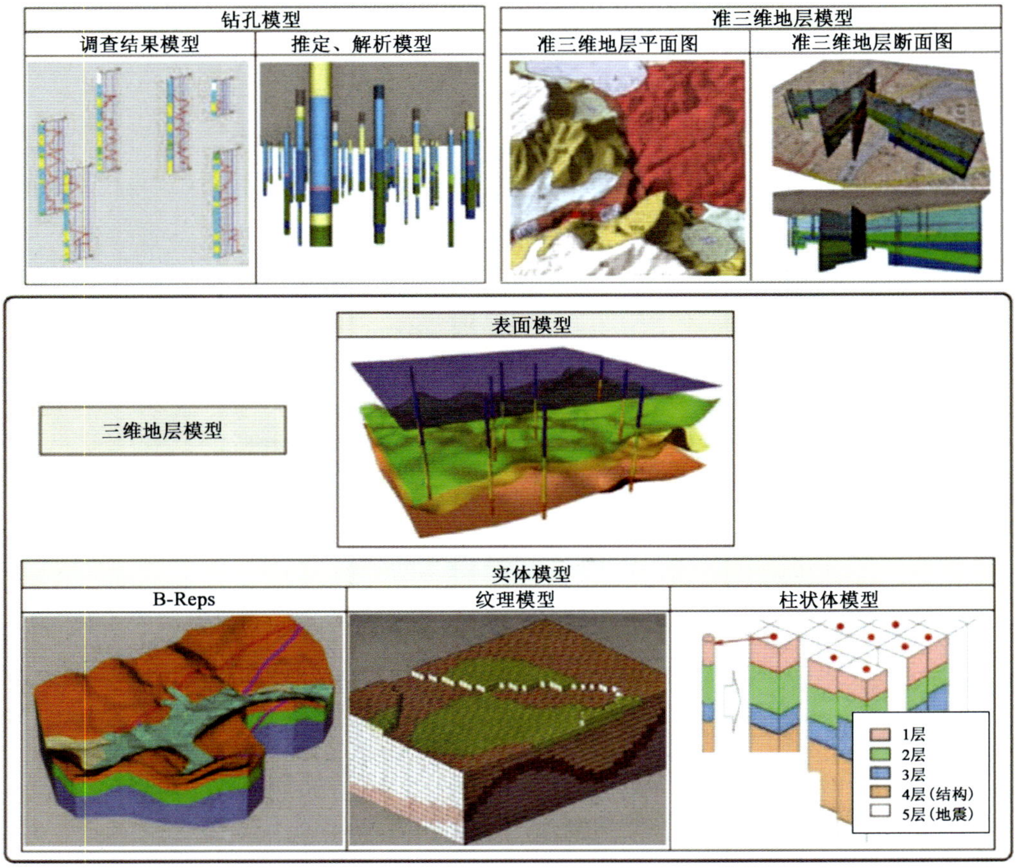

图 3-5　地质、地层模型中的不同的三维模型

①钻孔模型，一般是调查结果模型、推测和解析模型。

②准三维地层模型，一般是纹理模型、准三维地质、地层平面图。

③三维地层模型，一般是表面模型、实体模型、B-Reps[1]、柱状体模型。

选择何种模型取决于模型的使用目的。一般而言，地形面、边界面用面模型，地层用体模型表现，边界面和地层的物性用面、体模型和三维像素模型。

地质、地层调查数据的表现有单一图形要素表现也有综合要素表现。例如，用点来表示钻孔的测试位置，用线来表示测试结果曲线图，用曲面来表示通过孔壁调查的不连续面结构，用圆柱来表示柱状体等。可根据模型的利用目的组合这些图形要素。图 3-6 表示了可

[1] B-Reps：边界表示（用于模型基础）可以是种算法，也可以是构成物体边界表面的集合。可使用精准的几何定义描述，最普遍的方式为多边形表面模型。

视化下不同的三维数据。将调查数据可视化后，更易于观察和判断。

为方便起见，本书之后的内容用“三维地质模型”替换作为三维地质和地层模型的统称，不再区分。

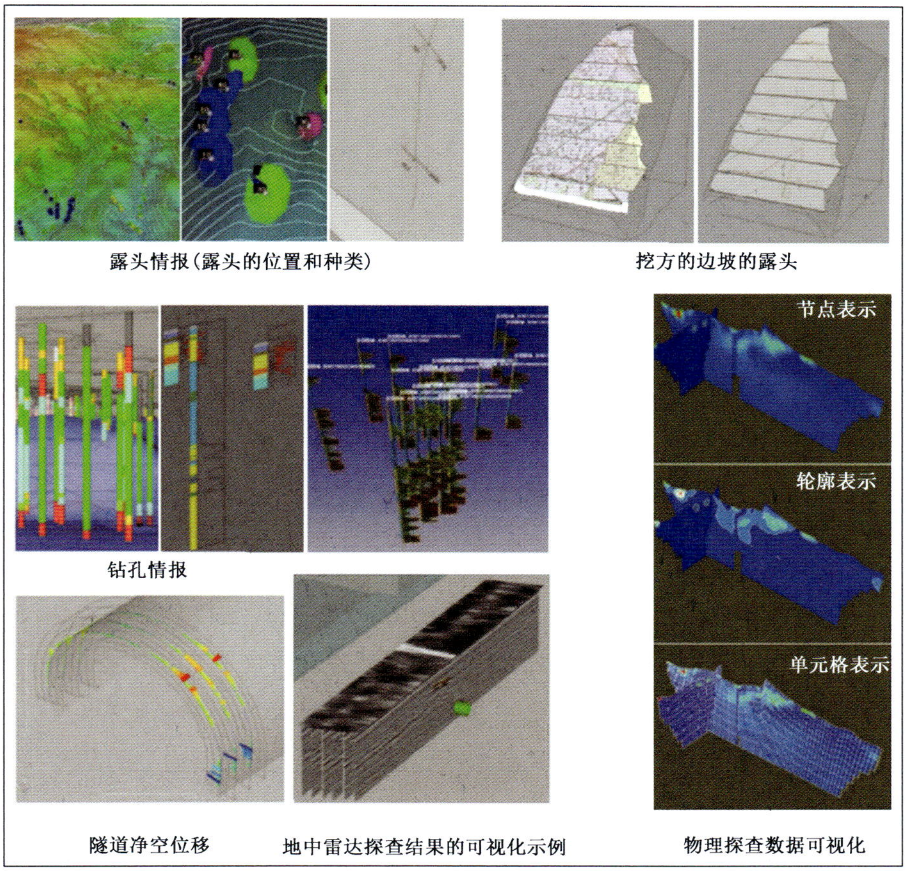

图 3-6　不同地质、地层调查数据的三维可视化示例

（3）模型的详细度

随着各阶段地质调查工作的完成，地质数据完成了由疏到密、由模糊到精确的采集过程，为模型建立提供了不同精度的数据基础。

可通过三维地质模型的详细度（LOD）与项目阶段和模型精度相对应，见表 3-2。

在三维地质模型的不确定性分析中，模型详细度的利用中要明确利用界限，并严格遵守，限制目的以外的利用。

在风险分析中，所有 LOD 中都要准确地传达地质风险。对项目影响较大的风险，即使风险规模不明，也有必要明示。建议在未来模型的详细度分类中纳入危及人员安全的风险、危及设施功能的风险和巨大损害的风险等。

三维地质模型的详细度 表 3-2

详细度	业务阶段	地层模型的定义	地层模型
100 左右	策划	●能够利用基础地区情报和现有资料编制的形状情报； ●只用边界面的属性情报； ●形状情报和属性情报不分离	●纹理模型； ●钻孔模型； ●准三维断面图； ●表面模型(简易版)
150 左右	调查	●根据地质调查编制的形状情报； ●只用边界面的属性情报； ●形状情报和属性情报不分离	●钻孔模型； ●准三维断面图； ●表面模型； ●面板图(表面)
200 左右	设计、施工	●根据地质调查编制的形状情报； ●根据地层和物性值的属性情报； ●形状情报和属性情报在 1D(D 为隧道直径)范围内单独管理	除调查阶段的模型外增加： ●实体、三维像素模型； ●面板图(实体)
300 左右	维护管理	●基于开挖判明观察的形状情报； ●利用地层和物性值等的属性情报； ●形状情报和属性情报在 1D(D-隧道直径)范围内的个别管理	●纹理模型； ●准三维断面图； ●表面模型； ●实体、三维像素模型； ●面板图

(4)模型的阶段

三维地质模型的建立和完善贯穿隧道建设的规划阶段、设计阶段、施工阶段和维护管理阶段。早期阶段编制初始模型，之后根据地质、地层调查的进度和各阶段新获取的数据，不断修正和更新初期模型。各阶段分别有对应的模型，地质模型不断更新完善。

模型的编制从各阶段对模型的基本要求开始。各阶段三维地质模型的基本要求简单概括如下：

①规划阶段，为了评估地质、地层及其风险，建立比较广泛的地质模型(表面模型)。由于广泛的地质、地层情报存在着偏差和不统一，需要事先进行整理和整合。

②设计阶段，以地质、地层调查结果为基础，编制对象区域的地质、地层模型，并以此为基础设计模型。对于随着调查的进展而增加的地质、地层情报，应适时更新模型以提高精度。

③施工阶段，根据施工情报，适当修正设计阶段的地质模型。

④维护管理阶段，利用定期检查结果修正施工阶段的地质模型。

由于三维地质模型在各阶段对应的模型详细度和属性不同，各阶段模型选择和各阶段间模型的深化、继承、数据传递仍是持续研究的方向。图 3-7 介绍了各阶段三维模型的继承和利用关系。

各阶段不同利用目标对应不同类别模型的特性及其利用方针。早期阶段主要用于和使用概略的地质、地层构造情报编制的初始模型，如钻孔的推测和解析模型，准三维地质、地层断面图模型、表面模型等为前期规划提供初步的地质依据；详细设计阶段用于地质预测和风险控制,则需要采用渗透流分析和稳定性解析用的模型,如固体模型、三维像素模型等。

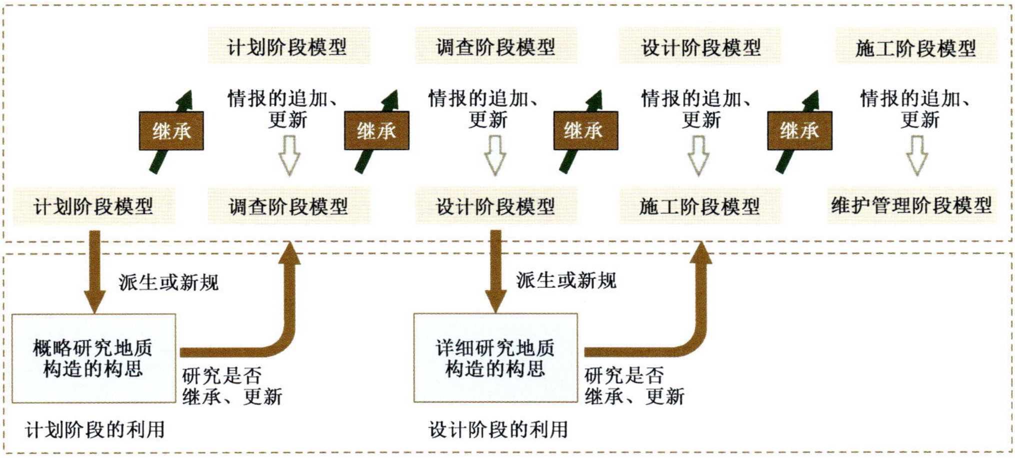

图 3-7　三维模型的继承和利用

3.2 三维地质模型的构建

三维地质建模是指借助计算机实现对地质体的三维情报可视化及情报管理,是将地质采样的"点"数据到转化为空间分布图"面"数据的空间建模。该概念源于 20 世纪 70 年代情报技术在石油、矿山等资源勘察行业的应用,随后被推广至更广泛的工程领域。广义上,它涵盖地质情报收集与处理、三维可视化、情报管理、成果输出、三维地学统计与分析等,服务于三维地质调查成果管理。狭义上,它侧重于部分具体环节的操作。

与普通几何模型相比,三维地质模型是一种"连续 + 离散 + 不连续"三维实体模型,要考虑对象的空间关系并存储大量情报表达特征。它结合了计算机图形学、地理情报系统三维模型等理论方法,基于数据可视化技术对地质体、地质象限和地质过程进行三维数字化映射和孪生,提供了一个集成、解析与可视化分析的虚拟地质环境。

三维地质模型的主要任务:

■ 将地质资料中的各类情报"数字化",建立能够满足空间查询需要的数据库。这是三维地质模型推广应用,特别是跨专业应用的重要基础。

■ 将地质资料三维"图形化",采用特定的图形几何算法,利用稀疏分布的地质资料推测和构建地质体的三维几何形态,完成建模或可视化。

■ 构建满足特定的图形及图表输出功能与数据共享、交换功能,即"成果化"。

建模流程包括地质情报收集、处理、三维可视化、情报管理、成果输出等环节。空间对象建模的方法较多,大致可以归纳为基于面模型、基于体模型和基于混合模型三大类构模体系。基于面模型侧重于三维体表面的表示，如地形表面、地质体表面，优点是有利于地质体的显示和数据体的更新；缺点是缺少对地质体内部属性的表达，难以对地质体开展空间分析。基于体模型的构模兼顾三维地质体内部属性的整体表示，以体元为基本单元来表达三维实体。其优点是可以对实体进行三维空间操作和分析，但数据量大。基于混合模型利用单一模型在表达不同空间实体时的优点，通过互补、转换、连接、集成等方式融合。

三维地质建模中的关键要素包括：

■ 空间对象与空间数据：空间几何对象按照几何特征分为点、线、面、体。点承担描述位置、附着各类属性的重要任务；线是地质解析中首要的对象；面模型按形态分为不规则三角网（TIN）和规则网格（Grid）；三维模型是二维中点、线、面模型在三维空间的推广。

■ 属性建模：是一种特殊意义上的建模方式，通过录入数据、图形界面中载入图件并解译成点数据，根据类别合并与分割等途径实现属性情报的加载，并更新至三维界面，从而实现实体生成。

■ 非空间管理对象（属性对象）：包括空间几何对象的各种特征，以及描述、分类、标定这些特征的语义对象，几何对象建模时所需要的约束条件，描述当前状态且有与时间相关的条件对象，包括插值、拟合、离散等各类方法的分析对象。

三维地质建模的最终目的是构建含属性的反映真实工程地质条件的几何 + 属性模型。其中，几何模型表达了不同几何对象的空间拓扑关系，属性模型存储了大量不易用坐标描述的对象特征。

隧道建设中涉及的地质建模是与建（构）筑物相关的地质一体化的模型构建。隧道建设中的三维地质建模可参考矿山等地学研究和智能化技术应用的成果。工程应用中要创建含属性三维地质模型助力工程地质分析，开发岩土力学分析和设计的能力。

三维地质建模的特殊性与挑战在于：

■ 对象的不连续、不规则、离散性：岩土体是典型的不连续介质，地质界面形态不规则、尖灭、错动等难以用描述连续体集合有效模拟。

■ 不确定及持续演化性：地质对象“埋藏”的特点，导致其不直观、不确定。勘察、探测在代表性上的局限会加剧这种不确定性，且地质对象本身的性质及其赋存环境易变迁。

■ 超大的数据规模及多值特性：相比二维模型，三维模型数据量显著提升。此外，三维地质建模对象普遍具有多值特征。

■ 属性情报低位的特殊性：地质对象的各种属性情报十分重要，如断层性质直接关乎其工程特征，需要在空间几何数据库附加大量属性情报对其进行描述。

■ 地质体固有特性形成特定逻辑（约束性）：地质体的固有特性包含地质特性和工程属性两类，是保证建模过程“情报化成果具备地质合理性”的关键。

■ 数据来源及产出的特殊性：地质建模数据来源于各类勘察工作成果，原始情报来源多样,但获取十分艰难。

■ 统一建模和空间分析的局限性:基于以上特点,三维地质建模中的交互式空间分析以及满足设计需要的统一建模功能具有显著的局限性。

随着人工智能技术的快速发展,机器学习方法能通过大量的地质空间数据自主学习并发现规律,为地质体三维建模提供基于数据驱动的建模方法。地质空间数据具有体量巨大、多源异构及分析表征复杂度高等特点,这使得机器学习方法在建模过程中具备特有的优势,因而成为国内外研究的热点。

以上简单介绍了一些地质建模理论和现状,就隧道地质调查而言,可能更关心的是模型的内容和加载的数据。

隧道三维地质模型的基本模型包括围岩模型、地下水模型和结构模型三部分。

围岩模型由几个子模型组成,子模型分为地质文献模型(事实模型)和岩土解析模型(地质学、土力学、水文地质学)等,如图 3-8 所示。

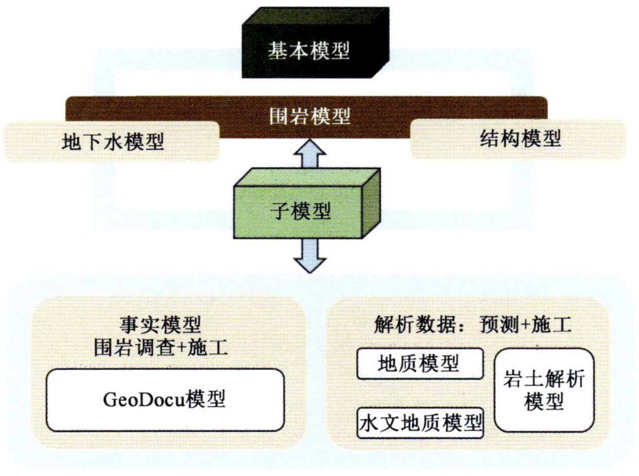

图 3-8 基本模型和子模型

不同部分模型中的主体结构允许将实际情报和属性、解析区分开来。这有助于在执行阶段根据事实数据及时修正预测,逐步完善实施方案。解析数据对应解析模型,用于将预期或预测的条件(预测)与施工阶段遇到的实际条件(执行)进行比较。实际工作中,在早期模型的基础上,通过解析开挖文件的数据创建执行模型。解析模型与执行模型的比较就是目标和实际的比较。

(1)地质文献模型

地质文献模型包括围岩建模所有的基本地质数据,如官方地图、现有结构的地质文件等现有来源及围岩调查的结果(绘图、勘探活动、实验室和原位测试)、地质学家在对围岩进行定性时收集的围岩数据等。调查结构包括实际的勘探阶段和项目执行期的围岩文件。

这里所说的事实数据是在某一地点/时间对某一数量、测量值或属性的测量或确定。为描述隧道中的工作面,将所收集的数据和建设过程中从测量和施工监督以及其他伴随的测量中收集的数据都录入地质文献模型中。

(水文)地质/围岩工程调查实施和记录时,通常需要基本的解释。子模型的语义情报包含了解释的最初阶段(例如将岩芯钻探中记录的岩性和钻孔断面分配给地质单元)。通过相应的特征可以与解析模型建立联系。

作为基于事实的模型,地质文献模型与解析模型(土工单元)之间的关系以图 3-9 为例。

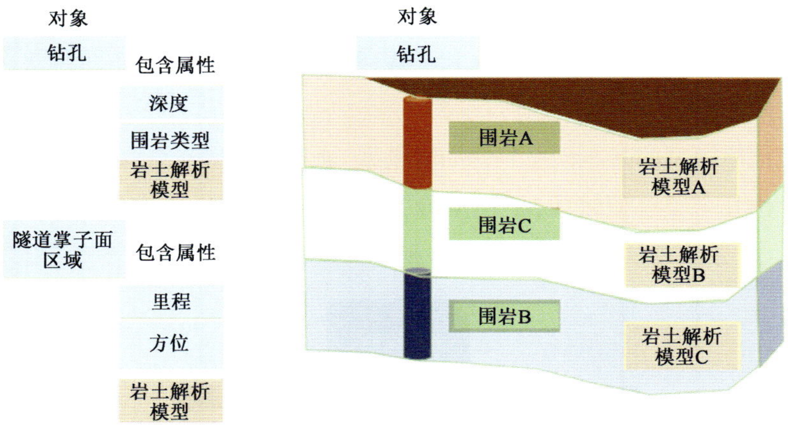

图 3-9　地质文献模型实际对象(绿色)与岩土解析模型(黄色)的相关性

根据模型使用的具体目的,应按照编制围岩工程报告的通用标准单独建模。图 3-10 显示了通过不同的、重叠的子模型对围岩进行分类的案例。

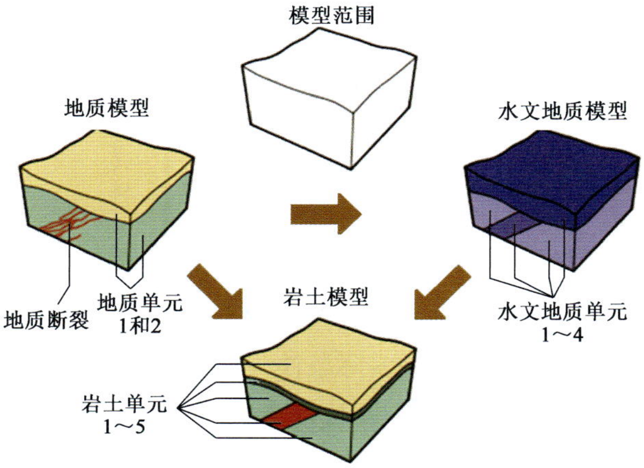

图 3-10　不同的子模型及其重叠的表示

(2)地质模型

地质模型是对模型区域地质结构的解析。在地质文献模型的基础上,定义了合适的地质均质区或单元。与围岩模型不同,地质模型不限于地层结构,即围岩的序列、空间范围和类型。此外,还必须考虑到构成地质的结构要素,如断层、接触带、剪切带、大裂缝等地质学部分。

地质构造通常是根据地层来定义的,即围岩或地层的顺序。地质模型的创建者决定了划定体积的标准。根据应用范围和项目阶段的不同,详细度不同,项目各阶段的地质情报的数量和质量也不同。

(3)围岩模型

围岩模型描述了根据现有标准和准则具体定义的围岩单元,从而反映了围岩均质区的分布。

同一项目中,几个具有不同定义的围岩模型可以用于不同的应用和项目阶段(如围岩分布、隧道开挖、规划/投标等)。根据各种边界条件,如地质、地层的复杂性,地质、地层力学特性的异质性,出露的密度和覆盖物等,可以采用以下不同的方法进行定位或几何建模:

①对于具有明确特征值的地质、地层力学单元之间(假定)边界的几何建模,明确规定了材料的种类、确切位置,以及内摩擦系数和凝聚力等特征值,例如,根据层模型定义最小/最大或特征值。

②为进行详细的预测对个别围岩的空间分布建模时,对于较深的隧道和较复杂的地质、地层关系的调查很难全面。为模拟这种状态,相关空间上共同的围岩类型应尽可能用一个共同的包络来模拟,也就是围岩类型组,然后在特征中指定这个建模组内的预期分布。例如,通过百分比来表明一个区域内交替沉积或断层带的典型厚度。

(4)水文地质模型

水文地质模型包含了对围岩的水文地质、地层相关特性的描述和分类。对建模而言,具有挑战的是地下水位的时间变化。

水文地质单元的对象首先包含水文地质、地层模型和计算基础,用于推演地下水位。水文地质建模通常需要复杂的数学计算,为此,在大规模调查中采用地下水压力的数值建模。对于小规模(详细)的观察、项目早期阶段建立简单的水文地质系统,通过分析计算或专家测定得出结论可以满足精度要求。

界定水文地质单位或具有类似水文地质特性区域的地质体,几何包络面可以建模的内容有围岩的渗透性、透射率、水温、水的传导性、各种水化学属性(如黏土的侵蚀性)等。

地下水表面或三维表面是地下水建模或其他确定的结果(如各种地下水高程-HGW)。这些对象通常是无体积的表面,须根据具体项目确定只对表面进行建模还是对 HGW-X 和模型下边缘之间的体积、HGW-X 和 HGW-Y 之间的体积等进行建模。一般来说,应将直接参考结构的水文地质、地层情报与断面模型联系起来。

在路线部分模型中,这些情报可以包括:

- 涌水预测(初始和稳定状态)。
- 预计的水压。
- 预期的水流类型(山水、地层水、地下水)。
- 水的化学性质、混凝土的侵蚀性、温度等。

(5)隧道断面模型

隧道的简化几何形状就是断面模型的几何表示。围岩的建模范围可以超出结构的尺寸。

断面模型是子模型(基本数据)和地下结构的解析模型之间的重要联系。它包含了地质、地层情报,可用于隧道预测(项目阶段到招标)和隧道施工计划。

沿着路线或隧道轴线各个部分的建模,要考虑到地质、地层条件和其他框架条件。一般考虑同质区域的预期分布(如围岩类型)、分离区组的预期方向,分离程度、围岩动态类型、预期的地下水流入量和可能造成地质、地层风险的其他方面,如气体沉积、污染、致癌矿物等。最理想的是,相应的特征可以通过查询子模型填充数值。

利用隧道断面模型有助于:

- 确定计划中的隧道施工方法。
- 计划分配的顶升班/延长班或固定班。
- 规划措施,如提前勘探、防止伤害等。
- 职业和环境保护措施的规划。
- 物流。

施工过程中记录的大量围岩数据,可以与预测模型进行比较。同样,断面模型对每个开挖断面可以进行基于模型的目标、特征的比较。随着对地层的不断了解以及施工中获得的经验,可以对尚未开挖的断面模型进行预测,从而降低施工成本。

上述模型都是随项目阶段不断更新的。以围岩模型的建模和模型不断更新为例,首先是在现有的勘探数据和其他地质、地层情报(地图、历史报告等)的基础上进行。之后,在初期模型的基础上创建继承模型(地质、地层模型、围岩模型、水文地质模型和隧道断面模型)。在每个阶段结束时都存在一个更新后的基础模型,例如,在初步规划和招标阶段之间,对围岩模型进行更新。在各阶段进行了额外勘探活动后,模型也随之更新。更新工作在每个项目阶段进行。更新后的模型作为下一阶段工作的依据(图 3-11)。

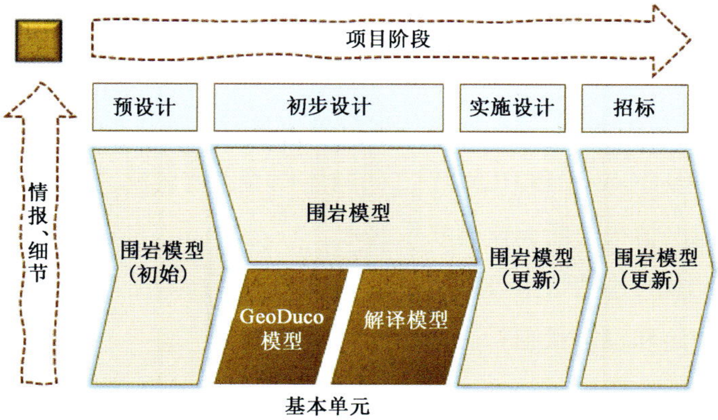

图 3-11　根据项目阶段(规划阶段)更新围岩模型的示意图

3.3 地质情报

1) 地质情报的内容

地质情报指通过地质踏勘、钻孔调查、土质试验、物理探查等地质调查获得的数据以及据此根据利用目的推测并建立地质、地层模型。地质情报的分类见表 3-3。

地质情报的分类　　表 3-3

地质情报（地质调查情报）	备注	
地质调查数据	露头	自然露头、挖方、隧道掌子面等
	钻孔、触探	岩芯情报、孔壁情报、室内试验、原位试验结果、孔内探查等
	物理探查	弹性波探查、表面波探查、电气探查等
	动态观测	倾斜计、应变计、伸缩计等
地质模型	准三维图	配置在三维空间的地质调查结果的平面图、纵断面图
	地形图	根据量测数据和 CAD 图等编制
	分界面	地质分界、断层、分离面、风化变质、岩层分级等
	地层	表现场层的上下限和分布范围、信任限界等区域
	物性模型	在模型构成要素上附加物性值
	切片图	从三维地形、分界面、地层、物性模型中切出

考虑到使用者的感受，地质情报分为客观情报和主观情报两种。地质调查数据属于客观情报，地质模型属于主观情报。

2) 地质数据的图形要素和数据构造

三维地质模型和三维空间表达的地质调查数据为电子数据，由三维图形要素构成，包括点、线、面和实体四种几何要素。不同图形要素对应不同数据构造，见表 3-4。

点用位置坐标(x,y,z)来表示。点群是大量点的集合。点没有大小，在计算机画面上表现点的大小和属性时，有时会分配球体、立方体等对象。

线由点的位置坐标和连线情报（与点号对应的连线号码等情报）构成。多条单一线连续接合的线被称为多线（折线）。在描绘平滑曲线的曲线中，近年来在许多 CAD 文件中采用 NURBS 曲线，通过具有权重向量的控制点能够正确地控制形状。线在性质上没有粗细，但在计算机画面上另行设定粗细、线型等表现。

多边形网格表面（面）由三角形、四边形排列的点（顶点）组成，分别在有带点的连线情报和不带点的连线情报的情况下定义的点、线、面。NURBS 曲面是通过控制点的权重向量等来表达准确且平滑的曲面形状。

三维地质、地层模型的图形要素和数据构造示例　　表 3-4

图形要素	形状和名称	数据构造
点	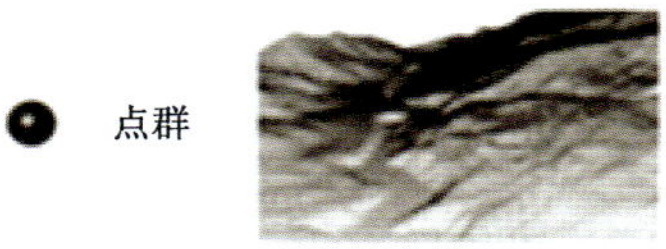	●点：只用位置坐标定义的点； ●点群：大量点的集合
线	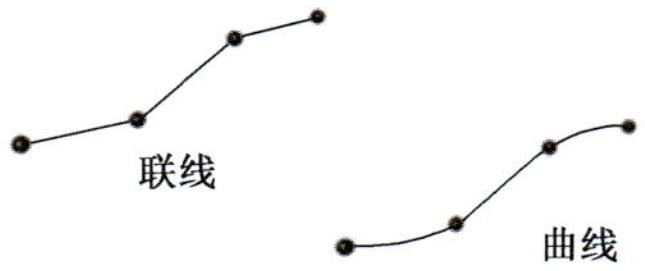	●线：只用点的位置坐标和结线情报组成的单一的线； ●联线（折线）：复数的线，连续结合的线； ●曲线（NURBS 曲线等）：由具有权重矢量等的控制点表现出来的平滑的曲线形状的线
表面（面）	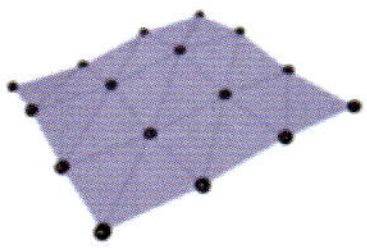 多边形网格表面 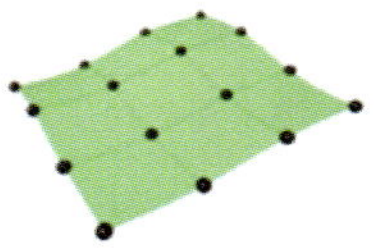 NURBS表面	（1）多边形网格表面： ●由三角形、四边形排列的点（顶点）构成； ●有点的连线情报的情况，也有不带点连线情报的情况，定义的点、边、面 （2）NURBS 表面： ●通过控制点的权重矢量等表达正确且平滑的曲面形状的表面
实体	 多边形实体  NURBS实体	表现地质使用的 B-Reps 实体有以下两种： （1）多边形实体： ●用多边形网络表面表现块的表面，是中空的，内容部分是隐性的表现 （2）NURBS 实体： ●NURBS 表面用块的表面表现，是空心的，内容部分是隐性的

注：NURBS：non-uniform rational B-spline，是一种建模方式。

实体是地层的表现，利用边界表达（B-Reps）的实体。B-Reps 实体分为多边形网格实体和 NURBS 实体两种。多边形网格实体是用多边形网格表面表达块的表面，由于内部中空，所以内部成为隐式的表现。NURBS 实体是用 NURBS 表面表达块的表面，内部中空，所以内部成为隐式的表现。另外，B-Reps 实体本身不具有运算情报（差、和、积）。此外，有时也用表面模型和地质逻辑模型来表达场层实体模型。

地质调查数据及地质模型与图形要素及应用的对照关系见表 3-5。

地层情报可用单一的图形要素表现，也可复合使用。例如，钻孔用点表现，测试位置用线表现（测试结果曲线图），表面根据钻孔调查的不连续面结构，实体用柱状体等来表现，也可根据需求将这些图形组合起来表达。

地层情报(地质调查情报)和图像要素对应示例　　表3-5

地层情报(地质调查情报)			图形要素				应用
			点	线	表面	实体	
地质调查数据	露头	位置	○	○	△		点:宏观上看到的露头和滚石的位置; 线、表面:露头的范围
		不连续面		○	○		线:露头内的层理、断层、节理等; 表面:用圆盘等表示的不连续面的走向、倾斜
		种类	○	△	○		构成露头内的地质、岩级等的属性
		图像			○		露头、掌子面、坡面等的照片和素描
	钻孔、取样	孔口位置	○				调查位置的表现
		钻孔、试验区间	△	○	○		表现钻孔和取样的调查区间; 表现钻孔孔壁的情报
		边界点	○	△	○		点、线:表现场质分界和不连续面等的位置; 表面:表现不连续面的走向、倾斜
		岩芯划分	○	○	○	○	表现场质、风化、岩级等的划分的区间情报
		试验、探查	△	○	○	△	点:表现试验深度和值; 线、表面:表现试验区间和值
	物理探查			△	○	○	给图形要素分配物性值,用颜色和值等表现
	动态观测		○	○	○		表现位移值技巧方向等; 表面:用轮廓图表现位移值
地质模型	准三维图面			○	○		根据地质解译的地质平面图、断面图等矢量光栅形式的附图(光栅的情况下在表面模型上以纹理映射表现)
	地形图			△	○		线:用线框表现
	分界图			△	○		线:用线框表现
	地层					○	表现场层的上下限和分布范围、信赖界限封闭的区域
	物性模型				○	○	表现模型构成要素附加的物性值
	切片图			○	○		从三维地形、境界面、地层、物性模型中切割出来的切片

注:○-使用频度高;△-使用频度低。

3)调查数据可靠性与模型合理性评估

为了提高地质模型的可靠性,必须保证作为模型输入数据的地质调查数据(第一手数据)的质量。为此应按以下几点进行自查:

(1)钻孔等地质调查数据是否按照统一的区分标准进行了客观整理。

(2)地质调查数据是否齐全,是否存在个体差异(知识、经验等的差异)以及存在偏差的情况、程度如何。

(3)是否考虑地质调查方法对地质调查数据的质量影响。例如,普通工法和高质量钻孔的区别。

(4)模型构建过程中,地质调查数据是否满足使用目的和性能对应的可靠性要求,以及是否存在可接受范围内的波动等。

(5)模型构建过程中,地质调查数据不在可接受范围内的波动的情况下,是否对现存的地质调查数据本身进行重新评估或追加地质调查。

由于地层本身的形成,以及后天断层、风化、变质、地下水等的作用,地质分布和状态变得复杂,仅凭有限地点的地质调查数据难以建立准确的模型。对于填土等人造地层也是一样。无论三维图像技术如何进步,由于地质调查方法的精度和局限性,以及情报的粗糙等原因,三维地质模型仍然存在很多不确定性。

地质技术专家需要评估三维地质模型的合理性。

合理性评估也就是判断模型是否存在不自然之处,即在地形、地质、地层学上不可能产生的形状和分布。不自然的三维模型有时源于单纯的空间补值。例如编制的表面模型有可能违反地形形成过程和地层重叠法则等自然法则。

当使用地质、地层断面图的边界线建立模型时,在计算表面模型时使用保全数据来校正模型的形状,在相同的地方建立模型的断面,将其与原始边界线进行比较,确认计算误差。考虑模型构建的目的,计算误差如果在允许误差以内,该模型可视为反映输入数据的合理模型。

为提高模型的可靠性,地质调查数据要注意以下几点(图3-12):

(1)是否确保了地质调查数据的"量"和"质",以适应对象构筑物及其工作阶段不同的使用目的和性能要求。

(2)在使用现有调查成果时,要对地质构造发展等进行解析,确认是否妥当。

(3)在空间插值时,是否使用了符合地质事件的适当算法。

(4)所创建的模型是否存在矛盾等。

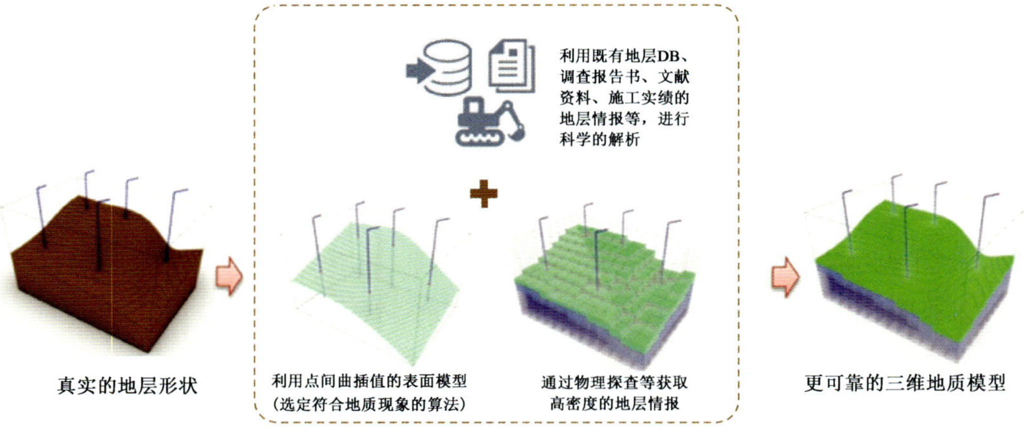

图3-12 提高的三维地质模型可靠性的概貌

4) 地质调查数据的质量管理

作为编制三维地质模型输入数据的地质调查数据包括扫描纸质图纸的图像(光栅)、CAD 图纸、数值数据、钻孔数据等。为了对输入数据进行质量检查,有必要了解各类数据存在的局限性和问题。例如,来自扫描仪的光栅图像会原封不动地继承图纸的质量问题,并累加扫描仪的机械性误差;根据纸张纤维方向的延伸、作图时线的粗细、扫描时的读取方向、扫描仪的机械性误差等各种因素造成的误差。

关于 CAD 图纸需要检查的项目很多,如比例尺有几个,精度(数字图纸误差)是否足够,是否包含冗余数据和线段(线、多线、样条)等。在平面图中,如果地理坐标的基准(网格线、坐标值)没有在附图上表示,则很难进行准确的对应。

目前,还没有用于编制三维地质模型的地质图纸质量标准,本书参考 GIS 数据质量标准 JSGI,数据质量检查的要点总结见表 3-6。

地质调查数据质量核查的着眼点　　表 3-6

分类		质量核查着眼点	备注
完整性		构建模型所需的数据是否齐全	—
		输入值是否正确	物性值、坐标等的实数,地质、岩级等的判定值
伦理一贯性	格式一贯性	数据格式是否正确	格式版本,建模环境中可用的形式
		画质是否充分	是否可以判读图像、对绘图作业是否有障碍
		坐标系是否统一	—
		数字地图的属性是否正确	—
	概念一贯性	是否显示了地质构造	—
		是否显示了地质构成	是否符合地质层序表和地质判定标准表等
		地质分界是否符合规律	是否存在难以判断分布三维化的问题
	定义域的一贯性	图面的整合性	图面的名称和分类的整合性
		断面图交点是否正确	如果不在三维上交叉,就很难判断
	位相一贯性	分界线的种类是否随图纸而变	—
		数字地图是否足够精确	—
位置正确性		是否使用投影数据的地质断面图	—
		是否表示出投影距离	—
		坐标基准本身是否存在偏差	—
时间正确性		是否根据最新的解释编制的图纸	是否基于地质图等的最新知识
		是否是最新的地形数据	是否基于最新的量测结果
主题正确性		地质学的分类是否正确	—
		工学的分类是否正确	—

三维地质模型构建优先使用客观数据。模型构建所使用的地质调查数据包括钻孔数据、路线图、地质平面图、等高线图和断面图。从客观的角度来看,这些情报按优先顺序依次递减。

可以理解为,在边界面插值计算中优先使用钻孔数据的情报。地质平面图、地质等高线图是地质技术人员三维考察的图纸,很难对客观因素、主观因素进行分类。地质断面图也是基于地质技术人员解译的图纸,所以优先顺序较低。

对地质调查的要求事项和地质调查成果不同阶段各不相同。

与隧道相关的调查事项及成果见表 3-7。

与隧道相关的调查事项及成果 表 3-7

<table>
<tr><th colspan="2">项目</th><th>地质调查要求的事项</th><th>成果示例</th></tr>
<tr><td rowspan="4">隧道</td><td>洞口、边坡
(洞门、边仰坡等)</td><td>●洞口边(仰)坡的稳定性评价;
●基础地层的承载力评价;
●掌握用于偏压区间和稳定解析的地质情报;
●掌握小埋深区间和稳定解析的地质情报</td><td rowspan="2">●地质平面图、地质切片平面图;
●地质纵横断面图;
●边坡评价图(滑坡地形分布、不稳定土砂轮廓图等)</td></tr>
<tr><td>隧道区间(施工前)</td><td>●施工管理、安全管理的注意事项;
●掌握有无重金属分布;
●掌握小埋深区间的松弛范围;
●掌握用于应力解析的地质情报;
●掌握用于水文解析的地质情报</td></tr>
<tr><td>隧道区间
(施工时)</td><td>●掌握掌子面前方预测的地质情报;
●用净空位移量测结果对应的围岩应力解析;
●确定变异原因及对策研讨;
●判定对策效果</td><td>●地质平面图、地质切片平面图;
●地质纵横断面图(岩级划分、弹性波速度分布等);
●掌子面观察台账</td></tr>
<tr><td>维护管理</td><td>●掌握发生变异和灾害的原因;
●掌握用于对策研讨的地质情报</td><td>●地质断面图、地质平面图;
●检查台账</td></tr>
<tr><td rowspan="4">边坡
防护</td><td>调查、设计</td><td>●评价边坡灾害的风险;
●稳定解析;
●决定风险监视基准</td><td rowspan="4">●地质断面(主断面、解析断面);
●滑移面轮廓图:用于三维解析和对策设计;
●平面图:边坡变动的规模和影响范围;
●管理台账</td></tr>
<tr><td>施工</td><td>●确保安全的监控、目视风险监视;
●利用开挖获取的地质情报核查风险评价;
●修正风险评价基准和技术基准</td></tr>
<tr><td>维护管理</td><td>●竣工后的日常安全管理;
●利用修正的地质情报和追加的地质调查评价安全性;
●修正风险评价基准和技术基准</td></tr>
<tr><td>紧急情况</td><td>●明确灾害的原因和文献预测;
●对应灾害的发生;
●建立应急管理的体制</td></tr>
<tr><td colspan="2">围岩分级</td><td>●地层稳定性评价(掌子面预测、边坡稳定性预测等);
●设计、施工管理(承载力研究、基础处理、弃渣量计算等)</td><td>●围岩分类断面图;
●围岩分类分界图;
●施工进度差分图</td></tr>
<tr><td colspan="2">数据库</td><td>●既有地层调查资料的统合管理;
●情报积累、提供、可视化</td><td>电子化的各种地层情报(图面、报告、各种资料)</td></tr>
</table>

(1)属性情报

属性情报是指三维模型中与构成构造物的部件、构件等相关的情报,例如,构件等的名称、形状、尺寸、产品等的规格、资材的数量和单价等与成本和管理相关的情报等。属性情报包含了这些属性情报的三维模型,作为各种分析、模拟、评估、研究的工具,有望提高生产建设和管理系统的整体效率和精度。表 3-8 列出在详细设计中各层次的属性情报示例。图 3-13 表示隧道三维模型的属性情报示例。

隧道按层次划分的属性情报示例　　表 3-8

层次	层次对象	项目分类名
层次 1	构造全体	山岭隧道
层次 2	构造体	洞门、洞口
层次 3	构成要素	重力式挡墙
层次 4	构件	重力挡墙式构件

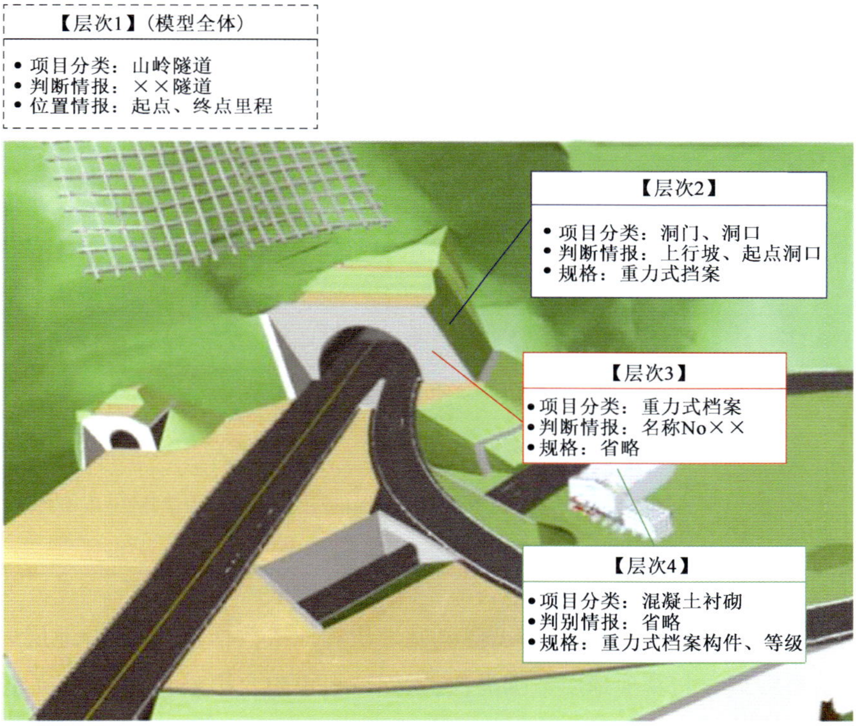

图 3-13　隧道三维模型的属性情报示例

表 3-9 中展示了钻孔模型(调查结果模型)属性情报的示例,表 3-10 是钻孔模型(推定/解析模型)的属性情报示例。纹理模型(准三维地质平面图)、准三维地质断面图模型、表面模型和实体模型与钻孔模型(推定和解析模型)类似,根据模型创建的目的、种类等,可对属性情报进行添加和修正。

钻孔模型(调查结果模型)的属性情报示例　　表 3-9

类别	项目	概要
基本情报	钻孔名	钻孔名根据调查现场的编号等系统地填写
	钻孔柱状图的种类	明确土质和岩层钻孔的区分
	经纬度	纬度和经度用世界测地系统的度、分、秒来记录。关于秒，根据取得方法和精度，填写到小数点以后 4 位
	角度、方位	角度按钻孔方向的与垂直的角度，方位按钻孔方向的水平分量记入，用从正北向右旋转 360°方位法表示钻孔的方向
	孔口高程	孔口高程，根据量测结果以 1/80m 为单位记入
	钻孔总长度	钻孔总长度以 1/80m 单位记入
	孔径	钻孔孔径以 mm 单位记入
	原始数据链接	●地质情报管理文件(BORING. XML)； ●岩芯钻孔照片管理文件(COREPIC. XML)； ●土质试验和地层调查管理文件(GRNDTST. XML)； ●其他管理文件(OTHRFLS. XML)； ●报告书管理文件(REPORT. XML)； ●图纸管理文件(DRAWING. XML)
	修改经历	实施日期、理由、实施者名等
地质情报	土质名、岩石名	未固结的各种沉积物和岩石等，通过肉眼观察等判定的单层单位土质、岩石名称
	记事(概要)	根据钻孔调查采取的土质、岩石的主要特征
	深度(层厚)	按土质、岩石等单层分界，据孔口距离记入
	孔内水位	记入每天开始作业时的孔内水位，并记入日期
	N 值	N 值按试验深度每 80m，记入打击次数及贯入量
	土质常数(土质试验结果)	记入土质试验等获取的物理特性(粒度分布等)、力学特性(压密系数、单轴抗压强度、凝聚力、内摩擦角)等

属性情报除常规土质分类、物性数据等基础地质和地层数据外，还涉及地层风险及模型不确定性的关联数据。与其他地质数据类似，属性情报也包含模型相关数据，如建模依据的原始数据、建模判断标准、模型精度，以及模型可再现和更新的时间等。理想状态下，属性情报应通俗易懂，便于其他操作人员的充分理解。

随着工程进展，模型会不断追加数据和更新。根据既往调查数据进行更新、继承和管理是属性情报中的重要工作。留下充分的记录可以说是技术人员处理地质情报的责任和义务。为了实现模型的良好质量、稳定更新和利用，使用属性情报以确保可追溯性非常重要。

钻孔模型(推定、解析模型)的属性情报示例　表 3-10

类别	项目	概要
管理情报	调查概要	调查名称、调查人员、调查开始及结束日期
	坐标位置	平面直角坐标系番号和 X(南北)坐标、Y(东西)坐标
	地质情报名称	地层、岩层划分及其属性情报
	原始数据链接	地质情报管理文件(BORING. XML)
	各文件名称	属性情报文件名称
	修改经历	实施日期、理由、实施人员
属性情报	共同 ID 编码	能够用于各阶段的代码
	地质划分名称	基于规格用颜色划分
	深度(层厚)	地质分界,用距孔口距离记入
	地质情报	地质平、纵断面图记载的地质情报,按地质划分名、地质构造、风化带、变质带等划分
	堆积(优先)顺位	从最下层用编号表示堆积顺位
	地质情报对比数据	纹理模型中使用的地质图等按颜色划分的情况,如果查看器能够读取每个点的颜色代码,则能够根据对比表判别属性值

不断深化的属性情报在项目阶段中的继承和传递,有助于更合理、更经济地实施项目。向后工序继承的数据内容主要有:

- 模型的不确定性。
- 预想的地质、地层、地层风险。
- 输入数据和数据分类等的解释。
- 作为模型根据的原始数据和空间插值方法的种类、建模时的插值参数。
- 建立模型时位置情报的坐标系。
- 使用软件。
- 模型的界限和适用范围。
- 模型建立者或监督者。

为了继承三维地质模型,除了地质形态、分布模型以外,还应关注模型的不确定性,预计的地质、地层风险,作为模型依据的原始数据和建模时的插值参数,模型构建时的位置情报等。要对模型更新所需的情报(如报告的坐标系和使用的软件)进行充分的记录。

人员更换时需要注意以下几点,以避免对模型的解释和精度产生影响。

- 在继承的数据中,明确表示保持输入数据和数据分类等的解释、空间插值方法的种类、插值参数、模型的再构建所需的情报。
- 明确表示模型的限界和适用范围等。
- 明确记录模型构建者或监督者,明确责任所在。
- 用模型 + 属性不能表达的情报和优先度低的情报,要记录在文件或报告书中。

(2)继承卡(表)

为了继承业务中应用三维地质模型所需的情报,编制了“三维地质及地层模型继承表”。该表除了三维地质模型的管理情报、属性情报之外,还包括作为模型根据的地质调查的质量情报、模型的算法和妥当性,以及检查和交付的情报等。表 3-11 所示为要求的记录项目示例。

继承卡的记录项目　　表 3-11

项目编号	项目	记录内容
1	管理情报卡	对象业务和业务阶段的管理情报
2	属性情报记录卡	三维模型的形状情报和属性情报
3	质量情报记录卡	地质调查情报的种类和数量
4	地质调查性能基准记录卡	地质调查性能基准
5	准三维图面核查卡	确认准三维图面质量
6	建模记录卡	建模算法及妥当性
7	地质、地层风险情报记录卡	地质、地层风险情报
8	核查记录卡	核查结果
9	继承卡	继承情报

随着建设过程中业务阶段等级的提高,对地质、地层模型的精度和可靠性的要求也随之提高。

3.4 三维地质模型构建案例

本案例以隧道施工的钻孔调查为基础,介绍了三维地质、模型构建,以及设计、施工中的可视化应用。

该调查从隧道下部 1D(D 为隧道直径)区间的下端起,进行了 8 个钻孔调查。根据调查的 8 个钻孔结果和既往调查的 16 个钻孔结果,编制了纵向地质断面图。

根据地质调查结果,确定了以隧道施工位置为中心的东西方向 1200m、南北方向 5000m 三维地质模型为构建范围。

构建的地形模型,利用了既有高程数据(5m 网格)构建的表面模型。地质模型构建包括钻孔模型、准三维地质断面图、三维地质模型中的表面模型和实体模型。

本次调查位于台地,地势平坦,起伏不大,比较稳定。图 3-14 为构建的地质模型,水平方向与垂直方向的比例是 1∶20。钻孔模型中红色代表本次调查,绿色为历史调查。

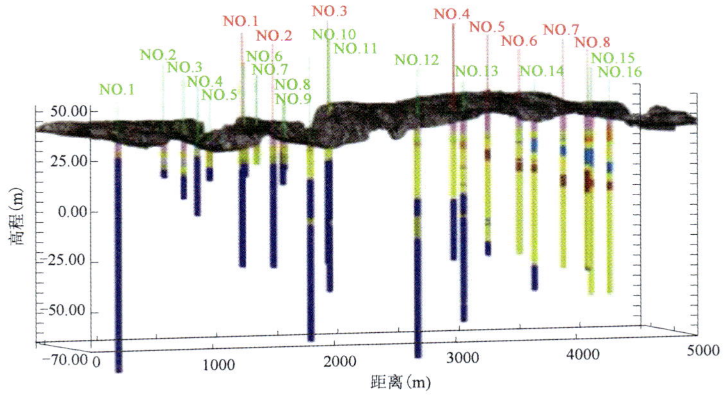

a) 钻孔模型

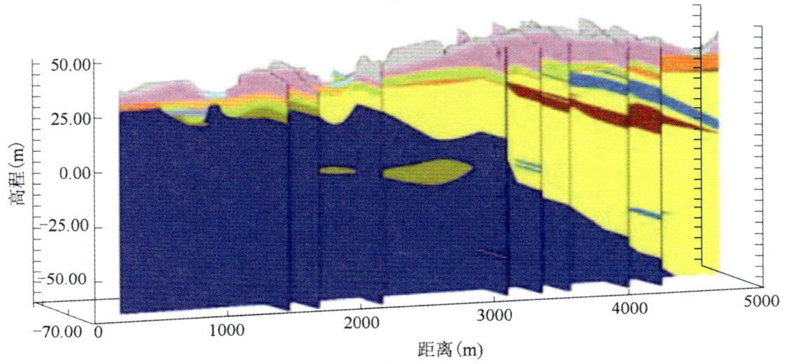

b) 准三维地质断面图

c) 表面模型

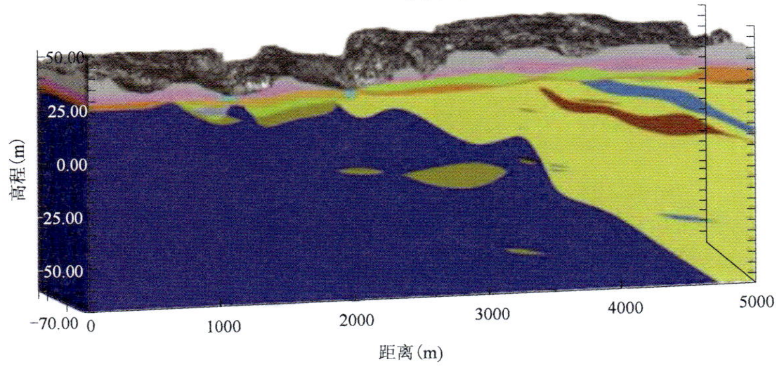

d) 实体模型

图3-14 地质模型(水平方向:垂直方向=1:20)

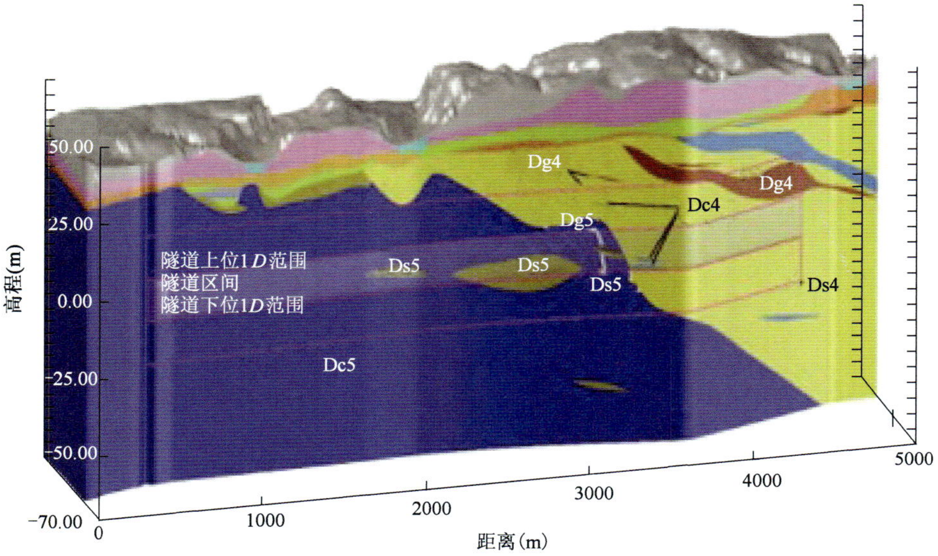

图 3-15　隧道施工位置(水平方向:垂直方向 = 1:20)

地质模型可视化包括隧道与地质的叠加。

将实体模型用隧道规划线进行分割,隧道施工位置如图 3-15 所示。可视化模型中,横向的地质与隧道的关系如图 3-16 所示,同时也可显示现场透水试验地点、地层平衡水位(图 3-17、图 3-18)。

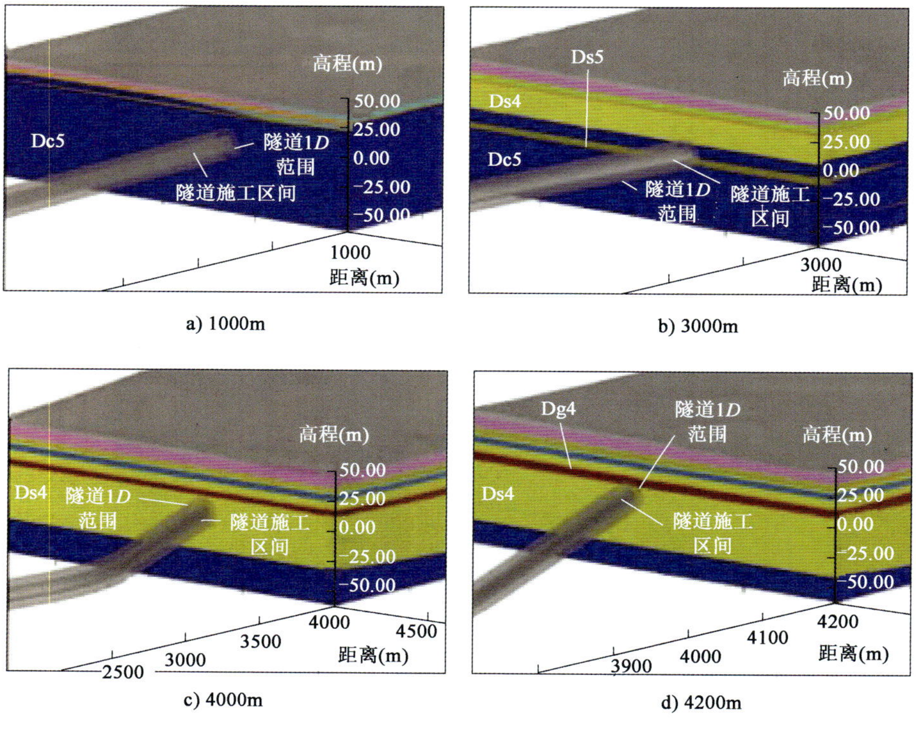

图 3-16　地质与隧道的关系(垂直方向:水平方向 = 1:1)

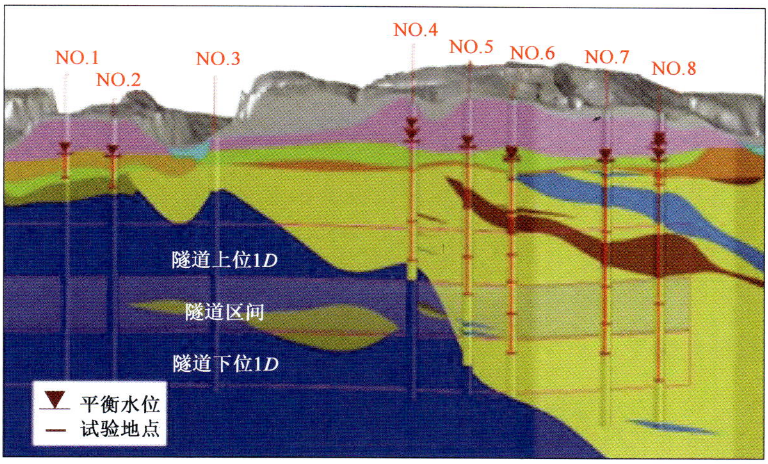

图 3-17　现场透水试验地点(水平方向:垂直方向 =1:20)

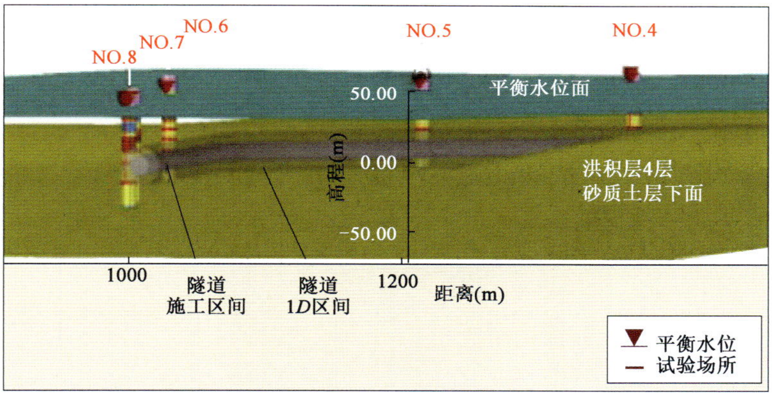

图 3-18　洪积层 4 层砂质图层的平衡水位与隧道的关系(水平方向:垂直方向 =1:1)

不同围岩按同样的过程编制不同的地质模型,首先进行地质风险分析,之后进行构建模型的计划和准备,最后进行模型构建。

为直观掌握隧道与地质、地层的位置关系及设计施工注意事项,构建了三维地质模型,该模型可通过平板直接展示图像和视频。鉴于许多用户习惯二维图纸,在介绍表面模型和实体模型时,常配合准三维地质、地层断面图进行展示。这种方式有助于向客户及设计、施工技术人员更清晰地说明地质情况。准三维断面图结合了二维图形与三维图形的特点,既保留了二维图形的简洁性,又增加了三维图形的空间感,更易于理解。同时,将隧道三维模型与地质、地层模型联合展示,有助于使用人员清晰把握施工位置与地质、地层的关系,以及原位测试结果和相关风险。

未来,应充分利用三维地质、地层模型,推动现场地质、地层调查结果及风险信息的共享。

3.5 三维地质模型的编制管理

三维模型的编制流程和编制管理是保证三维模型质量的重要因素。

三维地质模型基本作业与扩张作业流程如图3-19所示。

由图3-19可见,三维地质模型构建包括建模计划、收集资料整理和三维数据化、三维地质数据解析和成果编制四个阶段。

1)制定建模计划阶段

本阶段需要明确三维地质模型的目的和用途。通过研究三维地质模型的对象和范围,以及表面或固体等模型种类、分辨率、空间求解算法等形成三维地质模型的构建方法。

构建三维地质模型要立足于充分的前期计划。建模计划中应该明确以下内容:

- 理解工作内容和模型构建的目的。
- 理解所在区域的地质构成、构造背景。
- 确定模型范围和解析区域。
- 根据模型对象,使用适当的数据整理顺序和插值算法。
- 掌握数据流,适当扩展作业流程。
- 模型构建的投资估算和工期。
- 开始工作前,与客户协商达成一致。

2)收集资料整理与三维数据化阶段

对模型构建所需的资料进行收集、整理、分类,给出坐标情报,将数据三维化。

- 数据对象:包括地形数据(等高线、DEM、激光量测数据等)、钻孔数据、各种图面数据(地质平面图、地质纵断面图等)、调查报告书、风险资料等。
- 输入数据的质量核查。
- 质量确认记录。
- 输入数据的三维化。

3)三维地质数据解析阶段

- 数字格式地质资料的简化和分析,包括地质断面、地质图、地图时序图像。
- 地质情报的数值化计算。
- 高精度和可视化的地下情报。
- 土层和岩石的勘探和评价。
- 隧道掘进设计。
- 围岩和地下水流动模拟。

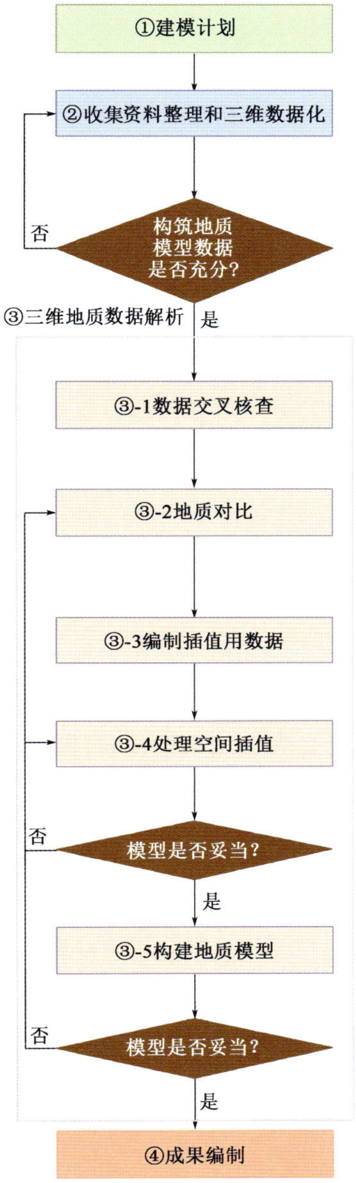

a)基本作业流程

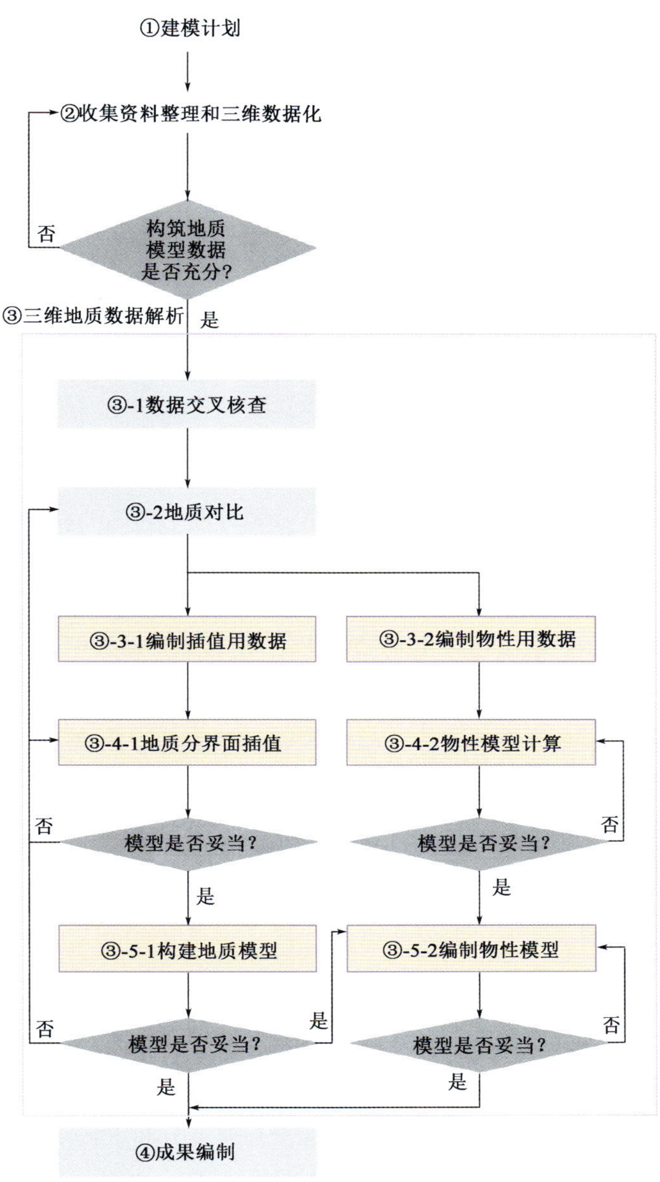

b)扩张作业流程

图 3-19　三维地质模型的构建流程

■ 爆破振动分析。

■ 施工中的风险评估。

4)成果编制

利用三维地质模型，输出地质断面、平面图等图纸，同时编制可进行数据交换的三维模型、三维可视化资料，输出二次利用数据(模拟用)等。

编制成果中要包含以下内容：

■ 三维可视化资料。

■ 利用三维模型输出的图面、CAD 数据(二维、三维)、图像等。

■ 属性情报，可直接复原形状数据。

■ 参考资料，如质量管理记录。

■ 其他资料，如输出文件格式、容纳的文件夹等。

(1)模型构建注意事项

在模型构建过程中，应注意以下事项：

■ 与隧道长度相比，钻孔点的范围始终是有限的，要充分借助地表勘察和物理探查的结果。如果地层边界出现异常变化，则有必要追加调查。

■ 如果线路因围岩状况出现变更，则建模范围要随之变化。

■ 在讨论相邻道路和地下基础等的情况下，需要采集和验证已有的地层情报，对隧道施工中涉及的既有构筑物进行建模。

■ 为研究运营阶段的异常情况，需要根据施工记录更新地质模型。

■ 模型成果编制中，应根据使用目的适当调整模型长宽比，使地质、地层、地层风险更容易判别。

(2)成果要求和电子交付

三维地质模型交付成果包括三维可视化资料、三维模型输出的图纸、属性情报、参考资料、质量管理记录等。不同阶段，模型构建的内容略有不同，除通常的地质平面图、切片图、纵横断面图(围岩分级、弹性波探查速度分布、围岩级别分布等)外，施工前要编制边坡评价图(滑坡地形分布图、不稳定土砂分布图)，施工时编制掌子面观察台账，维护管理阶段编制检查台账。

可视化要求包括构筑物与三维地层模型相互关系的可视化，以及地质、地层、地层风险的可视化。前者可在三维空间中直观地显示出来，如通过分析边坡开挖范围内软硬区分模型的开挖量等(图 3-20)。

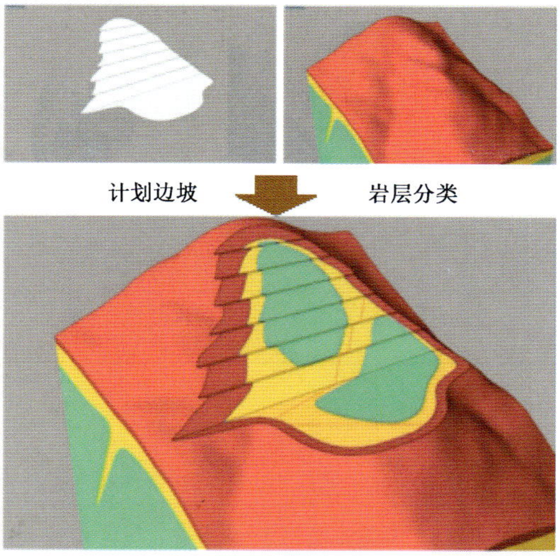

图 3-20　规划边坡面与岩层分类模型的相互关系示意图

地质、地层及其风险可视化包括以下内容：

- 显示地质、地层及其风险依据的情报。
- 显示作为三维地质、地层模型依据的地质、地层情报，地质、地层构造，地质、地层物性值。适当使用情报解读的辅助手段（注释）突出重点。
- 重叠监测结果（移动矢量、位移量、阈值警报等）等。
- 事实/推测/概念（图像）之间的差异。
- 避免令人误解的过度装饰和表达。

三维地质模型的数据传达中的情报损失问题，可通过使用注释功能解决。图 3-21 为隧道地质、地层风险的标记示例。

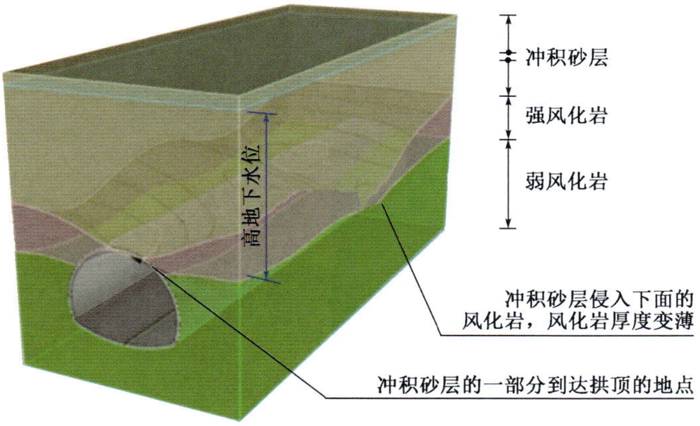

图 3-21　隧道地质、地层风险的标记示例

5）电子交付

编制成果采用电子交付至数据共享平台（图3-22）。

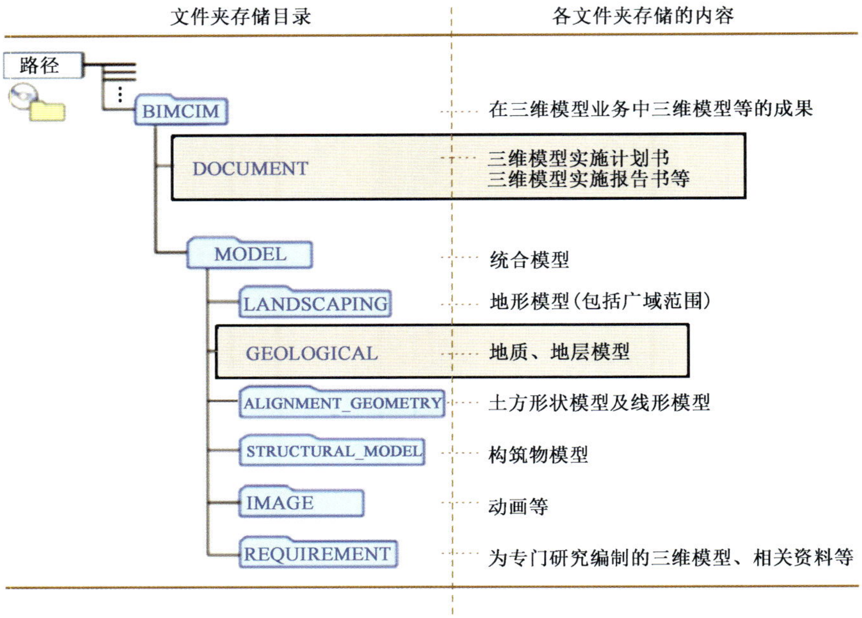

图3-22　三维成果的文件夹构成示例

文件交付的格式要事先约定，如约定文件夹、数据格式等。表3-12为三维模型成果文件夹、子文件和文件内容的范例。

三维模型成果构成示例　　表3-12

文件夹	子文件	存储的成果
GEOLOGICAL	地质、地层模型（原始文件）	
	VIEW	确认用文件
	SOURCE	钻孔柱状图和钻孔交换用数据的XML文件等
	TEXTURE	纹理文件（TIF、JPG等）
	ATTRIBUTE	从三维模型外部参考的属性情报文件或参考资料文件（PDF、CSV等）
	DOCUMENT	管理情报等有关地质、地层模型的各种文件

图3-22表示三维成果存储在ICON/BIMCIM文件夹内。地质、地层土质模型存储在BIMCIM-MODEL下属的GEOLOGICAL文件夹中。

(1)编制的核查

图 3-23 介绍了地质、地层土质模型构建的基本工作流程和各阶段的核查时间、核查项目和内容。

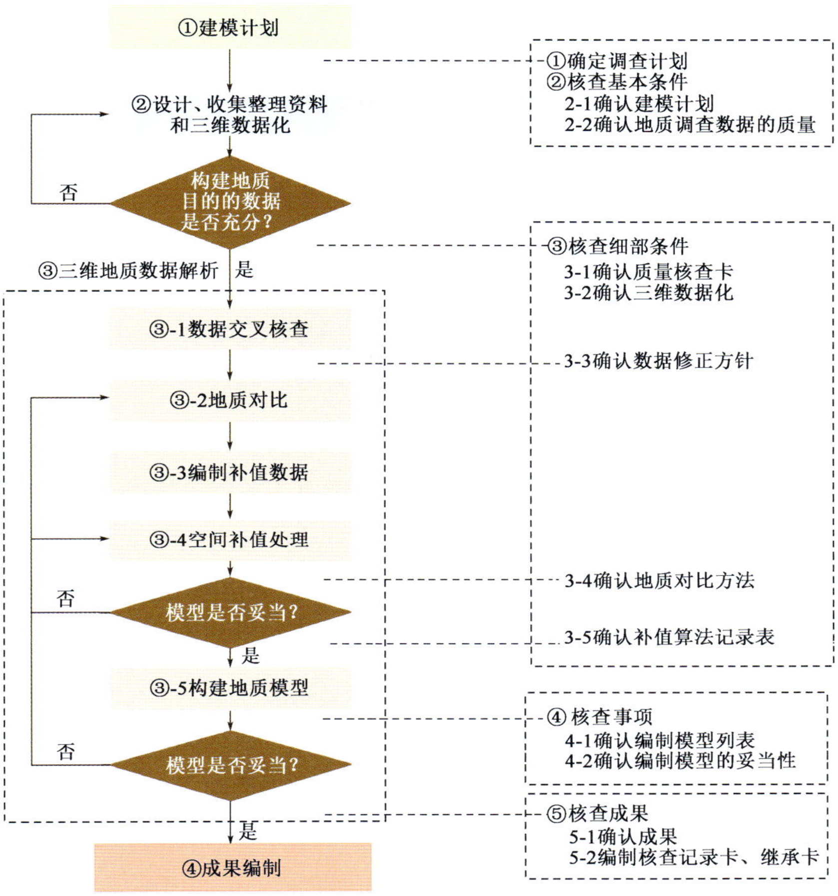

图 3-23　地质、地层土质模型构建的基本流程及核查时间、项目和内容

在模型构建之前,要事先制定核查计划。核查计划在确认基本条件、细节条件、要求事项、成果的各阶段的核查内容及其对象的基础上制定。

对基础条件的核查包括:

①确认建模计划

地质模型,包括钻孔模型、表面模型、准三维地层模型、三维地层模型等建模计划,合理性检查包括以下方面:

- 建模计划是否理解业务内容和建模目的。
- 建模计划是否能够编制满足要求事项(业务规格、技术提案等)成果。
- 建模计划中解析区域和空间插值是满足要求事项。
- 关于地质、地层构成和互层及透镜层的处理,要基于合理的思考方式编制建模计划。

■ 妥当的建模计划是属性情报的项目设定和数据继承设定的条件。

②确认调查数据的质量

关于地质模型构建中使用的地质、地层调查数据的质量，应对以下内容进行核查：

■ 钻孔等地质、地层调查数据按照统一的地质、地层划分标准客观整理，以确保数据质量。

■ 避免因技术人员的个人差异（知识、经验等的差异）而使地质、地层调查数据产生偏差，以确保质量的一致性。

■ 地质、地层调查的工法等（例如：钻孔调查的常规方法和高质量钻孔的区别）以及地质、地层调查数据的质量。

■ 确保所使用的地质、地层调查数据的质量和可靠性，能满足工作目的和要求（在可接受范围内保持波动）。

■ 在地质、地层调查数据本身不完全可靠的情况下，根据其他地质、地层调查数据和新追加的地质、地层调查数据纠正并重新评估，保证调查数据本身的可靠性。

③对三维数据的确认

对构造地质模型所需的数据进行三维化或者数据库化，以便用三维地层建模软件处理数据。

④核查要求事项

为了编制满足要求事项（规格书、技术方案等）的成果，需要检查所需的三维模型是否齐全，即对模型是否妥当进行核查。

总而言之，在构建三维地质模型的流程中，重要的作业阶段应包括作业计划、数据的质量管理、模型的构建、模型的质量管理以及沟通（图 3-24）。

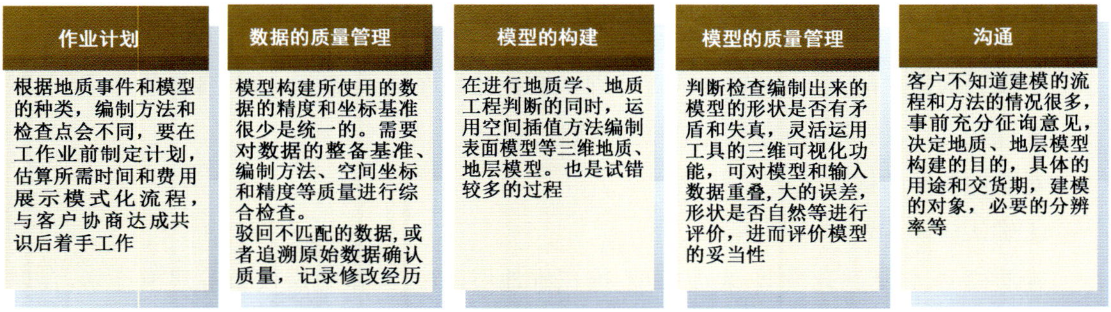

图 3-24　重要作业阶段及要点

值得注意的是，模型中的情报和数据源于资料、调查、计算，具有科学合理性，过度的表达和美化反而可能会引起误解。另外，让客户理解模型化并不是用计算机图形编制或全自动就能完成的，这一点也很重要。

(2)质量管理

三维地质模型构建的质量取决于所用的地质调查数据的质量。因此,质量管理的首要工作是确认并可靠地记录各项数据的质量。遇到使用多个项目的地质数据时,需要统一的质量评价标准。

此外,在建模的各作业阶段中,将使用数据和建模方法等作为质量确认结果,边记录边进行作业。可利用三维地质模型继承表记录模型的管理情报、属性情报,以及作为依据的地质、地层调查的质量情报、建模的算法和检查继承的情报等。通过三维地质模型继承表确保三维地质、地层模型的可追溯性。这将有利于对未来不确定性的评价。

(3)版本管理

不同阶段的数据不同,出现了不同的版本,因此需对比和管理各版本数据。

版本管理是隧道中数字围岩模型管理的重要工具。它规定了在规划、执行和操作过程中的基本情报,使项目和服务器能将同一来源的所需特征整合到各自的模型中,促进了互操作性和各个(子)模型的整合。各个项目由统一的上级服务器提供解决方案,可以在不同项目之间轻松地进行比较。

德国的《地质、地层数据法》(GeolDG)规定,新的地质数据必须输入到中央统一管理的数据库中(如区域办事处的数据库),数据库也要为项目提供已调查地区的可用数据。在中央服务器的帮助下,数据交换以通用的交换格式进行,既有利于新数据的输入,也有利于对现有的、提取的数据进行处理。与德国的 GeolDG 类似,奥地利的《地理数据基础设施法》明确了公共机构数据建模、数据下载和数据可视化的具体标准,并创建了拥有广泛的钻探数据的数据库,这些数据库结构不一定统一,但都以通用标准为基础,可以通过数字方式访问。由瑞士地质、地层学家协会开展的 GEOL_BIM 创新项目旨在将地质、地层数据或地质、地层模型整合到数字建设模型中,以期开发出一个独立和开放的数据与数字建设模型的接口。该接口通过网络应用将地质、地层输入数据转换为 IFC 格式,可导入标准的 BIM 模型中,三维模型、断面图、钻孔等都支持输入数据及设计者之间的数据交流。

有关各方在合作中都负有数据获取、提供和测试的义务,这对使用方围岩情况进行综合评估至关重要。在以伙伴关系为基础的合同管理中,使用数字围岩模式进行项目开发和管理的优势很明显。通过实施三维模型和相关的情报管理,在所有项目参与者之间实现了平等合作和协作的透明化,以便于在早期阶段识别风险。这些风险不仅来自围岩的风险,还涉及克服这些风险的措施和目标导向的决策过程。

3.6 三维地质模型的利用

三维地质模型的利用目标是在施工过程中通过围岩和构筑物的情报共享,实现建设工期、成本效益的最优化。

(1)三维地质模型的认识

相对于二维和传统的三维地质建模,三维地质建模具有以下明显优势:

■ 高精度性:

三维地质模型提供了高精度和可视化的地下情报,为工程师和隧道技术人员提供更准确的数据来源。

■ 更自然地模拟地下环境:

三维地质模型可以更好地模拟复杂的地下物理和化学环境,如褶皱、断层、岩性和土层结构等,更好地反映了地下的真实环境。

■ 强大的综合应用能力:

三维地质模型可以支持多种应用精度,例如大规模的施工模拟,地下水流动模拟以及岩石或土层稳定性评估等。

■ 高效的施工支持:

通过对地质模型进行分析,能够实现快速的隧道设计,大大提高了隧道施工的效率。

表 3-13 总结了三维地质模型的优缺点。

三维地质模型的优缺点　　表 3-13

优点	缺点
●运用二维的图纸表现三维空间的物,以本来的姿态(三维)表现,能得到更直观的理解; ●易于掌握对象构筑物和成为问题的地质构造等的关系; ●易于构建数值解析用模型、设计用模型; ●具有多样化的显示方式的表现力; ●使数据管理变得容易; ●能够有效地处理图纸上难以处理的情报(时间轴等); ●有可能在短时间内构建多模式的模型(地质、地层风险方面所说的乐观的、悲观的地质图等)	●三维地质模型中,表现传统土木地质图中难以表现的模糊(指实际数据分布范围外的模糊等); ●模型是通过推测得出,因此离已知点越远,不确定性就越高; ●模型的着眼点根据不同的点可以舍弃不同的内容; ●根据要求事项和着眼点可以从同一对象得出不同的模型; ●情报接收者和发送者需要解析模型的标准

在对非均质、不确定因素较多的地层情报进行建模时,需要在充分评估设计、施工的使用目的和所需精度的基础上对情报进行取舍,以便构建适用的模型。将业务过程中获得的

所有情报进行三维化是不经济的，反而会导致生产效率低下和情报价值难以体现。

另外，不能囫囵吞枣地接受现阶段的情报和各种标准，重要的是要着眼于基础设施的形成、基础设施管理的效率化、将来基础设施的维护管理，灵活运用三维地质模型，即方便使用者灵活运用。

三维地层模型能够在三维空间中全面且动态地表达场层结构，最适合作为演示材料。因建设和调查的递进性，利用三维地质模型展示向下阶段工程传达风险十分重要。但要注意的是，三维地质模型与同等程度土木地质图在传达情报时同样存在局限性。三维地质模型应该对必须传达的情报进行取舍，并有效地加以利用。

值得注意的是，尽管理论和技术不断创新和完善，地质三维模型的建模面临的关键难题始终存在，包括三维空间数据获取的艰难性、地质体空间关系的复杂性和空间分析能力的局限性。

可视化技术能够潜在地增强空间分析和解析能力。但是，由于采样数据稀疏是地球科学中普遍的现象，在可视化和分析解译过程中，专家知识储备比其他学科有着更加重要的意义，应用开发的关键是创造一个虚拟的“真实世界”，能够让地质学家充分发挥他们的想象力和创造力。

(2)三维地质模型的利用及注意事项

三维地质模型可在多场景应用，主要用于数据的二次利用、地质解析和预测、可视化表达。其利用基于各阶段地质的基本调查数据和新增数据，地质数据根据调查深度不断增加，模型存在各种类别，模型利用的方向根据项目的阶段目标确定，表 3-14 总结了三维地质模型应用场景以及对应的地质调查数据和地质模型。

具体的利用场面和对应的地质模型　　表 3-14

用途	三维地质模型的利用场面	地质调查数据				地质、地层模型			
		露头	钻孔取样	物理探查	动态观测	准三维图面	表面	实体	三维像素
二次利用	输出数据卡	—	●	●	●	—	●	●	●
	输出地质图面(平面图、断面图)	—	—	—	—	—	●	●	—
	输出地质图面(地质界面、高程高程、深度、地层层厚等轮廓图)	—	—	—	—	—	●	●	●
	输出检查台账和用于病例的基础图面(正面图、侧面图等)	●	●	●	●	—	●	●	—
	地层软硬划分和地质界面高程。深度的差分计算	—	—	—	—	—	●	●	●
	计算施工范围的对象地质(地层软硬划分等)的土量	—	—	—	—	—	●	●	●

续上表

用途	三维地质模型的利用场面	地质调查数据				地质、地层模型			
		露头	钻孔取样	物理探查	动态观测	准三维图面	表面	实体	三维像素
二次利用	加工利用三维地质模型的数据	●	●	●	●	●	●	●	●
	加工用于数值解析的三维地质模型的数据	—	—	—	—	—	●	●	●
地质解析作业	确认地质情报的三维整合性	●	●	●	●	●	▲	▲	▲
	构建利用地质调查数据的初期地质模型	●	●	●	●	●	●	●	●
	获取施工地质数据和更新模型	●	●	●	●	●	●	●	●
可视化	地质情报位置和类型情报	●	●	●	●	—	—	—	—
	用于地质模型根据的地质调查数据	●	●	●	●	●	—	—	—
	预测地震分布、地质构造	—	—	—	—	●	●	●	—
	用于施工范围的详细的地质模型	●	●	—	—	—	●	●	—
	裂隙等不连续面的详细的地质模型	●	●	—	—	—	●	—	—
	划分地层软硬和岩层分类的预测模型	●	●	●	—	●	●	●	●
	地质解析结果、安全系数、影响范围	●	●	●	●	●	●	●	●
	核查对象地质模型与构筑物和对策的干涉	—	—	—	—	—	●	●	—
	预测地质模型与实绩地质、地层模型的比较	—	—	—	—	●	●	●	●
	监控结果	●	●	●	●	●	●	●	●
	地质、地层参数	●	●	●	●	●	●	●	●
	利用地质模型的注意事项	●	●	●	●	●	●	●	●
	地质、地层风险情报(检查重点、灾害位置、主因、素因、受害规模等)	●	●	●	●	●	●	●	●
	设计、施工上地质风险的注意事项	●	●	●	●	●	●	●	●
	维护管理上地质风险的注意事项	●	●	●	●	●	●	●	●
	地质模型属性和地质数据、模型间的链接	●	●	●	●	●	●	●	●

注:●-适应;▲-不适应。

三维地质模型利用时的注意事项见表 3-15。

三维地质模型利用时的注意事项　　表 3-15

种类		注意事项
全貌		●构建模型中使用的地形数据,是根据取得数据的“点”的情报编制地形面和网格的数据,因此要留意调查地点的高程不一致的情况; ●地质模型是在柱状图、地质和地层平面图、地质和地层断面图等三维空间配置的基础上,以钻孔调查结果等为基础,对各种情报加以地质、地层学的解释,综合编制而成的,但其中含有不确定性; ●在地质模型中,钻孔柱状图以外的地方都是推测出来的。注意:无论使用怎样的插值法,其精度都有可能与传统方法的地质、地层断面图等相比有差异; ●在调查、设计、施工及维护管理的各阶段,要注意根据利用目的和地质、地层调查的量和质,以适当的精度编制并利用,并继承到下一阶段; ●在地质模型的构建中,使用的数据精度和模型构建条件,属性情报记载等,需确认并在可靠性的基础上利用。需要修正的内容同样需要确认; ●因为没有编制记录的模型有可能无法确保地质模型的质量和可追溯性,所以使用时要留意; ●注意到地质模型有可能在构建时间点以后实施的地质、地层调查结果中被修正,必须进行版本管理; ●在钻孔模型中,是交付调查结果模型还是推测解析模型,需要与发包方协商; ●关于调查结果,除了地质模型以外,还要提交实际调查的数据
钻孔模型	调查结果模型	作为地质、地层调查行业务成果的钻孔柱状图(钻孔交换用数据和电子简化柱状图)是表达场质、地层调查结果的模型
	推定、解析模型	以既往资料和地质、地层调查得到的各种情报为基础,以及地质、地层工学解释构建的模型是“推定、解析模型”(包括地质、地层、几何学解释制成的钻孔交换用数据、电子简化柱状图以及利用柱状图的情况)
准三维地层模型	纹理模型(准三维地质、地层平面图)	准三维地层模型很大程度上取决于所使用的地形图等的精度
	准三维地形断面图模型	
三维地层模型		●将包括钻孔结果在内的各种地层情报加以地质、地层学上的解释综合制作而成。单纯以数学方式对钻孔结果进行插值的方法,需要注意估计精度; ●对确保精度所必要的地层调查方法、调查数量和质量进行充分讨论,探讨适用的方法; ●记录和继承使用的地质、地层情报和模型构建方法(地质、地层模型构建软件和地层插值算法等); ●构建三维地质模型的区域,考虑钻孔数量和密度等,值得信赖后再使用

(3)三维地质可视化分析和解析

三维地质可视化分析和解析是地质模型利用的重要方面。它基于数据和计算,通过地质解析能解释更多地质情报并预判未来,可视化的直观表达对使用者友好,可用于项目监控和计划,在项目质量、进度、安全、协调等方面提供重要工具。

可视化技术借助计算机图形图像处理技术,把科学研究中的各类数据以图形图像形式表现出来。三维建模为复杂地质体空间几何的可视化奠定基础。空间几何对象是可视化的主要内容之一,包括点云数据及其衍生数据、矢量数据、张量数据的可视化,这是对象可视化的基础;非空间几何对象中,属性对象常通过颜色、符号、花纹呈现差别。根据数据特征,可视化对象分为二维数据场、三维空间数据、向量场等,二维可视化表现形式简单,主要借助流线、箭头、流带和流面等,而三维空间数据的可视化包括了可视化绘制和可视化展示的不同层面。

地质模型可视化的数据对象主要包括一维岩芯、二维地质平面图和断面图、三维实体模型(包括立方体、四面体、三角形和四边形等)以及包括时间维的四维动态模拟。随着建模理论和计算机的发展,三维模型的动态模拟已成为可能,与静态图片相比。动态研究不确定的地质构造更清晰、准确,时间维度的加入能够可直观形象地刻画地质构造演变过程。

三维地质解析是利用三维空间中电子数据构建三维地质模型的数字化技术,图3-25表示了地质情报处理流程,其中红色框线部分就是三维地质解析的使用范围,从野外地质调查开始,经过整理地质调查资料,将其模型化和可视化表现,后对地质图进行解译和评价。

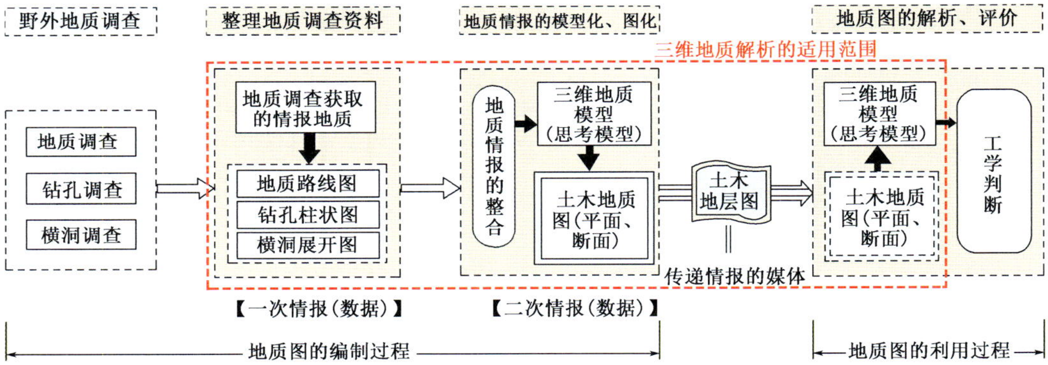

图3-25 地质情报处理流程图

地质调查的方法中,地质调查情报中的一次数据和二次数据、建模与绘图都成为后续的地质图解释和工学判断的基础。建模、绘图、地质解析和工学判断是三维地质解析的重要内容。图3-26案例可见三维地质解析过程中的地质对比、构建表面模型、地层模型和编制地质图的过程。

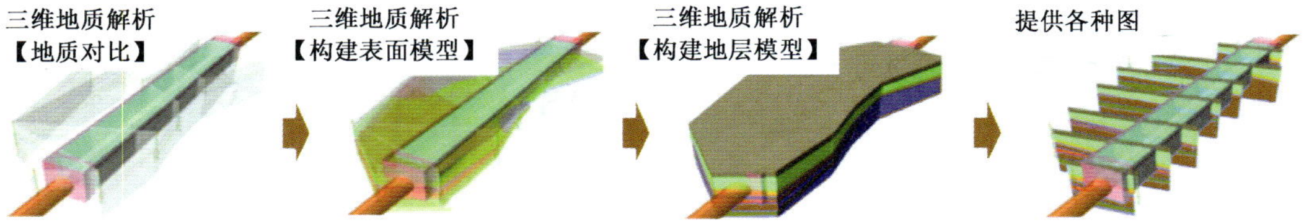

图3-26 三维地质解析技术作业

在三维地质建模过程中，可通过地质调查、勘探、资料分析及地质模型构建等方式，把地质资料转化为数字格式，包括地质断面、地质图、地图时序图像和地层描述等情报。同时，基于地质资料的分析和建模，将地质情报数值化计算，构建三维地质模型，从而提供高精度和可视化的地下情报，这些模型广泛应用于土层和岩石的勘探评价、隧道掘进设计、地面与地下水流动模拟、爆破振动分析等。

在隧道设计阶段，三维地质模型能够提供地下物理和化学属性的详细情报，助力工程师进行隧道设计。而到了隧道施工期间，模型可应对爆破振动、围岩和地下水流入及坍塌等难题，帮助技术人员开展风险评估，优化隧道设计，提升施工效率和安全性。

随着人工智能技术的快速发展，机器学习方法能处理大量地质空间数据，自主学习并发现地质规律。地质空间数据具有体量巨大、多源异构及分析表征复杂等特点，这使得机器学习在建模和三维解析过程中具备独特优势。本书将在第 4 章的案例中，讲述三维地质解析在隧道建设中的重要作用。

三维地质解析中要注意数据量足够，并关注：

- 数据交叉检查，提出、修正或舍弃的数据。
- 检查地质纵断面的纵横断面交点的偏离等。
- 在三维空间进行地层的对比。在地质构造情报不充分的情况下，考虑地质形成史和地质构造学等追加保全数据。
- 编制插值用数据，从地质对比数据中提取用于计算表面模型等的坐标数据集。
- 应用空间插值算法，基于地质层序判定建立三维地质模型。
- 根据需要构建地层实体模型和纹理模型。
- 检查构建三维模型的形状在地质学上是否妥当。

(4) 三维地质模型的具体利用

三维地质模型能够在三维空间中全面且动态地展现场质、地层结构，通过运算创建基于任意坐标值的多个面板图；生成任意地点的柱状体模型，实现多方共享（图 3-27）。

此外，模型在可视化、数字解析、自动运算、围岩预测等方面的利用，大幅提高了隧道建设的效率、安全性和精度。

针对三维地质模型的利用方向，列举一些具体示例予以说明：

①掌握并可视化应注意的地形、地质和地层

在调查设计阶段，通过三维可视化模型及生成的地质、地层断面图等二维图形，可以很容易地确认隧道周边的地质、地层分布，主体构筑物与地质、地层的位置关系，破碎带、强风化岩、涌水、高透水带等应该注意的地形、地质、地层，地质、地层、地层风险更加明确，并易于实现情报共享。

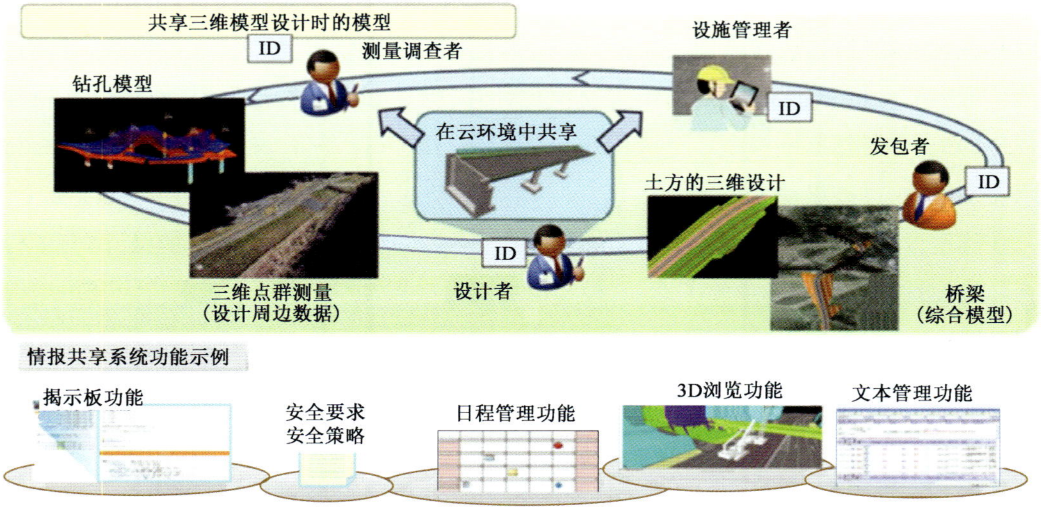

图 3-27　三维地质模型的功能

图 3-28、图 3-29 是地质、地层断面图和调查结果图重叠的模型(准三维地质、地层断面图模型等)和三维可视化展示,可清楚识别应注意的地形、地质、地层状况及风险,明示地质、地层及其风险。

a) 准三维地质平面图　　b) 准三维地质平面图

图 3-28　地形、地质、地层可视化示例

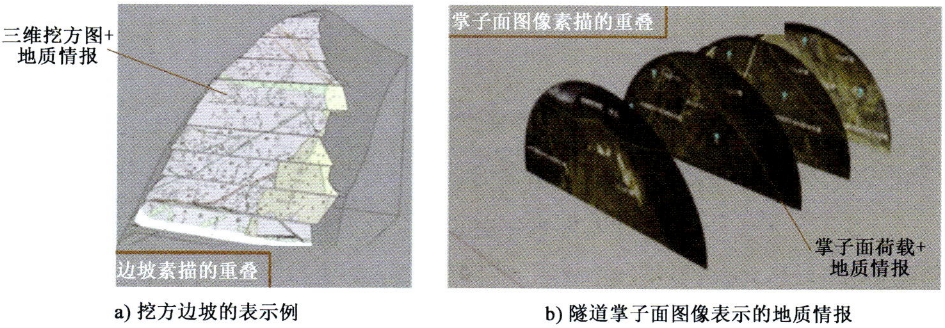

a) 挖方边坡的表示例　　b) 隧道掌子面图像表示的地质情报

图 3-29　地形、地质、地层调查结果的可视化示例

②确认地质、地层与构筑物之间的关系

在调查、设计阶段或施工阶段,使用地质、地层模型(表面模型、实体模型等),可以直观地确认地质、地层、桩基、基础构造物和支持层的关系(图 3-30)。

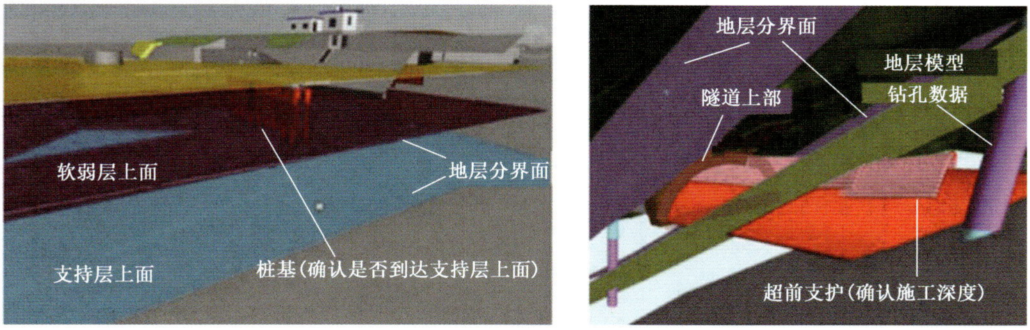

a) 桩基　　b) 隧道

图 3-30　地质、地层与构筑物的位置关系示例(桩基构筑物、隧道)

传统二维设计的地质、地层断面图,对辅助工法的施工范围估计可能不足,而通过地质、地层模型将地层与辅助工法的施工范围的位置关系可视化,可有效地设定施工范围。

③确认基础地质、地层围岩分类的评价

勘测和设计阶段,通过地质、地层模型(表面模型、实体模型等),可以直观地确认基于围岩分类地层评估的连续性和分布状态。图 3-31 表示了实体模型中围岩的分类。

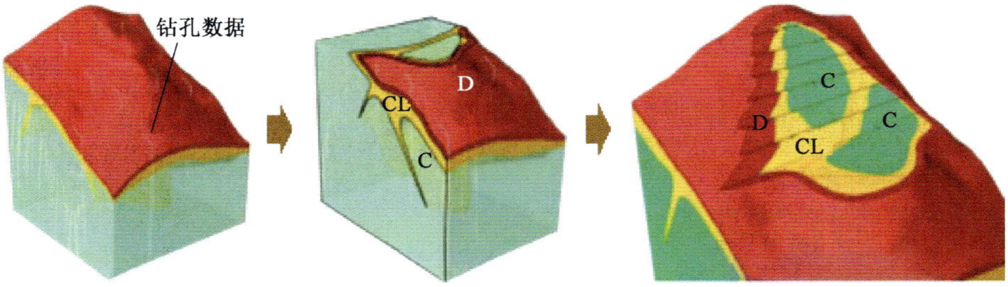

a) 钻孔数据的地质模型　　b) 围岩分类模型　　c) 土与挖方坡面重合

图 3-31　实体模型的围岩分类

根据传统的二维设计的地质、地层断面图和钻孔图,采取的施工计划有可能产生不足,通过地质模型的构建,在空间上掌握工学的评价以及地质、地层、地层风险的基础上,可优化根据范围、断层、软弱层等的分布、开挖、支护模式、辅助工法等施工。

④掌子面前方围岩可视化

隧道形状模型利用 AutoCAD Civil 3D 构筑地质构造模型利用 GEORAMA 构建。掌子面观察、各种量测结果、支护情报及掌子面前方探查情报基本上采用 CyberNATM 构建。如图 3-32、图 3-33 所示。

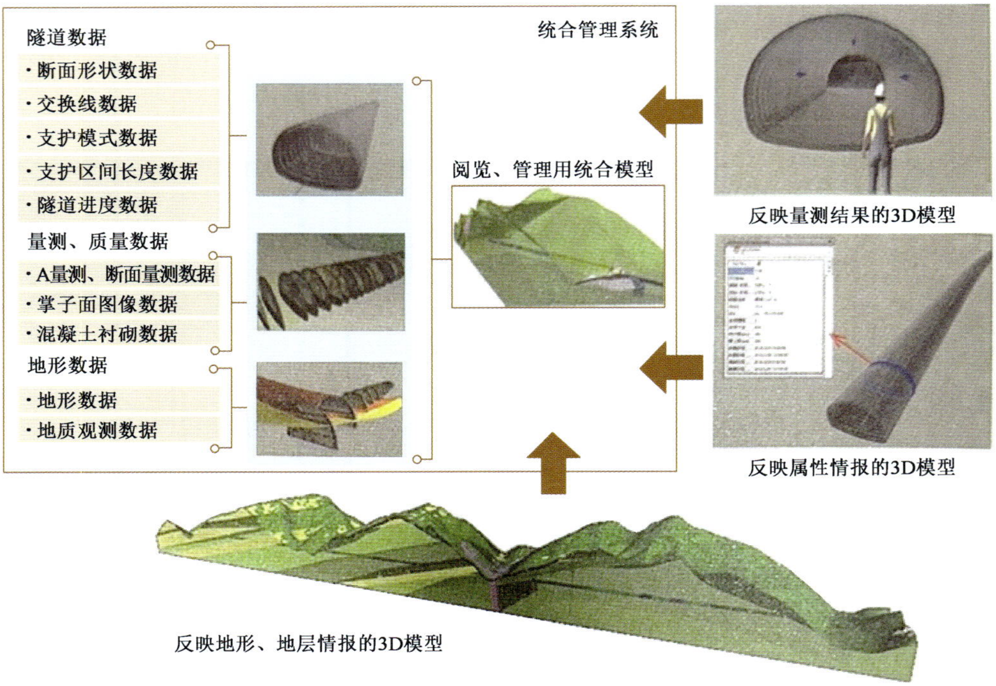

图 3-32　山岭隧道掌子面前方可视化示例

图 3-33
无岩芯钻孔的掌子面前方探查速度属性情报组合的示例

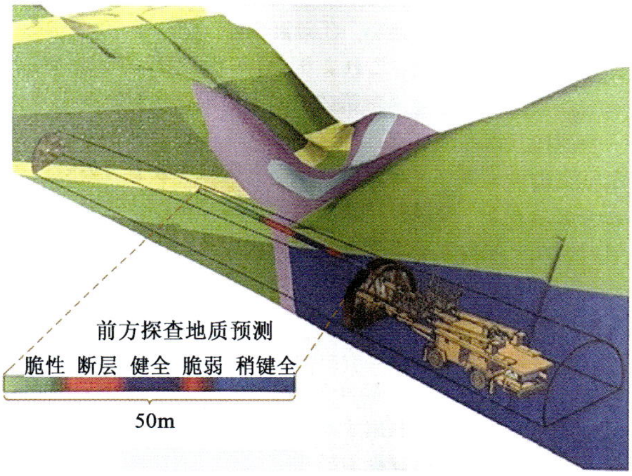

⑤地下水位势分布的确认

在调查设计阶段，通过基于钻孔孔内水位和周边涌水点等构建的地下水面模型（表面模型等），可以直观地确认地下水面位势分布和水文分析，可用于设计和施工计划。

传统二维设计的水文地质、地层断面图和地下水轮廓图，对于评价周边障碍物、地下水影响、解析和滑坡对策、涌水预测、井点配置计划等方面可能会显得不足，而地质、地层模型能够在空间上掌握工程评价以及地质、地层、地层风险的基础上，通过影响评价和对策的施工范围的可视化，应用于设计、施工计划中。掌握地下水面的示例如图 3-34 所示。

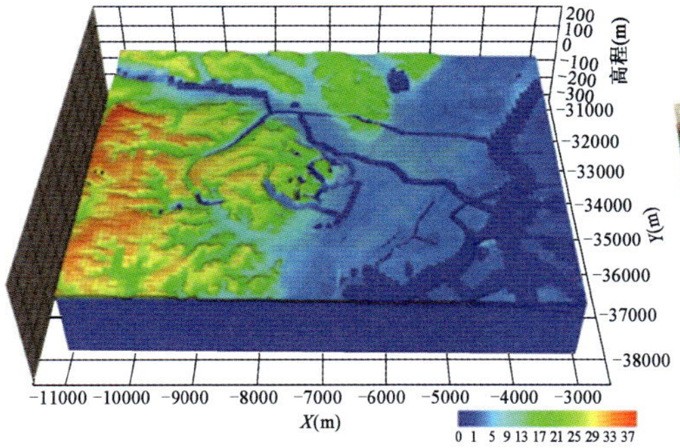

a) 三维地下水解析网络模型示例

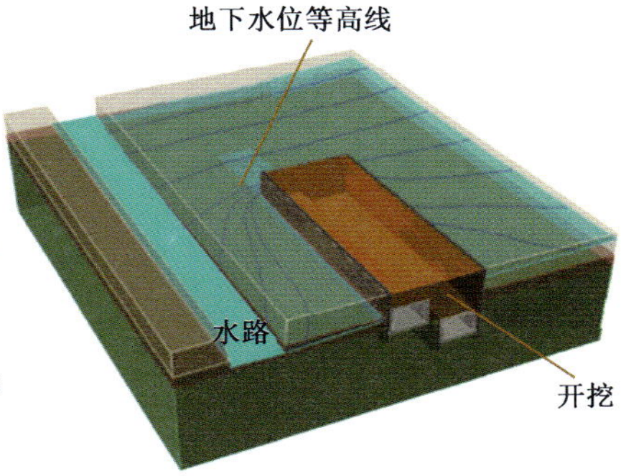

b) 明挖施工时地下水流动预测的可视化示例

图 3-34　掌握地下水面示例

⑥有关各方的共享协作和决策

在设计、施工阶段，有必要对利益相关者履行说明责任。使用地质、地层模型，使地下情报和建(构)筑物等的位置关系变得直观易懂，可以用于居民说明和相关单位协商。

⑦数值解析

在调查设计阶段，地质模型(固态模型等)被应用于数值分析(模拟)中，数值分析要求有严格的计算。三维数值解析，基于地质构造围岩特性构筑物性状及位置、施工对策、施工范围等。可以有效地掌握影响评价、地质、地层变化、对策效果等在设计和施工中发挥作用。隧道围岩的三维渗透流解析、崩塌解析的示例如图 3-35 所示。

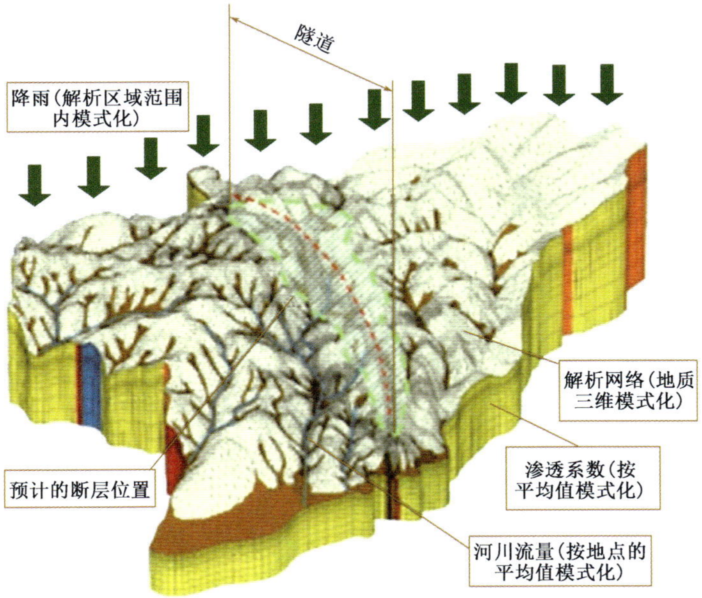

图 3-35
隧道的三维渗透流解析
(开挖地下水影响范围)

⑧工程量自动计算

在设计施工阶段，通过使用地质模型（固态模型、表面模型等），可以灵活开展不同地质、地层的工程量计算。需要注意的是，利用地质、地层模型算出的数量和用平均断面法算出的数量存在差异。计算中如何利用模型，有必要与施工单位充分协商。图 3-36 为工程量计算示例。

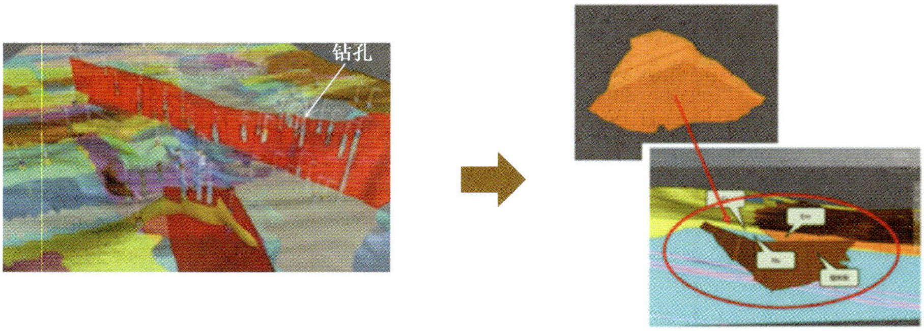

a) 按钻孔数据编制的地质模型　　b) 计算各种地质的数量

图 3-36　建（构）筑物的数量计算用地质模型示例（表面模型等）

⑨施工计划、地层改良范围的设定

在设计施工阶段，地质模型（固态模型、面板图等），可用于确定地层改良的范围和编制施工计划。如针对滑坡的集水钻孔的配置、水库的基础处理范围的掌握等，应用地质模型（实体模型、面板图等），可以准确地完成集水钻孔的配置设计和基础处理范围的设定。图 3-37 为滑坡对策配置示例。

a) 滑坡块体和防滑对策的配置　　b) 集水钻孔、集水井的配置（三维）

图 3-37　滑坡对策配置示例

⑩施工时的安全确认和维护管理

在施工阶段和维护管理阶段，可用于动态观测和显示、确认灾害情报等地质、地层和地层风险情报（图 3-38）。

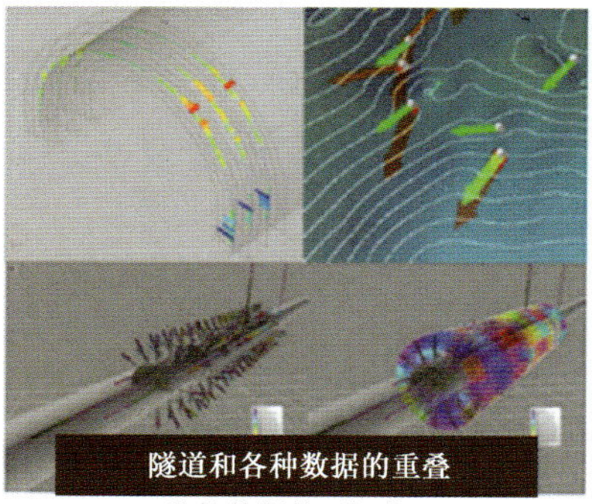

监控数据的可视化
上段左：隧道净空位移
上段右：地表面位移
下段左：隧道注浆孔的吕荣值
下段右：注浆孔的吕荣图表示

a) 隧道监控数据可视化

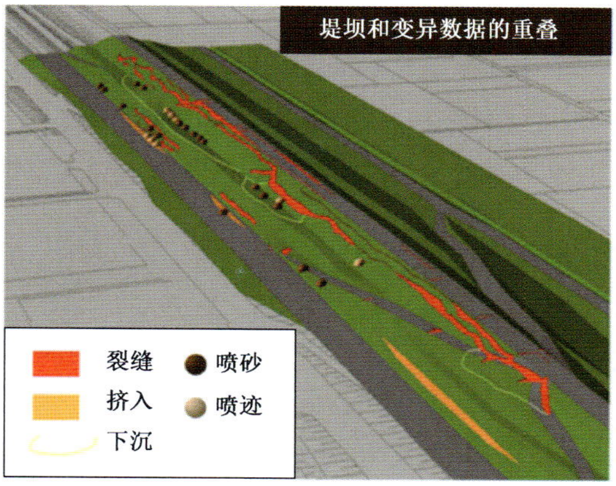

b) 受灾地点情报表

图 3-38　施工、维护管理的应用示例

通过监测数据的可视化和结合地质、地层模型显示受灾的区域，可以掌握变化和受灾状况等，探讨要因，并灵活运用于维护管理工作（图 3-39）。

综上，三维地质模型的具体应用汇总见表 3-16。

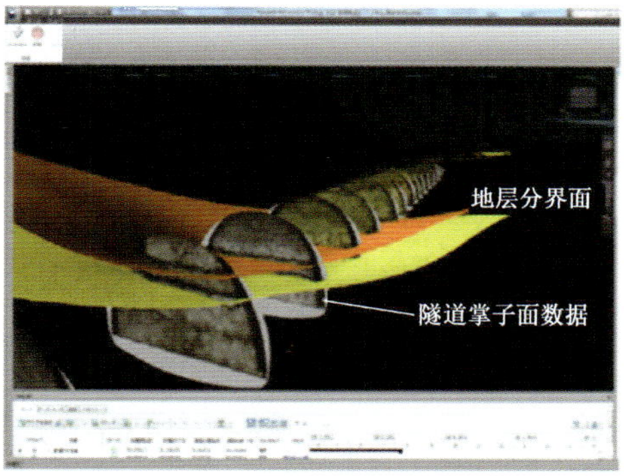

a) 隧道掌子面和对策分布的重叠数据

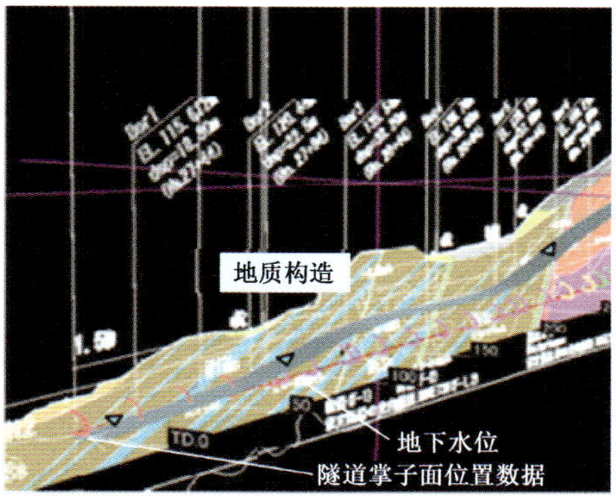

b) 隧道掌子面位置和地下水位、地质构造数据

图 3-39　维护管理应用示例

三维地质模型的具体应用 表 3-16

用途	三维地质模型的应用场景	利用者
二次利用	输出数据	承发包者
	输出地质图(平面图、纵断面图)	
	输出图面(地质分界面高程、深度、地层层厚等轮廓图)	
	输出检查台账和使用的基础图纸(正视图、透视图等)	
	输出软硬划分好地质分界面高程、深度的差分计算	
	计算施工范围的地质(软硬划分)土方量	
	三维地质、地层模型数据的利用	
	加工数值解析用的三维地质、地层模型的数据	
地质解析作业	确认地质情报的三维整合性	咨询机构
	构建用地质调查数据的初期地质模型	
	更新施工中获取的地质数据和模型	
可视化	地质调查位置和种类情报	承发包者
	作为地质模型根据的地质调查数据	
	预测的地质分布、构造	
	施工范围内的详细地质模型	
	包括裂隙等不连续面的详细地质模型	
	包括软硬划分和岩层分类的岩层模型	
	地质解析结果和安全系数、影响范围	
	地质模型与构筑物的干涉核查	
	预测地质模型与实绩地质模型的比较	
	监控结果	
	地质参数	
	利用地质模型的注意事项	
	地质、地层风险情报(灾害位置、原因、受害规模等)	
	设计、施工中的地质、地层风险的注意事项	
	维护管理中的地质、地层风险注意事项	
	地质、地层模型的属性和地质、地层数据间的连接	

3.7 未来的思考

(1)三维地质模型要求的性能

土木地质图作为传递地质与地层风险的图形工具,因项目目的不同,传达内容和侧重点各异。三维地质模型构建时,首先应深入思考向谁传递信息,目标是什么,明确信息传递的内容和范围,才能在模型中涵盖地质图中关键信息。信息传递的正确性是基本要求,更重要的是基于可信信息对问题进行客观分析。模型需具备以下性能:

■ 可靠性:三维地质与地层模型必须确保与工程目的相匹配的精度和质量,保障可靠性。要保证模型构建信息和原始数据的质量与可靠性,并具备可追溯性,以便修正和更新模型。

■ 客观性：充分利用三维模型的表现力，根据项目目的和阶段进行恰当易懂的表达。为克服空间辨识的个体和经验差异，三维地质模型应采取统一标准，便于多方共享。模型的开发和应用者需克服主观性，保持客观性。

■ 便利性：特定目标的解析模型虽然便利性高，但通用性不足；通用性模型虽经济合理，但针对性欠缺。因此，明确模型的应用目的和适用限界十分必要。

(2) 三维地质模型技术上的问题

高度信息化的社会，为实现自动化、效率化及缩短工作时间，三维地质模型的应用成为必然趋势。

三维模型需实现情报封装，以便数据再利用和可靠继承，因此建立防止地质情报损耗的机制迫在眉睫。

目前，三维地质解析技术的推广面临诸多难题。一方面，构建三维地质模型需要专业技能。地质不确定性评估难度较大，三维地质模型的方法论及质量评价体系仍有诸多研究课题待攻克。另一方面，从技能评判、质量把控到责任界定，以合理价格提供优质三维地质模型服务，是行业发展的关键。

(3) 三维地质模型不确定性的认识

地质三维模型是对建模区域地质情况的直观表达，但由于数据获取、处理和建模过程存在不确定性，只能近似描述客观地质现象。

地质和地层由自然及人类活动形成，其分布和物性本身具有非均质性和内在不确定性。地质模型构建过程受地质调查的质量、数量、局限性，以及建模参数、技术人员解析等多因素影响，进一步扩大了不确定性。同时，模型构建时无地质调查数据的区域只能通过空间插值法推定，虽可通过取样和物理探查等物性值数据提高精度，但估计范围内仍存在不同程度的不确定性。

随着地质数据的不断增长，人们对地质三维建模的要求日益提高，但目前仍面临诸多困难。比如，缺乏清晰的不确定性来源描述框架，对建模区域的认识不够完整，以及缺乏准确评估模型不确定性的方法。各国学者虽已就此开展大量研究，并将影响模型不确定性的因素分解为地质对象的内在随机性、测量过程的不确定性、采样的不确定性和建模过程中的不确定性，普遍共识的是应更多地关注数据本身的质量和特性。

考虑不确定性对模型质量的综合影响，有必要归纳地质模型不确定性的来源，并深入分析建模过程中的误差传递机制。图 3-40 总结了三维地层模型的不确定性来源。

无论是二维图纸还是三维模型，地质风险和不确定性始终存在，但地质分析方法不同会导致地质预测精度差异。在地质预测的不确定性分析中，需注意以下内容：

■ 基线数据的分辨率、量测不准确性和统计范围变化。

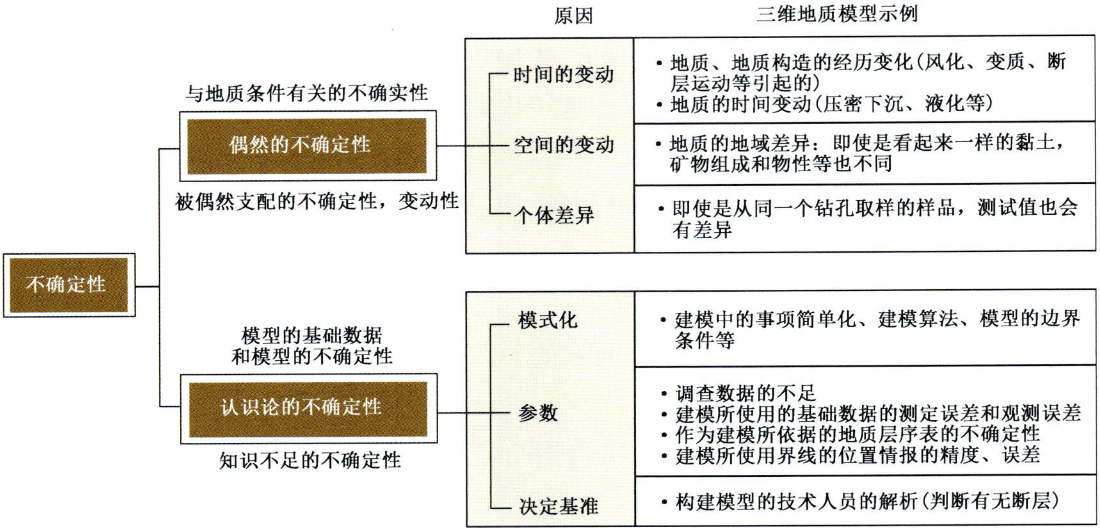

图 3-40　三维地层模型的不确定性来源

■ 围岩分类方法的选择或围岩匀质区域的划定可能导致的变动。

■ 模型的几何形状和分辨率,对小规模结构预测不准确,需要更高的细节刻画。

■ 解析模型中的基本概念存在不确定性,三维地质模型是基于钻探柱状图或地质断面图数据输入,通过计算机运算结果和地质技术人员解析得出的推定模型。由于模型包含估计部分,使用时除了需考虑数据质量和数量的不确定性外,还需注意解析过程带来的不确定性。

尽管地质三维模型与传统地质模型的不确定性无本质区别,但三维模型的解析方法不断增多,使人们能更精确地分析和处理地质数据,从而加深对地质结构的理解,更好地应对不确定性。主流观点认为建模和交流有助于提高对地质的认识,地质不确定性至少要定性描述,最好是定量描述。不确定性推理是从不确定的初始证据出发,应用不确定性知识推导出具有一定不确定性但基本合理的结论,包括不完备、不精确知识推理和模糊知识推理等。基于概率论的可信度方法是应用较广且有效的方法之一。

地质三维建模过程中的不确定性传递过程是各环节不确定性合并、叠加和传输到下一阶段的过程,可通过建模数据可信度叠加结构建模过程可信度,得到结构模型可信度,再通过算法传递到属性模型可信度(图 3-41)。

因此,三维地质模型在设计、施工、维护管理中,需准确记录地质、地层调查数据的质量、密度、地质与地层解译和建模方法,以便使用者评估、验证、降低不确定性,确保安全。当后续工序获得新情报时,应保持可继续进行不确定性验证的状态。为将不确定性转交给后续工程,需记录分析思路、推定算法、空间插值方法参数、地质和地层解析依据文献资料出处、评价不确定性方法等,这些内容可记录在“三维地质、地层模型继承表”中。

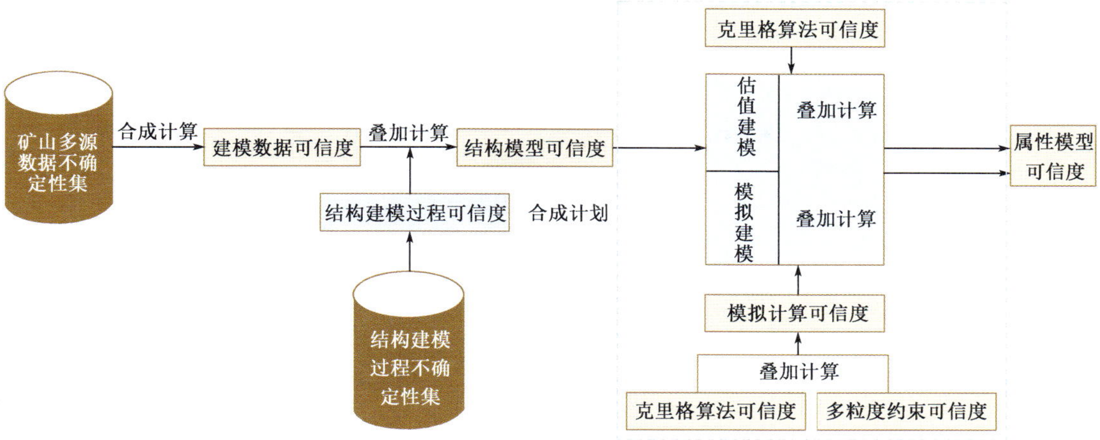

图3-41 地质体三维属性模型不确定性传递过程

应该指出的是，工程地质学中的不确定性主题尚未得到详尽的研究。不确定性来源的重要性在很大程度上取决于项目本身，对其处理必须根据项目的具体情况和专家的意见来决定。

(4)未来展望

围岩模型的创建、管理和维护需各种软件完成。为了使所有项目参与者持续顺利合作，各软件解决方案需相互沟通和实现数据交换，因此，实现接口标准化至关重要。

建设行业正将施工现场单元转变为智能系统。这些系统通过传感器收集数据，自主分析后做出反应，并与其他智能系统互动。目前，规划阶段和施工阶段的模型均可实时调整，如自动更新时间、施工成本和二氧化碳排放量。如此，原始的地质、地层记录越发重要。通过将历史过程数据作为机器学习的训练和测试数据集，围岩模型能够构建为一个包含地理坐标和结构化数据的数据库，以数字形式精确描述围岩工程边界条件。此外，围岩模型已应用于虚拟或增强现实领域，能直观地向项目参与者展示围岩工程边界条件及其影响过程。

未来，围岩模型有望成为所有智能系统参考的唯一权威数据源，尤其在隧道工程中，数字围岩模型将愈发关键和有影响力，必然成为行业发展目标。因此，标准化开发围岩模型具有重要意义，这将确保所有项目参与者之间的数据交换更加高效，实现信息的共享与协同工作，提高整个项目的效率和质量，如图3-42所示。

三维地质解析技术正在为地质状况的深入思考、快速掌握地质空间，清晰且准确地表现等方面做出贡献。利用该技术构建的三维地质模型有望获得如下效果：

①将隐藏在地下的地质情报“可视化”

■ 能够将二维图纸看不懂的纵深方向的地质情报可视化。

图 3-42 利用 AI、物联网、虚拟和增强现实等先进技术,用于围岩模型的规划和流程优化

- 能够通过三维图更容易地掌握对象建(构)筑物和地质、地层的相互关系。
- 能够编制易懂的图和资料,迅速达成共识,并发挥效用。

②提供在二维、三维 CAD 中可用的数据

- 能够编制在三维 CAD 中可再利用的三维形状数据。
- 能够提供在三维上没有矛盾的二维 CAD 地质图纸。
- 能够在自由的位置编制设计、研究用的图面
- 能够进行地质和建(构)筑物的干扰检查和体积计算。

③构建模型作业系统化

- 能够成为提高生产效率的工具。
- 能够缩短判断和评估时间。
- 能够追溯,便于情报追踪和模型更新。
- 能够抑制模型更新费用并保持在较低的水平。

一般来说,对沟通工具的要求包括帮助理解、产生意识、引起共鸣、防止错误、头脑风暴、报告、联络、商谈、达成共识等。其根本在于“易于理解”。

利用三维地质解析技术是为了“易于理解”,相反,如果把事物复杂化,这项技术就会失去意义。我们希望三维地质解析技术能够被有效应用,成为连接地质技术人员和各种用户的沟通工具。但是,本书介绍的这些工具是否能提供这样的用途呢?

把看不见的东西变成看得见的东西,这本身也满足了人的本能欲望。三维地质解析技术原本对行业有帮助,希望它能成长为一种让人怀着兴奋、激动的心情来使用的技术。

本章关注

本章关注模型的构建、地质情报和模型的利用三个主要问题。

- 通常情况下，隧道工程地质信息包括预计的围岩分布、软弱带、最大允许渗水量、围岩调查数据（钻孔、地球物理、地质和工程地质图等）。
- 通过钻孔、勘探、物探、化探、遥感、历史资料数据等构筑了地质综合数据库，在此基础上实现实体建模，它同时也是项目的实施数据库和数据平台。
- 建立三维地质模型的目的是将工程地质图中的每一个物体以三维动态模型进行可视化。在该模型中，对围岩条件的解释可随着时间的推移而改变，变得更加详细。工程地质模型应集成到工程中，以便更好地控制围岩条件，且易于理解，帮助其他设计人员考虑围岩条件。

SHANLING

DIZHI DIAOCHA

YU ZHINENG

第 4 章 隧道地质调查和评价案例集

案例学习是智能化学习的重要内容，本章选取了行业内近年来 24 个国际工程案例，从以下 5 个方面介绍了数字化技术在隧道建设中的应用：

- 数据管理和模型更新。
- 前方调查和地层监测。
- 掌子面围岩可视化。
- 围岩评价。
- 掌子面监测和评价的机器学习和深度学习。

围岩条件是隧道设计、施工的基础。在隧道开挖过程中,围岩性质、软弱带、涌水带对掘进方法的选择和可能面临的掘进挑战具有重要影响。因此,向隧道设计人员解释和报告围岩情况非常重要。为实现这一目标,地质和围岩条件应在三维模型中进行建模,并实现可视化。完整的三维模型是可视化的,它包含所有地下数据信息和对围岩条件的解译。因此,三维模型将有助于更准确地预估一个项目的进度、成本以及不确定性的程度。该模型对规划人员、设计人员以及施工单位都非常有价值。

通常情况下,隧道可提供重要工程地质信息,包括预计的围岩分布、软弱带、最大允许渗水量、围岩调查数据(钻孔、地球物理、地质和工程地质图等)等围岩条件。建立三维数字工程地质模型的目的是将工程地质图中的每一个物体以三维动态模型进行可视化。在该模型中,对围岩条件的解译可随着时间的推移而变得更加详细。工程地质模型应集成到工程中,以便更好地控制围岩条件,且易于沟通,并帮助其他设计人员分析围岩条件。

因此,许多商业软件的目的是创建完整的三维地质模型。例如 LeapfrogWorks(用于运输和道路隧道)、Move、Vulcan、Hole、BaseSI 或者 Prorok,这些软件提供了创建可视化三维地质模型的简单方法。然而,大多数商业软件是为采矿业开发的,并不满足隧道行业的所有需求。

设计阶段的模型分为基本模型和专业模型。基本模型包含设计隧道所需的所有信息并显示现有情况和预调查中收集到的数据,建造一个包含对象的模型。除预计的围岩条件外,还要在专业模型中展现出与隧道有关的问题。

另外,不仅在设计阶段要建立地质信息模型,在施工的不同阶段也要建立相应的地质信息模型,并持续进行围岩评价,施工阶段围岩评价系统如图 4-1 所示。

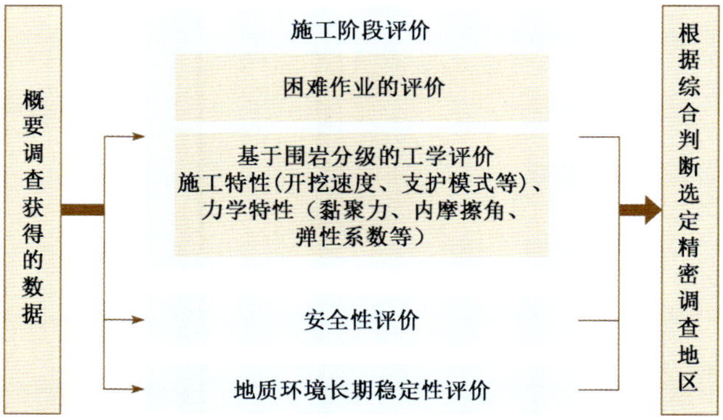

图 4-1　施工阶段围岩评价系统

综上所述,对山岭隧道来说,地质不确定性是至关重要环节。因此,如何采用智能建造技术,解决地质不确定性的影响问题,才能更好地实现隧道的智能建造目标。这就需要在隧道基本作业上下功夫。近年来,AI 在各领域中开始应用,以此为背景,为确保公共设施的质量并提高生产效率,要求导入包括 AI 技术在内的新技术项目,其中利用 AI 的掌子面围岩判定方法就是一个重要课题。下面围绕此课题介绍一些研究开发成果,仅供参考。

4.1 数据管理和模型更新

1) 地质情报管理系统

山岭隧道长距离的开挖作业，一般很难事先取得隧道计划位置全线的详细地质情报。为了确保施工时隧道的稳定性，恰当地选定支护模式，详细地掌握开挖处的地质状况，并进行最合适的评价至关重要。地质情报包括前期的详细研究和调查，施工时对实际地质状况的确认和评价，以及与事前调查和设计的差异。

地质情报三维模型管理系统是根据事前调查结果的地质状况建模，对施工过程中确认的地质情报在模型中统一管理，并根据现场应用持续改善，可操作性高。其分析界面如图 4-2所示。

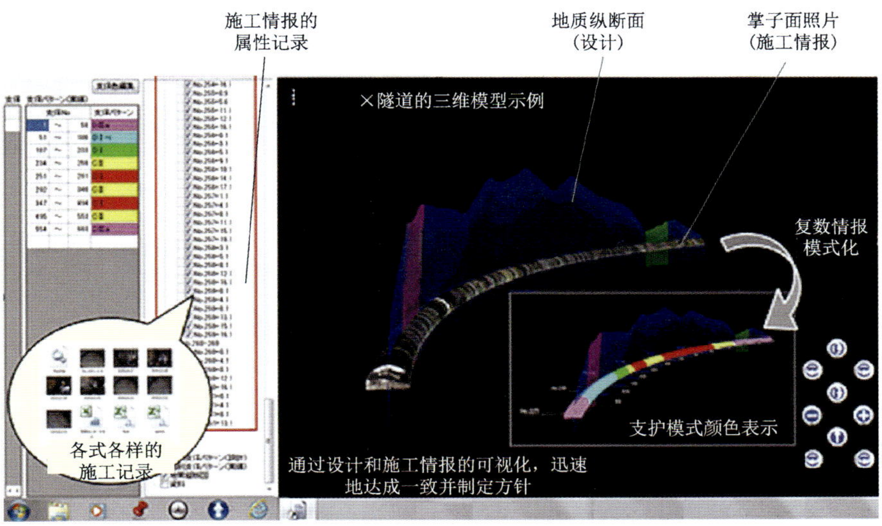

图 4-2　地质情报三维模型管理系统的分析界面

具体应用示例如图 4-3 ~ 图 4-7 所示。

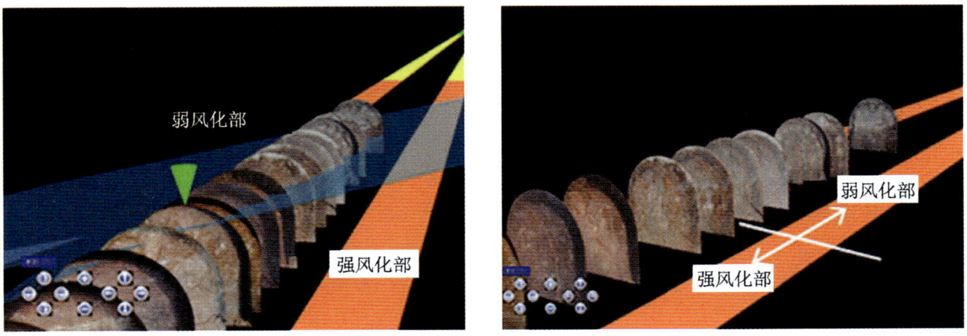

图 4-3　隧道掌子面照片三维配置状况示例

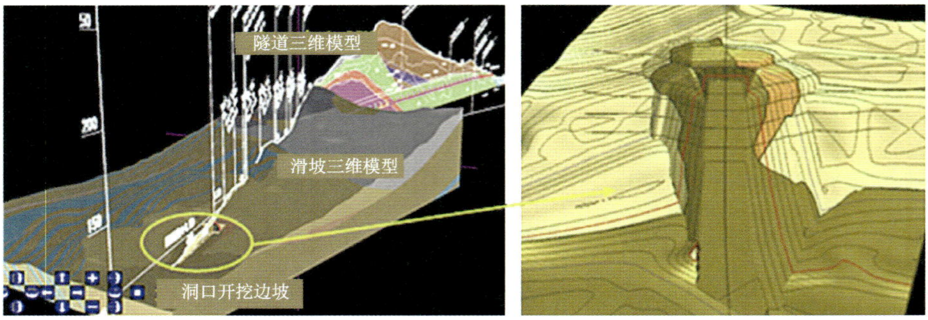

图 4-4　洞口滑坡和隧道三维模型的合并示例

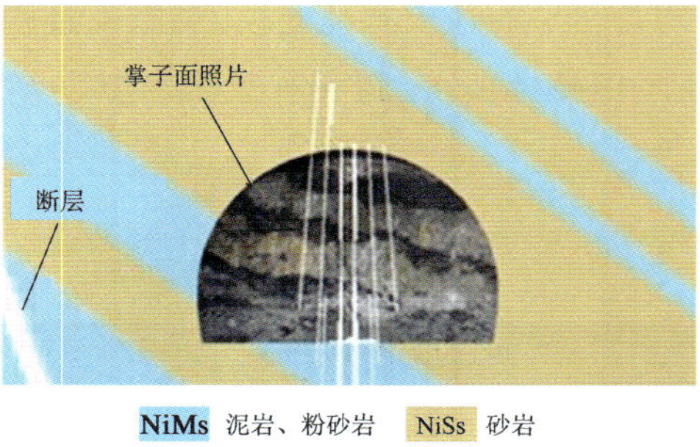

图 4-5　任意开挖处的地质断面自动生成图示例

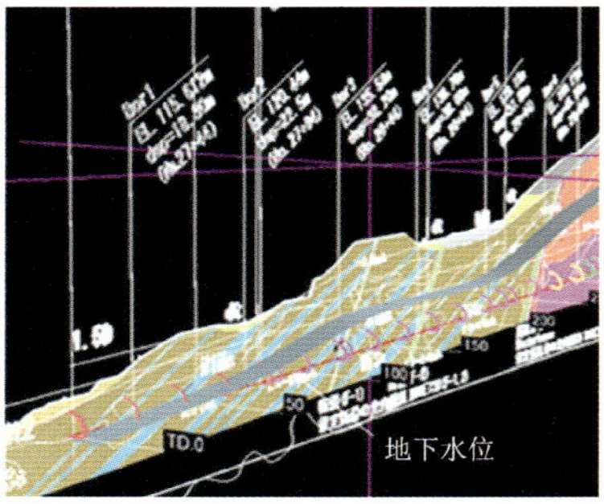

图 4-6　地下水位量测结果的三维示例

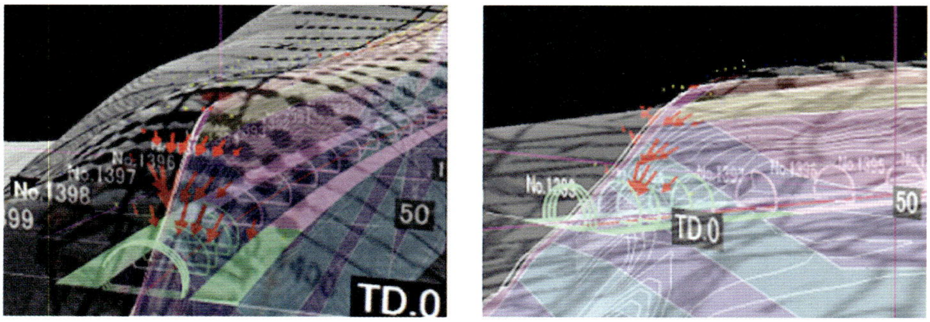

图 4-7　隧道围岩位移计测结果三维示例

2) 三维地质模型的逐次更新系统(SG-ReGrid)

SG-ReGrid 系统可利用施工中前方勘探最新数据快速更新模型,可视化显示临近周边的地质分布,并直接反映在模型中进行数值分析,使决策更加及时。其概念图如图 4-8所示。

3) 地层情报 ICT 平台的整备与运用

作为数字化转型的第一步,日本应用地质株式会社于 2018 年开始着手建立地层情报 ICT 平台(图 4-9),现已开始在企业内部运用。地层情报 ICT 平台汇集了企业内积累的数据

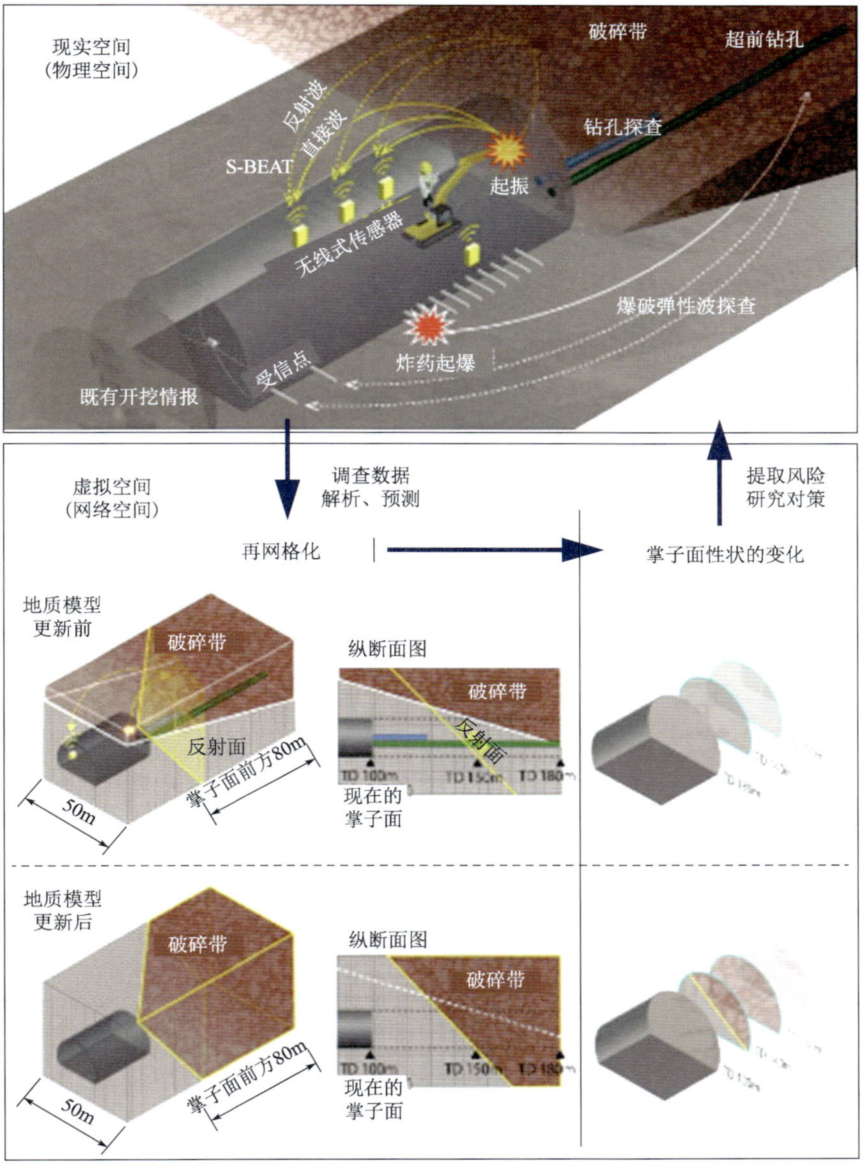

图4-8 SG-ReGrid 概念图

和知识，主要包括业务效率化、企业内部知识/通用数据集成和新业务开拓3个部分，通过融入现有管理系统进行综合管理和运用。该平台已作为项目的效率化、集成化和工作方式改革的核心，同时也成为新业务的创新基础。

该平台包括：

(1)地层三维化技术

指开发及时获取地层情报的三维物理探测技术以及配套的情报三维建模、可视化的技术。传统方法依赖于专业技术人员经验，而地层三维化技术(图4-10)情报更加定量化、更容

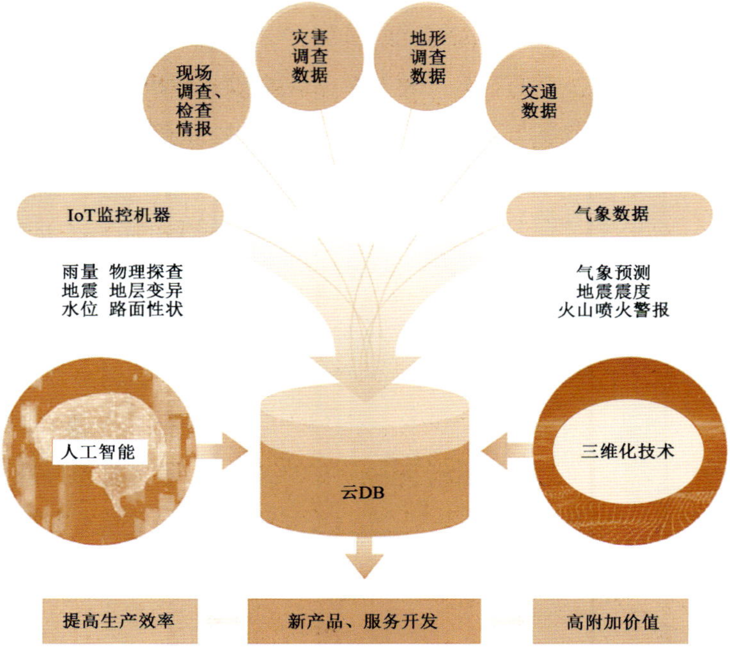

图 4-9　地层情报 ICT 平台示意图

易理解，不仅降低了因经验值产生判断偏差、避免忽视地层潜在风险等，此外还为非专业人员提供利用地层的新机会，创造了新的业务和市场。

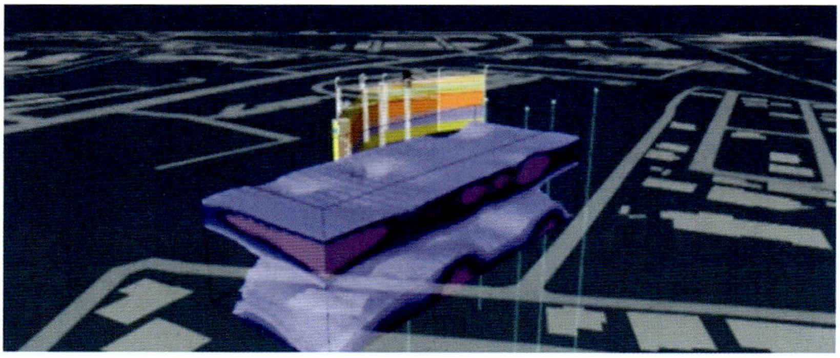

图 4-10　地层三维化技术示意图

(2)地下可视化服务

一般来说，很准确掌握肉眼看不到的地层内部构造。因此，将地层内部三维可视化的“地层三维化技术”备受期待。地层可视化服务(图 4-11)是指在以往的钻探调查信息的基础上，利用电、电磁波、微小振动等物理现象的“物理探测技术”，根据调查得到的数据，对地层内部地层的三维构成进行组合，通过在 3D 模型上显示数据来实现可视化。

a) 雷达探查车

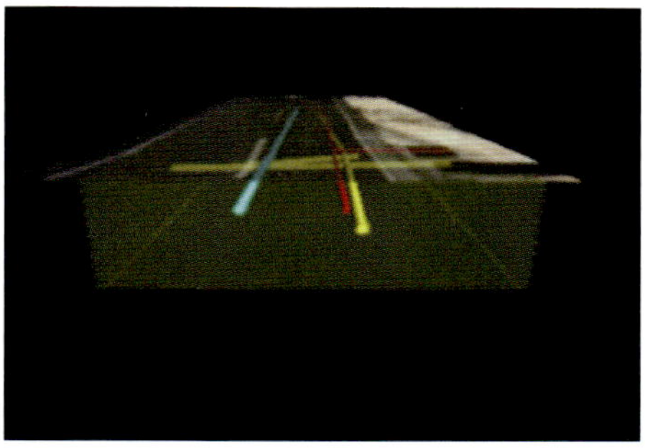

b) 三维可视化的埋设管情报

图 4-11　地下可视化服务

利用三维地下雷达探测车和 AI 解析，将地下基础设施的准确三维位置可视化、地图化。预防地下开挖中的地下基础设施发生损坏事故等。

(3)数字化工作现场

通过地层情报 ICT 平台，收集企业内外的知识与技术，促进业务流程的高效化；全面更新基础系统，强化网络环境，充分利用移动设备；积极推进创造轻松作业的环境和业务整体的数字化。作业现场数字化使现场作业变得更加从容，可以管理分配资源以创造新业务。同时，数字化带来的业务流程变革有助于改善客户服务质量和开发新服务，这些新服务的推出将进一步革新作业现场应对措施，从而加速企业变革。

每天从各地送来的大量样品，需要在短时间内正确实施各种试验，引入 AR(增强现实)和 RFID 标签。实现室内试验的 IoT 化和进展可视化。同时，引入使用 AI 的试验自动化和可远程操作的试验装置等，不断提高试验业务的生产效率。该平台还引入了使用 AR 的试验操作手册，通过数字技术进行技术传承。导入 AR 的可视化如图 4-12 所示。

根据客户的要求不断改良，利用可穿戴式摄像机等在线确认现场的方法(图 4-13)已作为新的现场管理方法。

图 4-12　导入 AR 的可视化

图 4-13　导入可穿载设备的远程现场

4.2 前方调查和地层监测

1) 高精度掌子面前方探查系统(NT-EXPLORER)

该系统是为了提高隧道品质、安全性和消减施工成本,提供实时、高效率、高精度围岩情报的探查方法(图4-14)。包括:

- TDEM:从地表调查有无脆弱带和概略位置。
- TSP:从洞内推定不连续面位置和规模。
- DRISS:从隧道掌子面调查探查对象的准确位置和规模。

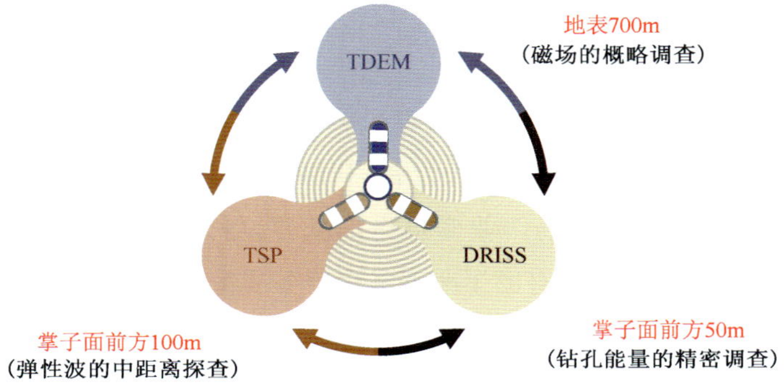

图4-14 NT-EXPLORER系统简介

该系统利用TDEM、TSP、DRISS三个探查方法的优势,根据探查目的提出探查计划。利用企业的丰富经验和人才、机械实现探查成本的降低。最终根据各自的探查结果(物性值)综合评价围岩状态,获得山岭隧道有效的高精度的围岩情报。

以上3个探查方法的组合可获取高精度的情报。探查方法组合示例如图4-15所示。

2) 利用长钻孔的掌子面前方探查系统(Drilling Data Logging System)

掌子面前方探查系统可实现高精度围岩评价,系统构成(图4-16)如下:

- 探查方式:长钻孔。
- 探查距离:掌子面前方60m区间。
- 量测时间:约半天。
- 解析时间:1h30min左右。
- 根据传递到围岩的破碎能量的机械数据和钻孔时的目视观察数据(岩粉的性状、孔口涌水状况等)预测掌子面前方地质状况。

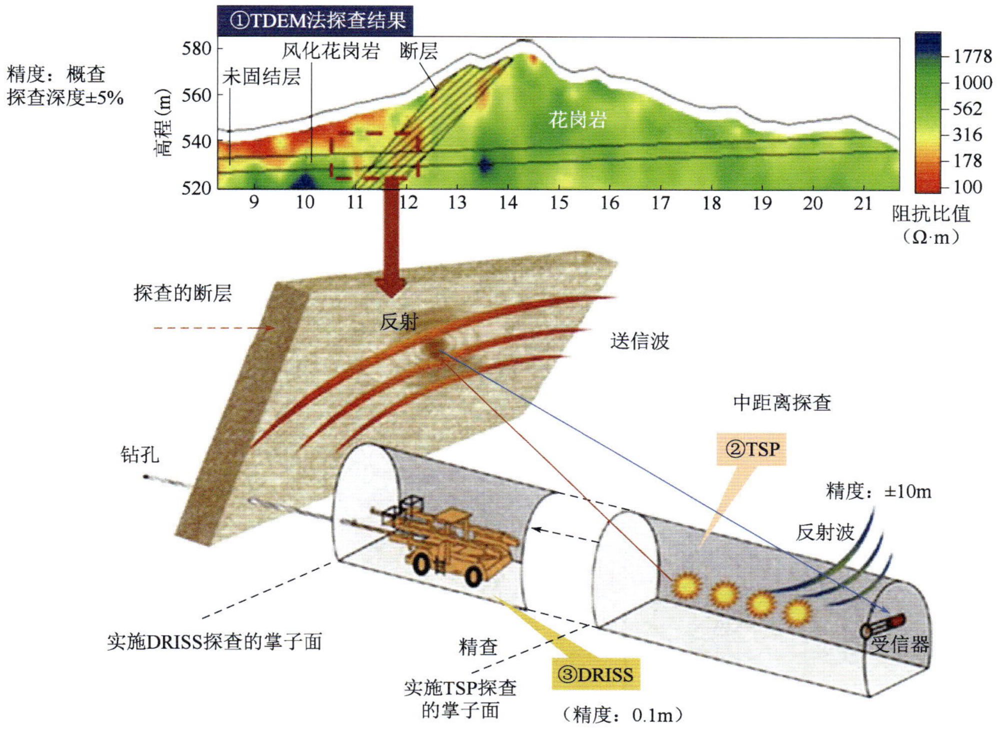

图 4-15　探查方法的组合示例

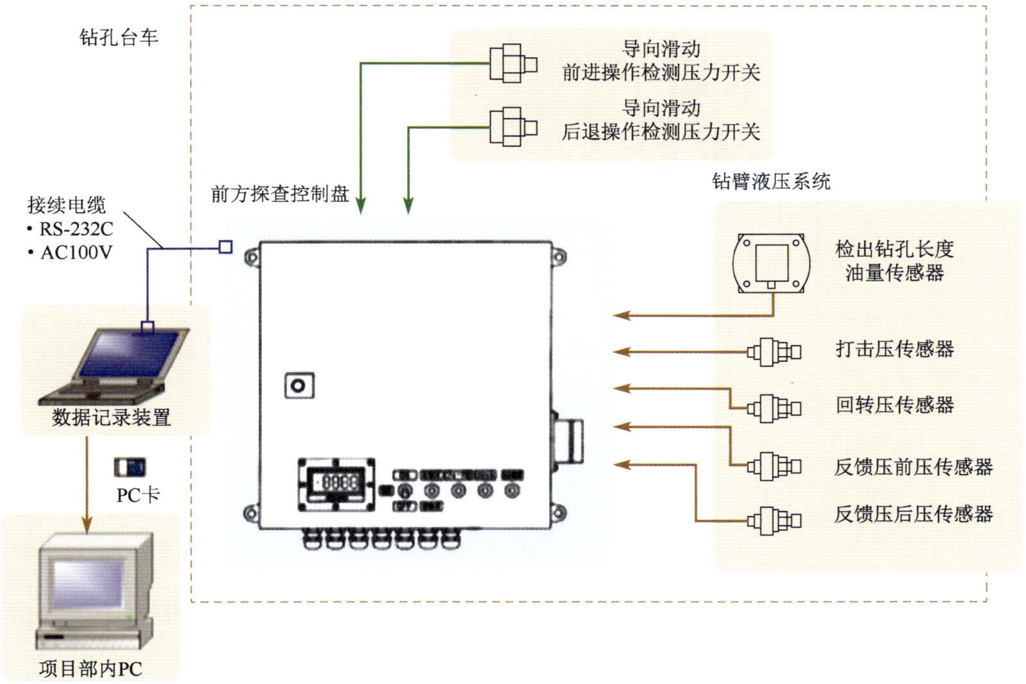

图 4-16　掌子面前方探查系统的构成

围岩评价的输出如图 4-17 所示,其中:

(1)钻孔能量是指围岩的破碎能量,表示单位体积钻孔需要的能量。

(2)打击能量是指钻机发生的能量,与破碎围岩实际的钻孔能量比较时包含钻头的能量损失部分,因此打击能量比实际破碎围岩的能量大。

(3)钻孔速度是指钻孔时钻头推进的速度。

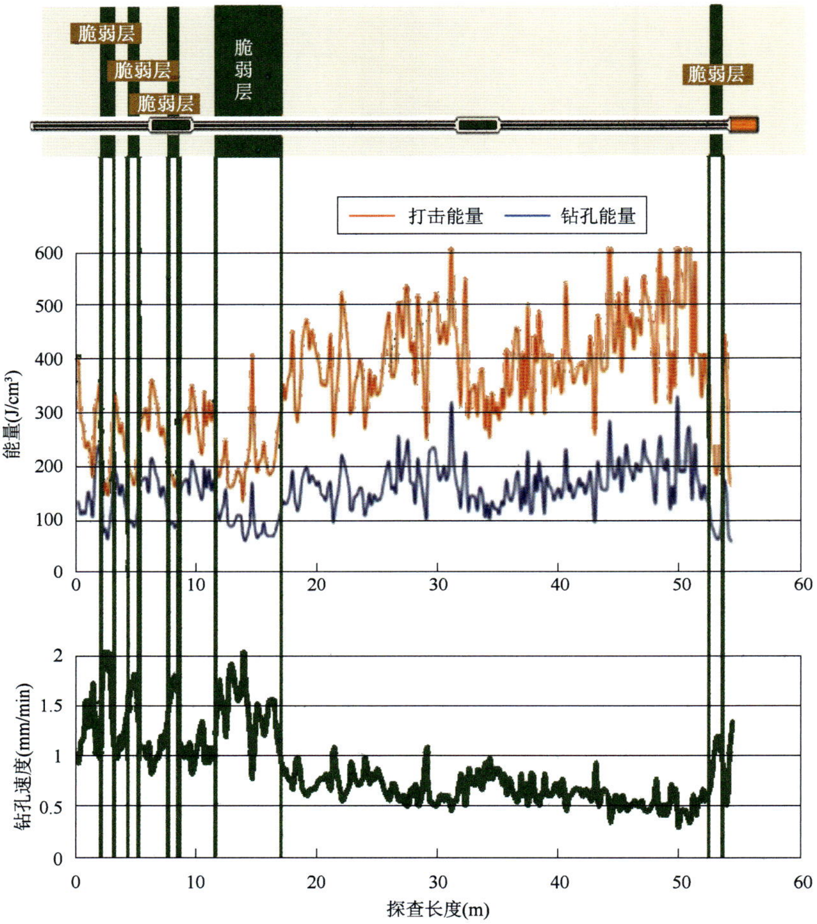

图 4-17　输出示例

利用钻孔能量进行围岩评价,钻孔能量按下式计算:

$$\text{钻孔能量 } E_d(\text{J/cm}^3)=\frac{\text{打击能量 } E_p(\text{J})\times\text{打击数 } N_p(\text{bpm})\times\overbrace{\text{传递效率}(\%)}^{\text{根据打击压力和反馈压决定}}}{\underbrace{\text{钻孔速度 } V_d(\text{cm/min})}_{\text{钻孔速度}}\times\underbrace{\text{孔断面积}(\text{cm}^2)}_{\text{钻头直径}}} \tag{4-1}$$

式中,传递效率 $=\dfrac{\text{钻孔能量}}{\text{打击能量}}$,也可由下式计算:

$$\text{传递效率 } T(\%)=\text{由反馈压决定的钻头面的传递效率}\frac{T_b(\%)}{T_r(\%)}\times\text{钻杆} \tag{4-2}$$

凿岩机产生的能量并没有全部传递到围岩,传递过程中有所损失。钻孔能量的损失比例与给进压力的大小有关。目前的系统都是把凿岩机能量作为钻孔能量来评价,该系统则是基于凿岩机试验数据,输入计算式中,计算传递效率,可求出实际传递到围岩的钻孔能量(图 4-18)。

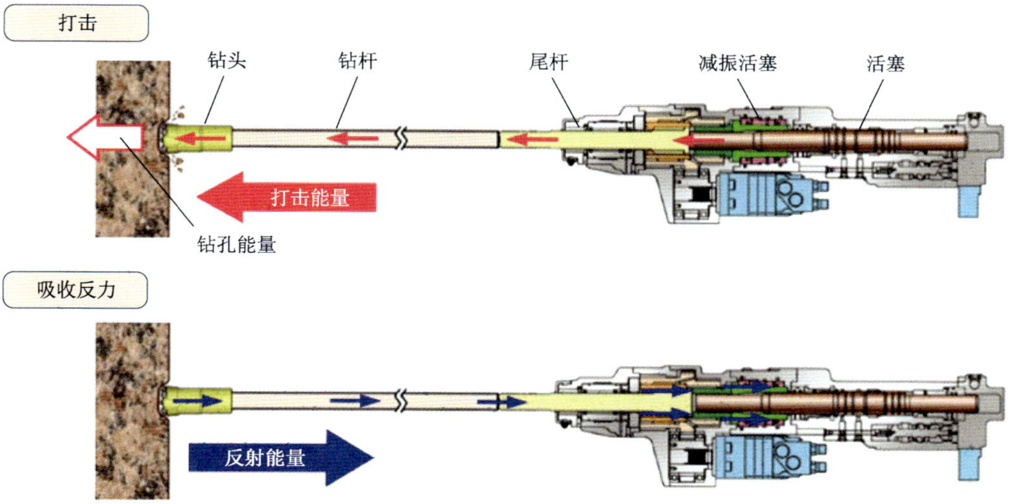

图 4-18　打击能与反射能示意图

掌子面前方探查系统的操作界面如图 4-19 所示。

图 4-19　掌子面前方探查系统的操作界面

解析数据如图 4-20 ~ 图 4-22 所示。

3) 利用爆破为震源的长距离智能化地质探查方法(T-BEP)

大成建设株式会社在 2021 年开发的调查围岩地质构造的弹性波探查方法以隧道爆破为震源,实现了距掌子面前方 350m 范围内的围岩探查,即 Taisei Blast Excavation Prospecting,简称 T-BEP。通过此技术,在不妨碍开挖作业的情况下,可以事先掌握掌子面前方的围岩状况。

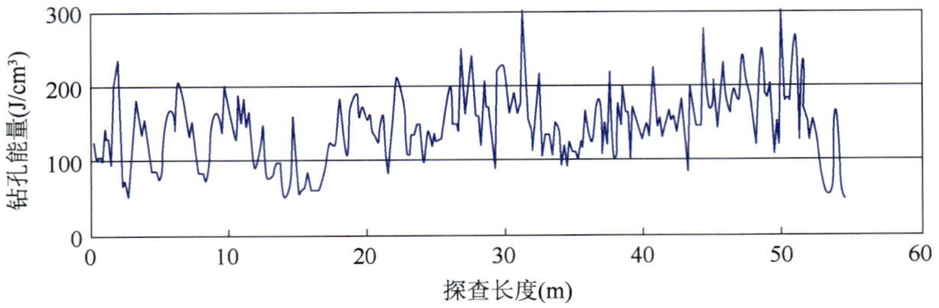

图 4-20　钻孔能量和探查长度的相关关系

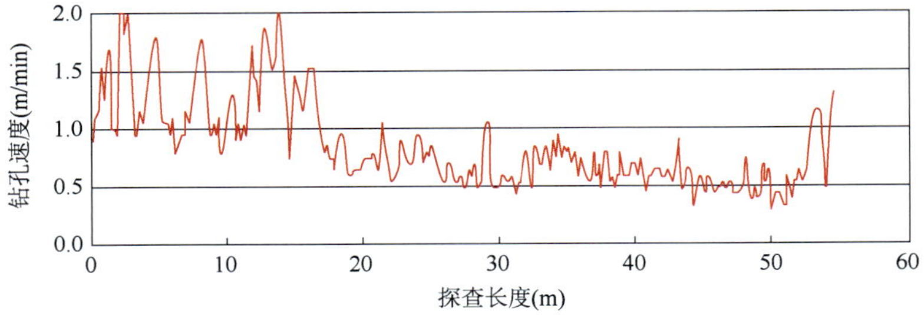

图 4-21　钻孔速度和探查长度的相关关系

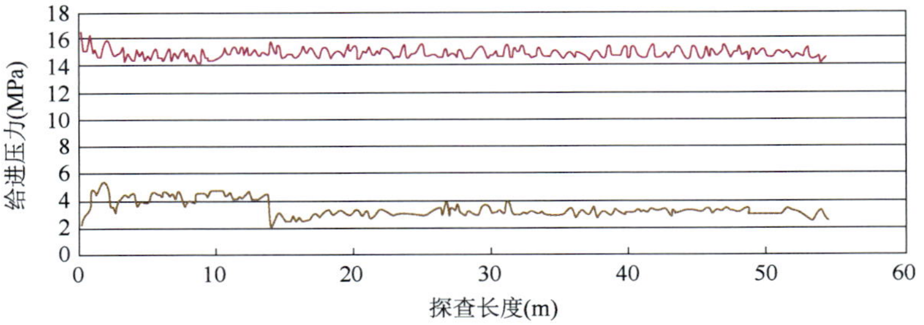

图 4-22　给进压力和探查长度的相关关系

图 4-23 介绍了智能化 T-BEP 探测的概念,该方法具有以下特征:

(1)改良了在孔壁上设置受振器的方法,大幅缩短了量测所需的时间。

在进行围岩探查时,受振器紧贴在孔壁上,将过去以填充砂浆的方法改为用钻臂将受振器固定在孔壁上的机械式方法。使用钻臂固定受振器后,约 20min 就可以开始测定,大幅度地缩短了测定时间。

(2)受振器可以回收、再利用,降低了安装和量测的成本。

传统的振动器在量测实施后很难进行装置回收、再利用,据此可以将安装、量测成本降低约 40%。

(3)专用受振器的开发,提高了围岩探查作业效率和安全性。

采用新开发的无线专用受振器,不需要配线作业,提高了围岩探查作业的效率和安全性。

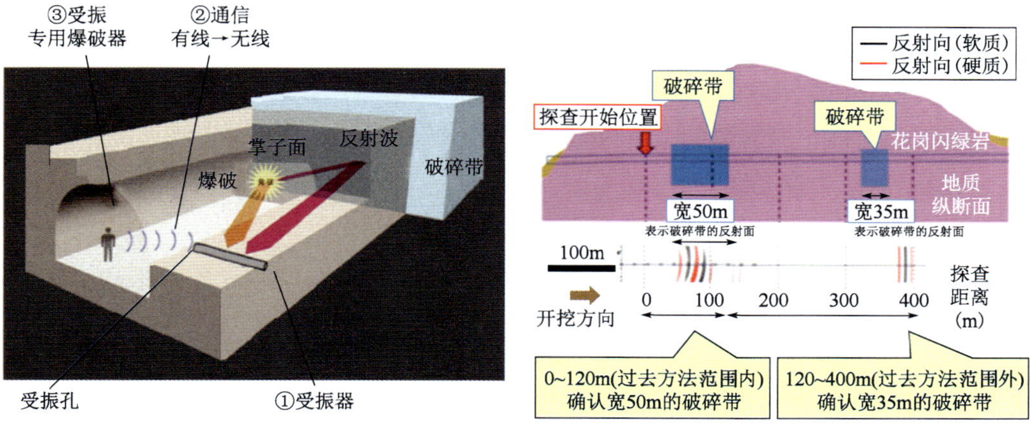

a) 组成　　　b) 探测

图 4-23　智能化探查概念

4) 利用钻孔数据的隧道掌子面前方探查系统

钻孔探查系统是利用液压钻头在围岩上钻孔时得到钻孔数据(钻孔速度、打击压、给进压、扭矩等),可简便、迅速地预测隧道掌子面前方地质状况的系统。

该系统工作流程如图 4-24 所示。

钻孔探查系统如图 4-25 所示,该系统由抑制孔弯曲的专用钻孔工具、量测钻孔数据的传感器和采集设备以及评价模块组成。地质状况的评价中,主要使用破坏能量系数 E_v。同时,考虑钻孔时的观察项目(岩粉性状、钻孔水的颜色、涌水量)。系数 E_v 相当于破坏围岩的液压钻头的能量,一般来说,硬岩情况的值大,软岩情况的值小。本系统通用性高,可安装于任何液压钻上,如旋转式钻头或隧道钻孔台车上。

破坏能量系数根据下式计算:

$$E_v = \frac{E_s \times N_s}{V_d \times A_r} \times \alpha = \frac{\text{液压站的总工作量}}{\text{破碎的围岩体积}} \quad (4\text{-}3)$$

式中:E_v——破坏能量系数;

E_s——液压钻的能量;

N——打击次数;

V_d——掘进速度;

A_2——钻孔面积;

α——修正系数。

钻孔探查系统有以下特征:

(1)利用钻孔台车能够探查掌子面前方 30 ~

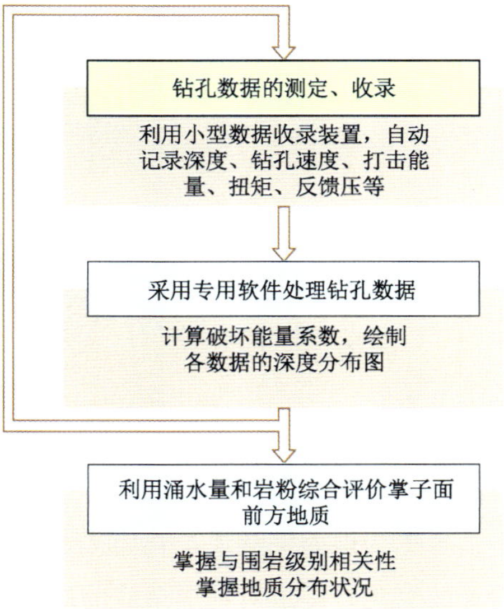

图 4-24　钻孔探查系统流程

50m,测定时间2～3h。

(2)利用专用钻孔工具能够控制孔的弯曲。

(3)使用专用的削孔工具,可以抑制孔隙弯曲。

(4)接长钻杆时记录装置的停止和重新开始操作可实现自动化,只需操作开始和结束即可进行量测和记录。

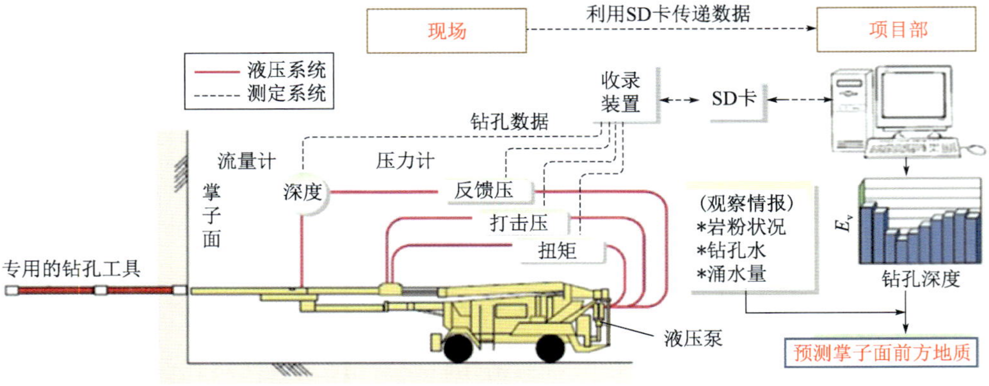

图4-25　钻孔探查系统示意图

5)地层四维监测系统

日本应用地质集团(OYO)研发的地层四维监测系统可实现从地层三维探查到四维监测的转变,实时捕捉伴随施工进展的地层变化,保证项目施工安全。

四维监测系统是在地层三维实时微动图上添加时间轴,实时捕捉地层变化的四维微动监测技术。它并不使用传统地层监测技术中间隙水压计和地中位移计等点数据,而是采用地表观测在三维空间中掌握地层的变化数据。其装置如图4-26所示。

图4-26　地层四维监测装置

根据当地条件隧道及其周边地区在地表安装振荡器,对隧道开挖中的地层S波速度进行连续监测。隧道对地层造成的影响可以通过读取S波速度的变化感知,如果实时捕捉到地层的严重变化,就能尽早采取对策,将损害降至最低。

以隧道开挖前地层的 S 波速度为初始值,系统中显示了隧道开挖时 S 波速度的变化。隧道开挖通过设置了振荡器的区域时,地表 S 波速度的变化即反映地表的变化。通过实现三维空间中地下空间的变化可视化,不仅可以推测隧道正上方的地层变化,还可以推测此变化对其周边的影响。四维监测系统工作原理如图 4-27 所示。

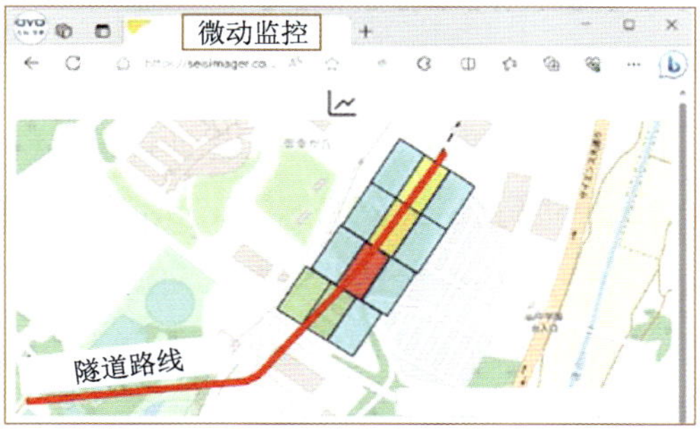

a) 速度值的实时表示

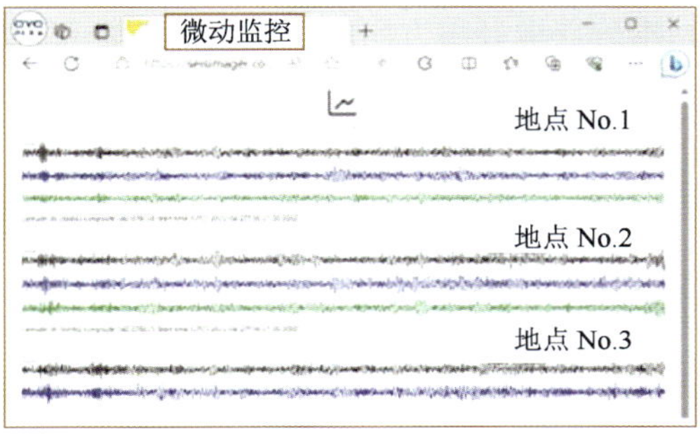

b) 观测波形表示

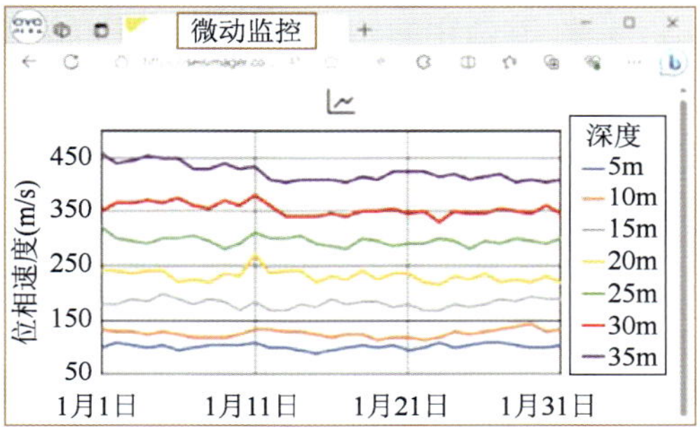

c) 不同深度的速度变化表示

图 4-27　四维监测系统工作原理

四维监测系统观测到的波形数据实时自动上传到云端,在专用网站上可以通过地图和图表即时查看确认随深度变化的 S 波速度变化(图 4-28)。

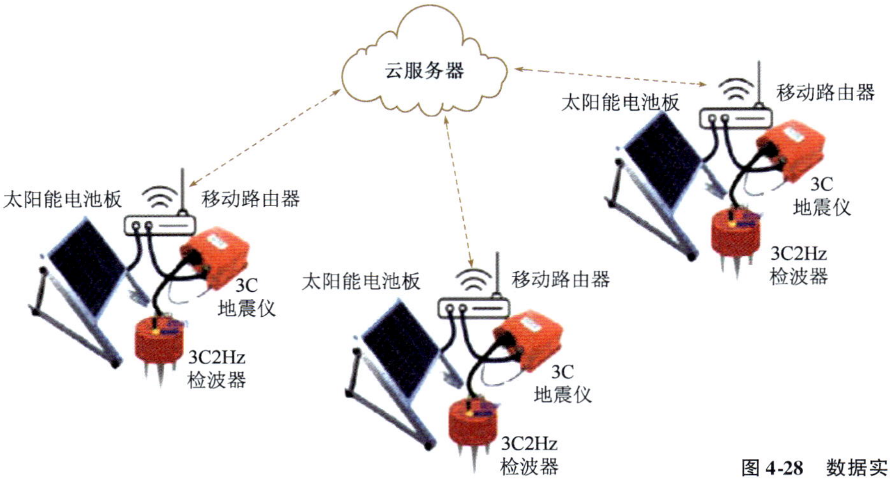

图 4-28　数据实时上传

4.3 掌子面围岩可视化

1）水平孔内观察机械手数据的可视化

山岭隧道施工中，为掌握掌子面前方的围岩状况，多实施水平方向的钻孔取芯和无芯钻孔进行探查。钻孔取芯是用专用机械采取岩芯试件进而获得高精度的地质情报；而无芯钻孔一般用通用机械的液压凿岩机进行，不采取岩芯，基于钻孔速度和钻孔能量判定围岩的软硬、检出脆弱区间。无芯钻孔的钻孔探查比钻孔取芯工期短、价格低。但钻孔速度和钻孔能量受到风化变质和裂隙状况的影响，判定精度比钻孔取芯差。为提高无芯钻孔探查的可靠性，结合孔内观察和孔壁展开图使钻孔内的可视化效果显著。

为此，开发出手动插入简易的孔内相机，实现钻孔长度50m以内的无芯钻孔探查的可视化。近年来，其适用的钻孔长度已超过80m以上。准确获取裂隙方向的孔壁展开图是有效的，但为绘制展开图需要相机能够定速移动。因此，以80m以上的孔内观察和绘制孔壁展开图的孔内可视化为目标，开发了在水平钻孔内能够定速走行的自行式孔内观察机械手（图4-29）。

（1）前方探查孔内观察效果

无芯钻孔探查和孔内观察评价围岩性状和状态见表4-1。

无芯钻孔探查和孔内观察的评价项目　　表4-1

评价项目（围岩性状、状态）	①无芯钻孔探查	②孔内观察	①②的组合
围岩软硬	○	×	○
风化变质	△	○	○
裂隙频率	△	○	○
裂隙状态	△	○	○
围岩自稳性	×	○	○
涌水地点和量	△	○	○
水的劣化	×	○	○
不连续面方向	×	○	○

注：○-较好；△-适中；×-较差。

无芯钻孔探查根据围岩软硬预测围岩级别和最佳支护模式可推定抗压强度和围岩强度应力比，但复合风化变质和裂隙频率、裂隙状态（开口宽度和有无夹持物）等仅利用钻孔速度和钻孔能量判别尚有困难；涌水地点的涌水量可通过量测孔口流出的水量确定，但其详细位置及涌水量还不能求出，目前仍是通过孔内观察，根据孔壁状态采用目视方法确认风化变质、裂隙频率、裂隙状态，涌水地点和涌水程度、水对围岩的劣化等；坑壁的场合不连续面的开口能够识别不连续面的方向。可见，无芯钻孔探查的力学围岩评价与孔内观察的围岩视觉评价相结合，可提高掌子面前方探查的可靠性。

采用无芯钻孔探查的结果和简易的孔内相机(图 4-30)摄影的孔内图像的比较的示例如图 4-31 所示。无芯钻孔探查中,考虑给进压对钻孔速度的影响,用正规化钻孔速度比来评价围岩的软硬。其结果,总体上评价围岩为 C_{II} 级(C_{II} 级是公路隧道的围岩级别)。孔内观察结果是在 5m 地点确认破碎质砂岩处于破碎而风化的状况;17m 地点的砂岩是处于茶褐色的风化变质状态;27m 地点确认为黏土和夹有裂隙的茶褐色页岩;无论哪个地点的正规化钻孔速度比均为上升的;38m 地点确认是均质而自稳的孔壁,软质但裂隙少的自稳性围岩。可见,虽评价相同,但其特征存在很大差异。

图 4-29　自行式孔内观察机械手

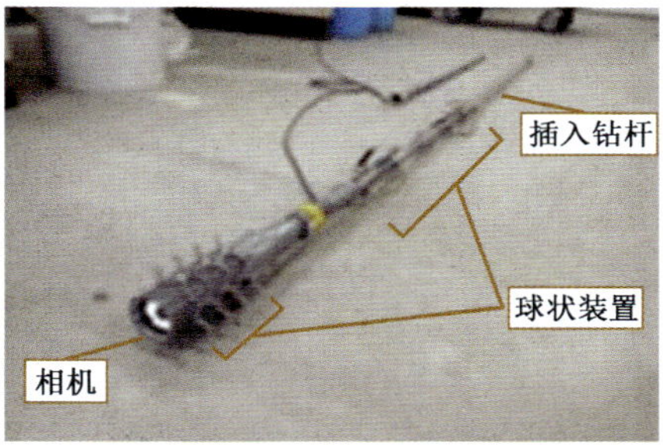

图 4-30　简易孔内相机

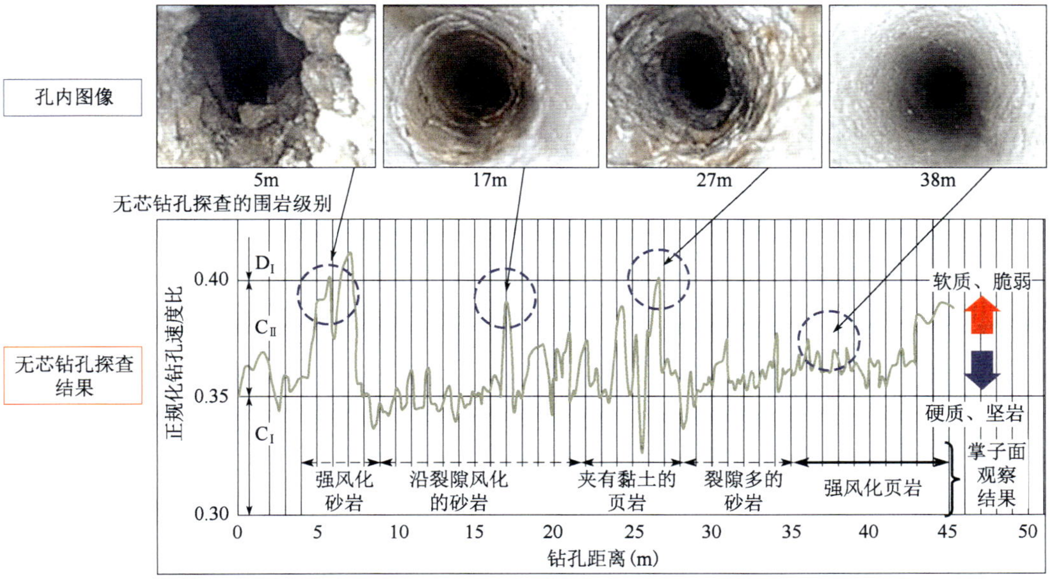

图 4-31　孔内图像和无芯钻孔探查结果比较

(2)自行式孔内观察机械手

孔内观察机械手和周边机器的洞内配置如图 4-32 所示。机械手和电缆的插入状况如图 4-33 所示。孔内观察机械手的规格见表 4-2。此外,孔口要设置测长器量测走行距离。车体的主要尺寸是长 1194mm,宽 70mm,高 74mm,能够在 ϕ85mm 的孔内走行。车体的构成包括发光二极管(LED)照明、相机、驱动轮、从动轮等。通过电缆与洞内控制箱连接,一边确

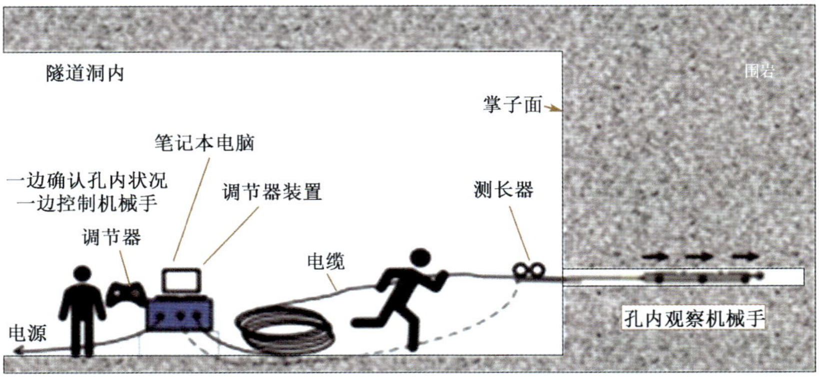

图 4-32　孔内观察机械手和周边机器的洞内配置示意图

孔内观察机械手规格　　表 4-2

项目	规格
车体主要尺寸	长:1194mm;宽:70mm;高:74mm
车体构成	持有 LED 照明的相机;驱动轮(2 轴)、被动轮(1 轴)
走行机构	无轨方式
搭载传感器	倾斜计、方位计
孔内状况表示	孔内影像、走行距离,孔内观察机械手态势
走行距离的量测	用设置在孔口的测长器量测
可能影像的修正	视滚子角值表示回转修正
牵引力	考虑自重和电缆牵引荷载、流水阻力
防水性能	与 IPX7 相当
移动速度	5～7.5m/min
数据保存	笔记本电脑保存孔内影像和数据(时间、走行距离、机械手态势)

认可能状况一边控制机械手的走行。孔内摄像和时间等数据保存在笔记本电脑中,如图 4-34、图 4-35 所示。

图 4-33　开口处的机械手和电缆的插入状况

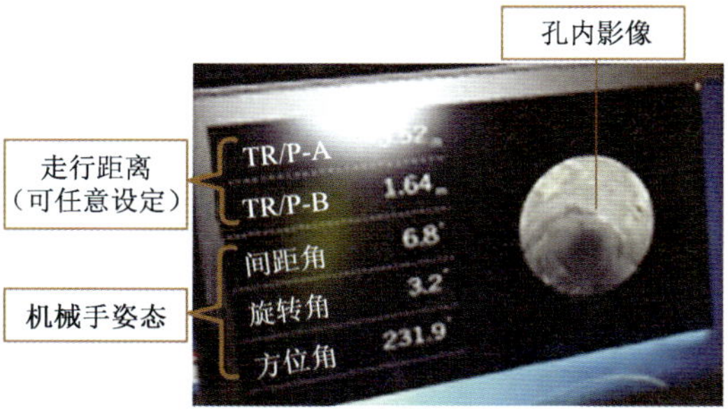

图 4-34　调节器的显示屏界面(电子存储终端)

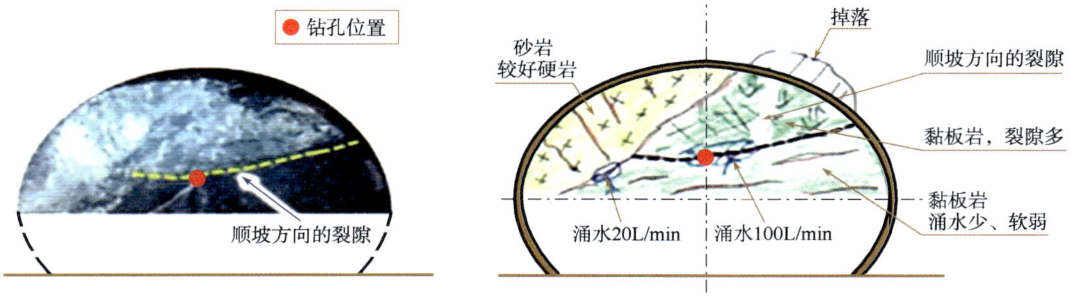

图 4-35 4.9m 处的掌子面照片和掌子面素描

(3)现场施工

①无芯钻孔探查

a. 孔内观察状况

在孔内几乎充满水的环境下，观察机械手保持 5m/min 速度移动。孔口(0m)和距孔口 1.4m 地点处凹凸小，孔壁良好；距孔口 4.9m 处，有裂隙空气流入，此裂隙在掌子面观察中亦可确认；距孔口 6.5m 处孔壁凹凸不平，孔壁和孔内观察机械手接触，导致机械手无法前行。0m、1.4m、4.9m、6.5m 处无芯探查孔摄像如图 4-36 所示。

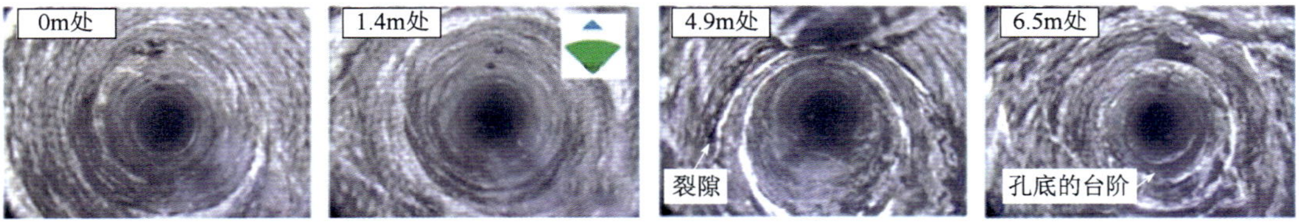

图 4-36 无芯探查孔摄影的孔内状况

b. 中长无芯钻孔探查和孔内观察比较

距无芯钻孔探查孔口 10m 处的钻孔数据（钻孔速度、送水压、能量指标值）如图 4-37 所示。能量指标值是根据钻孔速度和送水压计算求出，值越大表示围岩越硬。根据能量指标值可推定围岩级别。上例中，根据孔内摄像，4.9m 处确认有裂隙，此裂缝未影响钻孔数据。掌子面评价结果判定该区间围岩为 C_{II} 级，无须变更支护模式。

②钻孔取芯

隧道中实施钻孔取芯，其目的是确认岩芯观察得到地质情报，并根据与孔内观察及孔壁展开图的整合，孔内观察采用孔内观察机械手。

a. 钻孔的详细数据

钻孔内径为 101mm；岩芯直径为 45mm；地质为硬质燧石；围岩级别为 C_I；涌水量为 $0.12m^3/min$；钻孔方向为向左 3°方向钻孔。

b. 孔内观察状况

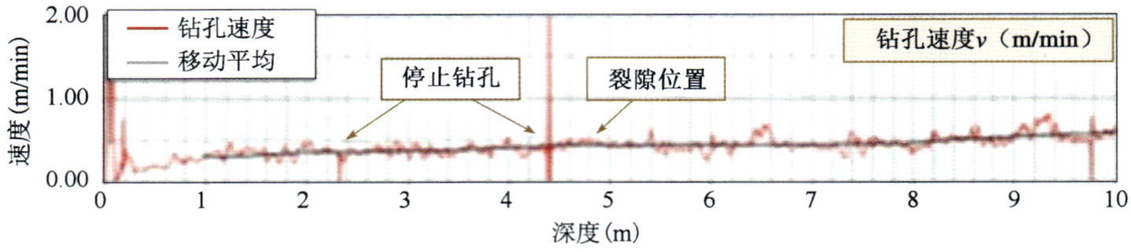

a) 上段：钻孔速度

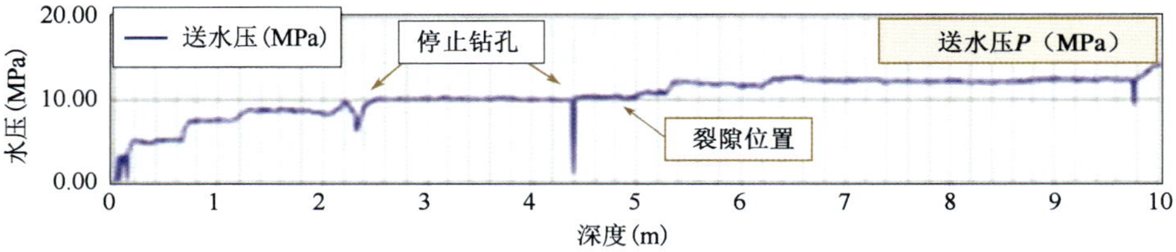

b) 中段：送水压

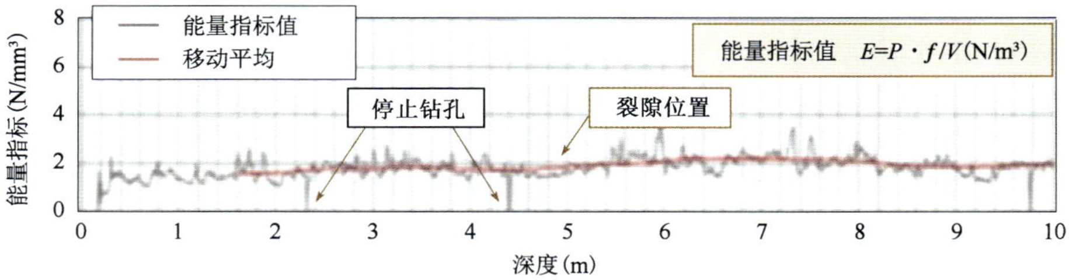

c) 下段：能量指标值

图 4-37　10m 处的钻孔数据

图 4-38 表示孔内观察状况。孔内 90% 断面充满水，但机械手能够以 5m/min 速度走行。根据水质调查结果，涌水含有铁成分，含有铁成分的涌水让壁面一部分变色。距孔口 20m 处有连续的开口宽度 10mm 的裂隙，26m 处有开口宽度 30 ~ 40mm 的裂隙并有水涌入。

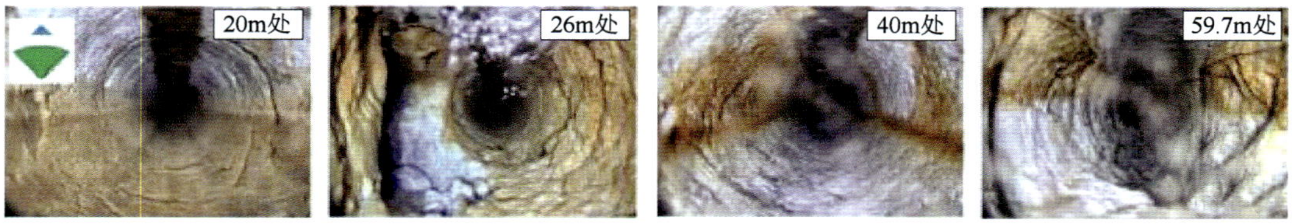

图 4-38　取芯钻孔摄像的孔内状况

孔内观察需要的作业时间合计约 26.5min，准备和收尾时间合计 1 ~ 1.5h。

c. 孔壁展开图和钻孔调查比较

图 4-39 表示孔壁展开图的编制方法。将摄影获取的孔内图像按环形分割为 16 个分块，并按几何学变换为正方形顺序排列绘制展开图。

裂隙的走向、倾斜的计算方法如图 4-40 所示。

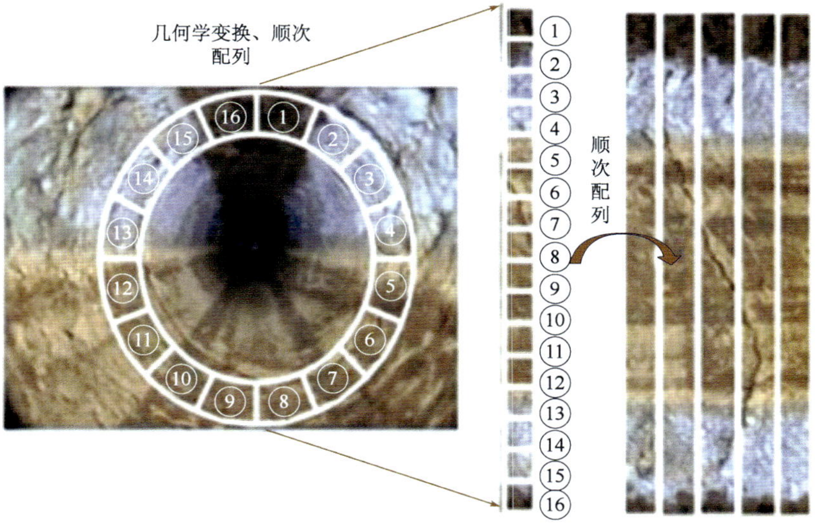

a) 孔内图像(前方看)　b) 部分孔壁展开图　c) 孔壁展开图

图 4-39　孔壁展开图的绘制方法

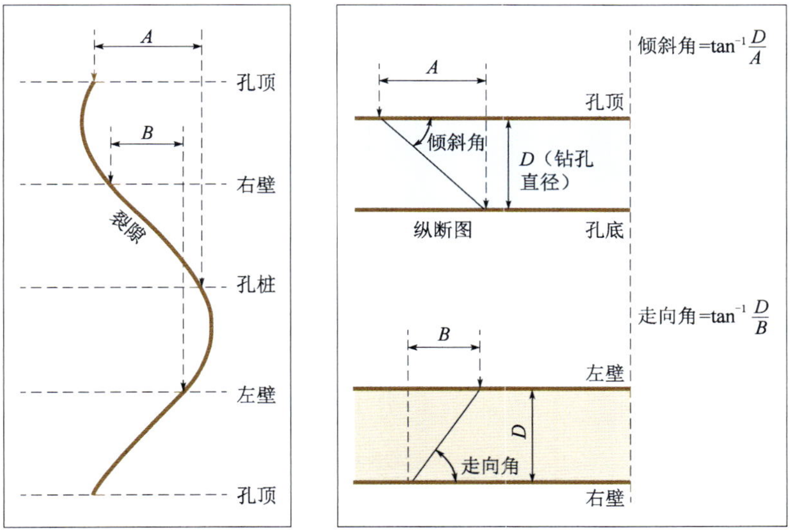

a) 孔壁展开图　b) 横断图

图 4-40　走向、倾斜计算方法

钻孔调查结果案例与深度 7～11m 区间的岩芯照片和孔壁展开图的比较结果如图 4-41 所示。

钻孔调查结果案例与深度 30～34m 区间的岩芯照片和孔壁展开图的比较结果如图 4-42 所示。根据比较结果可计算裂隙的走向、倾斜情况。

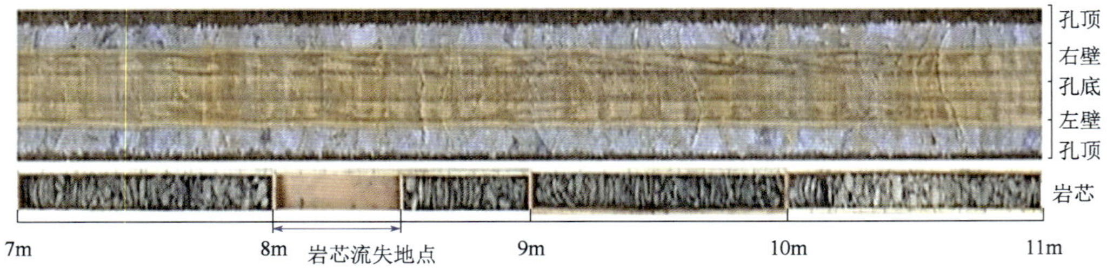

图 4-41 深度 7～11m 区间的岩芯照片和孔壁展开图的比较

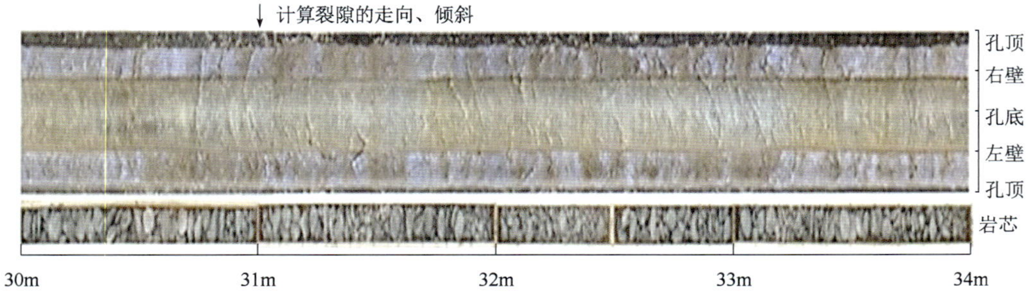

图 4-42 深度 30～34m 区间的岩芯照片和孔壁展开图的比较

2) 基于隧道掌子面前方探查的三维可视化

(1) 三维可视化系统概况

三维可视化系统根据获得的网络硬盘录像机(NVR)数据,用三维轮廓图表示隧道纵向、横向及平面方向的各断面的组合。

三维可视化系统的空间补间区域如图 4-43 所示。空间补间区域是包括前方探查区域,在纵向、横向及平面方向能够任意设定的区域。

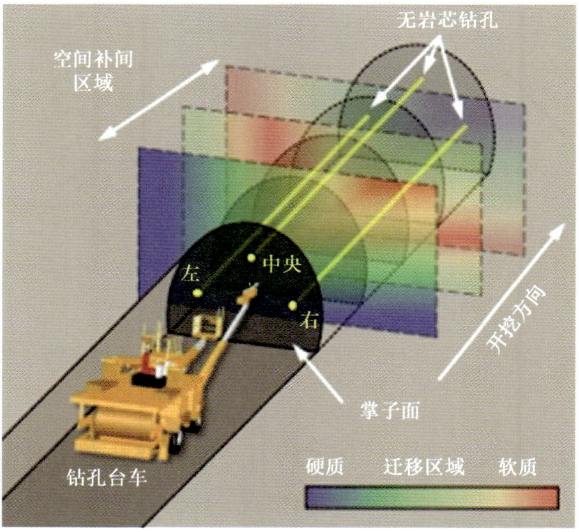

图 4-43 空间补间区域

NVR 的轮廓表示了围岩的软硬，软质岩呈温暖色，硬质岩用寒色表示，中间是迁移区域。

将输出的 3D 轮廓间隔设定为 10m，图 4-44 的空间补间区域最靠近的 3D 轮廓是开挖 10m 后，预测掌子面出现软质岩，此软质岩将持续出现 10m 以上，预测向左迁移。

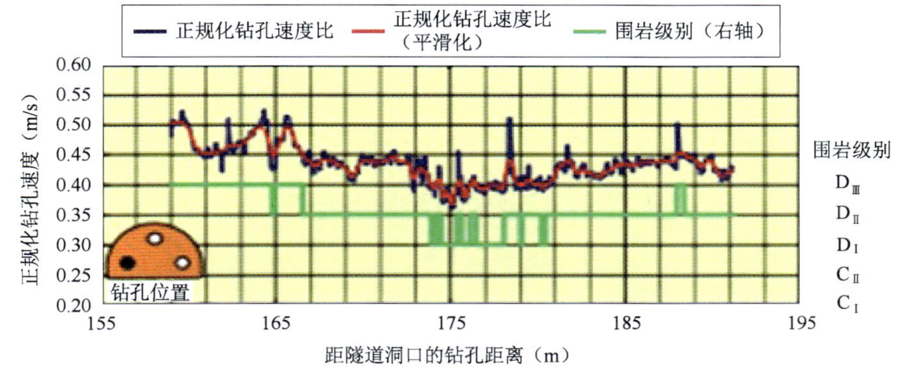

a) 钻孔位置：左侧

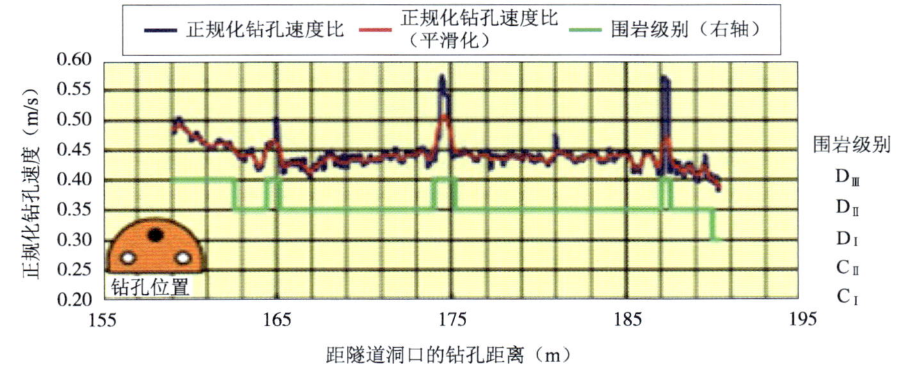

b) 钻孔位置：中央部分

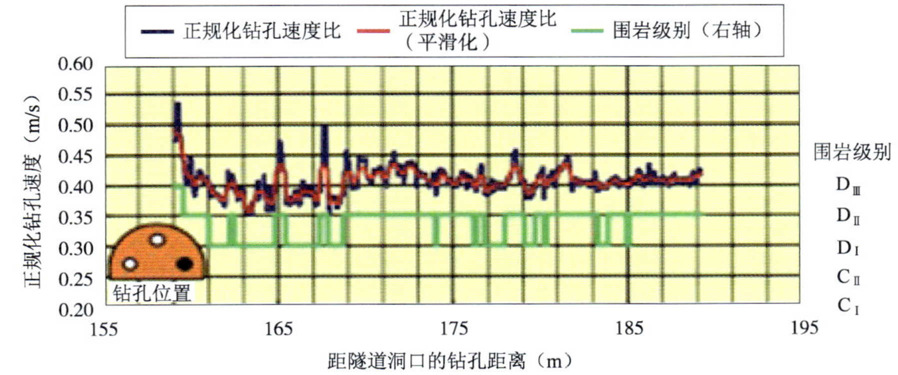

c) 钻孔位置：右侧

图 4-44　前方探查结果示意图

(2)三维可视化系统试行

以某隧道工程为例,地质以安山岩溶岩为主,局部夹有破碎质溶岩及凝灰角砾岩、凝灰质砂岩。地质纵断面图中,多为 D_{I} 级围岩,地质良好部分是 C_{II} 级围岩,距洞口 100m 左右是 D_{I} 级围岩。

在掌子面前方围岩的 30m 区间进行 3 孔的钻孔探查[图 4-44a)],获得黑色的折线图和红色的折线图。据此求出的绿色折线图,即围岩级别的预测结果。此结果可视化后输出的轮廓图(图 4-45)。从视觉上很容易判定预测的软质岩等不良围岩部分,易于开挖作业人员掌握。

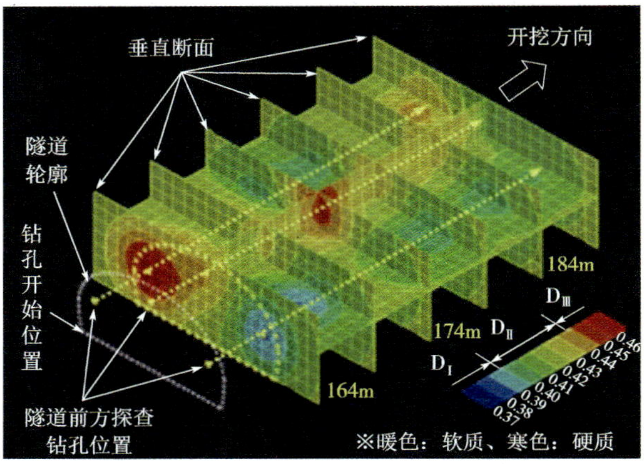

图 4-45　隧道前方探查的 3D 轮廓图

现场探查结果可有效地应用于以下场合:

①用于开挖作业的安全管理

通过 3D 轮廓图很容易直观上判定掌子面前方围岩的不良部分和围岩级别。增加前方围岩的 3D 轮廓图的垂直断面数,细化设定轮廓图的阈值,可获取更详细的可视化图像。图 4-46表示通过 3D 轮廓图和掌子面照片的 3D 轮廓图判定掌子面前方围岩开挖区域的软硬状况。现场的软质岩部分,风化和黏土化的可能性大,同时开挖作业中围岩崩落的风险也高。图 4-46 所示 3D 轮廓图中可清晰预见围岩的软质部分,提高后续生产的效率和施工安全性。

②有助于支护选定

用 3D 轮廓图的颜色阈值配合围岩级别表示支护模式的变更。图中颜色边界就是基于围岩级别支护模式变更的地点。当重复断面间隔调整到 5m 后,掌子面前方围岩的支护变化点更容易表示。垂直断面的 3D 轮廓图输出和掌子面照片见图 4-47,围岩分布垂直断面的左侧为 D_{III} 级围岩,右侧为 D_{I} 级围岩,两者之间为 D_{II} 级围岩的倾向与掌子面露出确认的级别大致吻合,可作为前方围岩的支护模式的判断依据。

未来,钻孔台车获得的数据能够适应三维可视化系统。因为钻孔台车的数据是与钻孔坐标一并记录的,导入比较容易。此外,锚杆孔的钻孔数据与前方探查获得的围岩预测情报组合起来,会补充前方探查更多的情报量,有助于提高前方探查的精度。因此,把三维模型的施工数据的管理,导入 3D 轮廓图,也有助于施工数据的积累和理解。

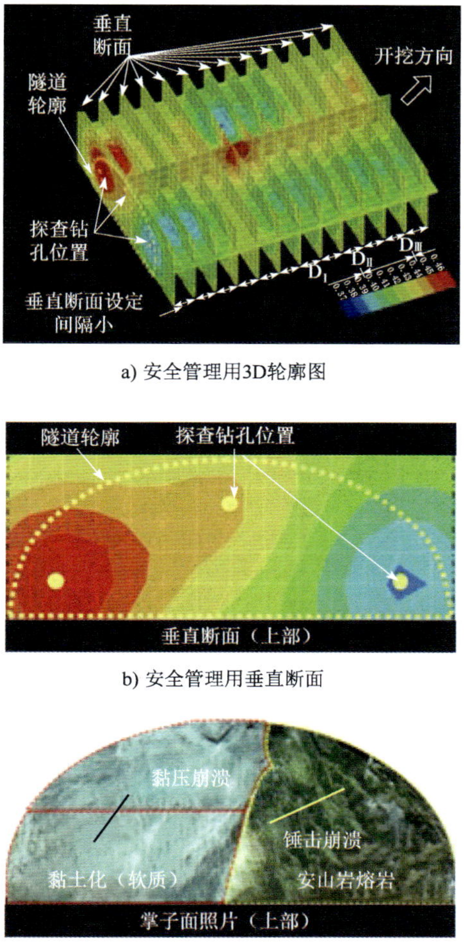

a) 安全管理用3D轮廓图

b) 安全管理用垂直断面

c) 安全管理用掌子面照片

图 4-46　3D 轮廓图(开挖安全管理用)

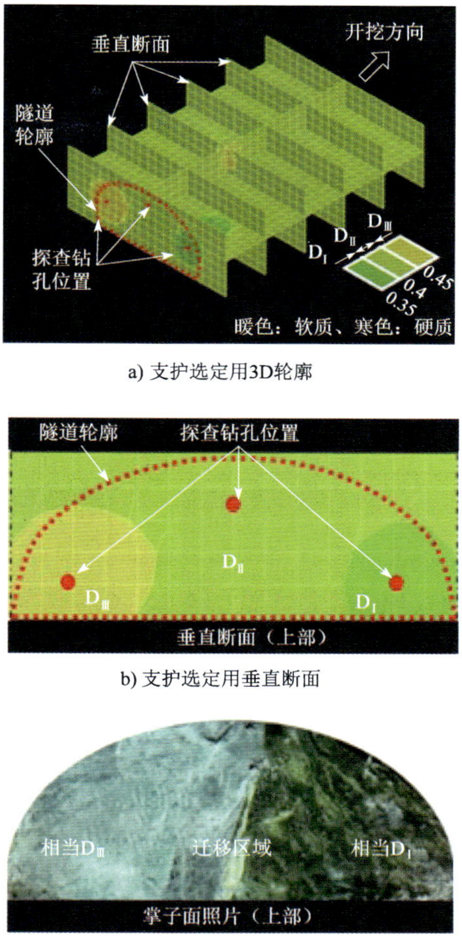

a) 支护选定用3D轮廓

b) 支护选定用垂直断面

c) 支护选定用掌子面照片

图 4-47　3D 轮廓图(支护选定用)

3)地质实时可视化系统

山岭隧道中,施工中完全掌握掌子面前方的断层和掌子面状况是很困难的,至今掌子面崩塌和掉块灾害等事故仍未得到彻底消除。鉴于此,鹿岛建设株式会社开发出可对掌子面前方 5m 的地质状况完全可视化的智能掌子面监视系统。

系统采用掌子面照片的图像解析预测崩塌危险和采用计算机钻孔台车的钻孔数据实时预测前方地质的解析技术组合,掌子面的崩落危险度实时可视。该系统示意如图 4-48 所示。

(1)自动、实时高精度定量评价地质状况

智能掌子面监视系统由掌子面图像解析的掌子面崩落危险度评价系统(图 4-49)、钻孔

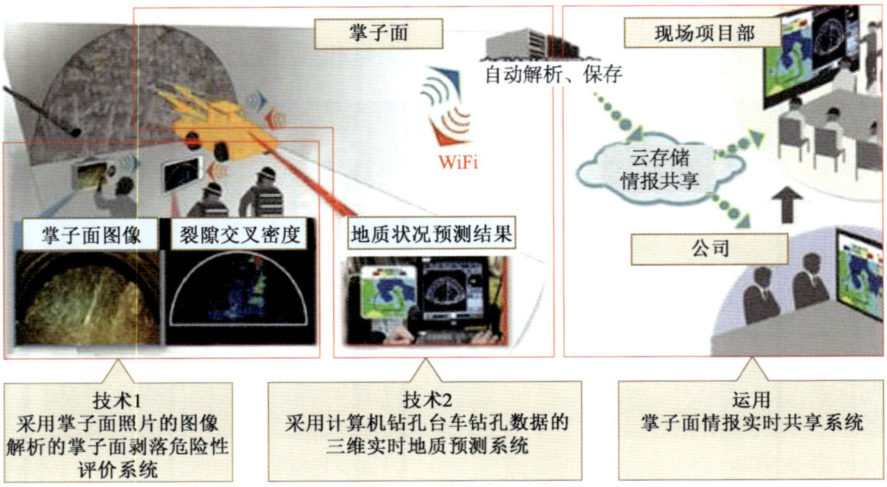

图 4-48　智能掌子面监视系统示意图

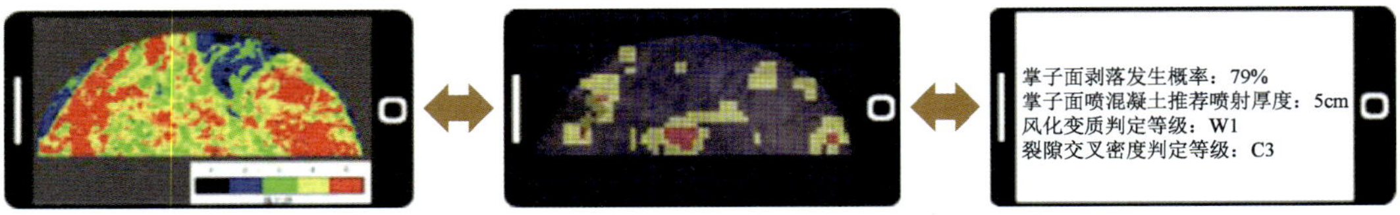

a) 风化度分布　　b) 裂隙交叉密度分布　　c) 基于风化度和裂隙交叉密度的剥落危险度定量评价系统

图 4-49　掌子面图像解析的掌子面崩落危险度评价系统

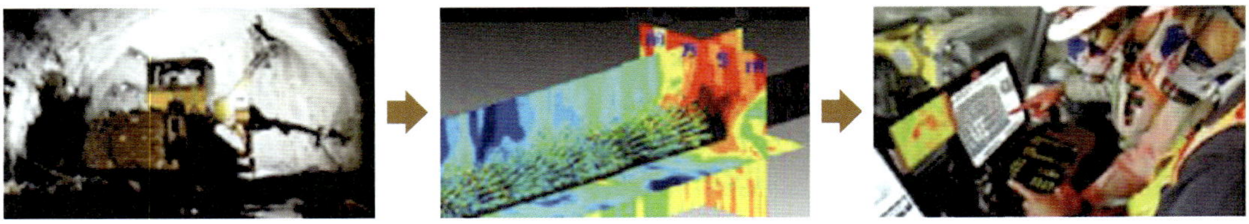

a) 计算机钻孔台车状况　　b) 前方预测　　c) 解析结果确认

图 4-50　计算机钻孔台车上的钻孔数据的三维地质预测系统

台车上的钻孔数据的三维地质预测系统（图 4-50）以及在现场、项目部和公司间数据共享的云系统构成。

解析时间分别为 10s 和 1min，解析结果经掌子面、现场办公室、公司同步确认。据此，以掌子面的崩落危险度来指导掌子面喷混凝土的施工，并判定掌握掌子面前方和隧道周边地质状况，迅速判断采用的辅助工法，大幅度提高了隧道开挖的安全性。

（2）采用适宜对策，提高安全性

①掌子面喷混凝土防止掉块

基于此评价系统，视围岩状况，实时提示在适宜时间掌子面喷混凝土，提高掌子面的安全性。

图 4-51　掌子面解析结果实时确认

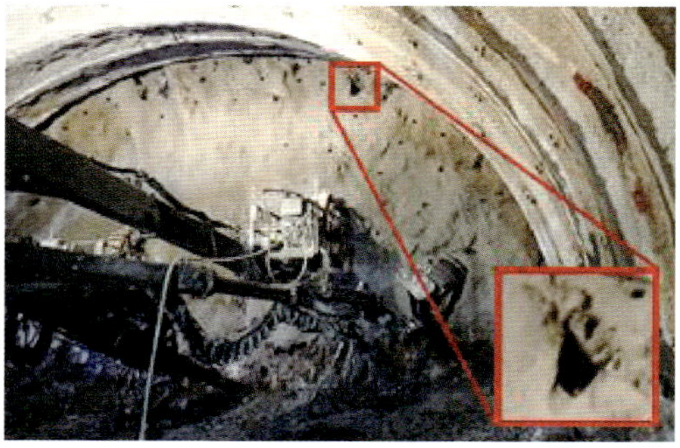

图 4-52　收集钻孔时的崩落数据的照片

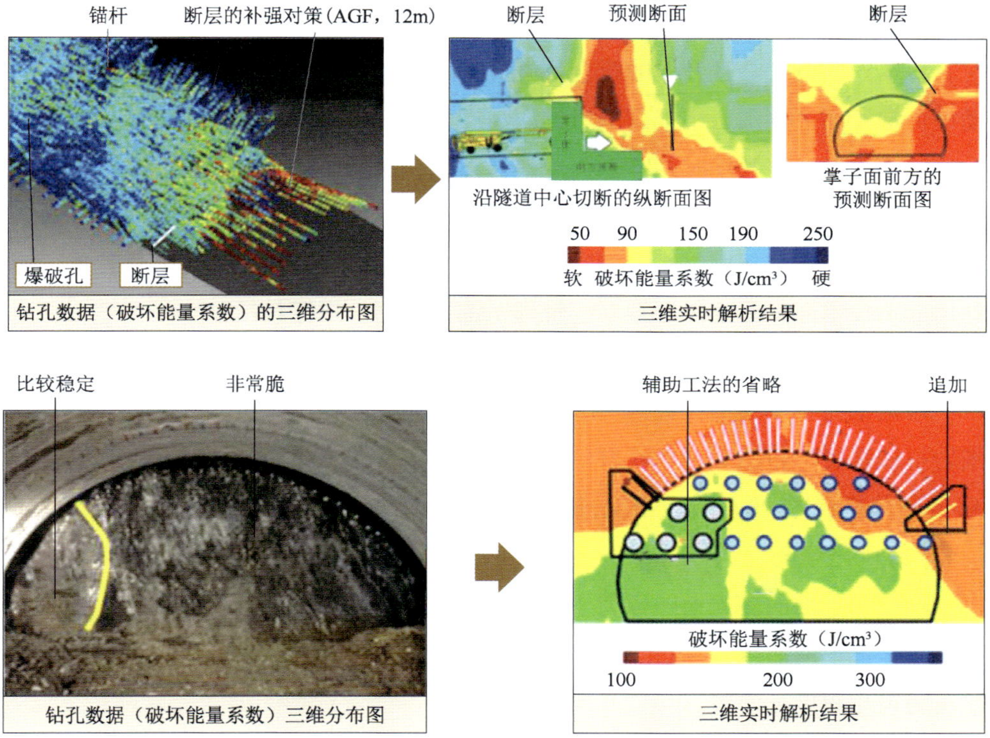

图 4-53　钻孔数据(破坏能量系数)三维分布图和地球统计学解析结果

a. 根据掌子面图像解析(图 4-51)定量评价掌子面围岩的风化度和裂隙交叉密度。

b. 利用约 400 张以上的掌子面照片和崩落状况(图 4-52)的数据库,定量评价崩落危险度。

c. 根据确认的解析结果,在掌子面上施喷适宜厚度的混凝土,防止掉块。

②迅速判断适宜的辅助工法,防止围岩崩塌事故

高精度、可视化有助于确认掌子面前方及隧道周边 5m 的地质状况,有利于及时掌握断层和软弱带,同时采用辅助工法防止发生崩落。

a. 根据爆破和锚杆孔的钻孔数据,获取围岩软硬的指标即破坏能量系数。

b. 在地质预测及可视化中,利用反映地质分布的地球统计学的空间补正方法,能够进行

高精度预测。

c. 通过实现解析变量的最佳化，使掌子面前方和隧道周边 5m 内的地质状况实现高精度可视化，见图 4-53。

4.4 围岩评价

1) 掌子面观察的围岩评价

山岭隧道在事前阶段的调查中，因为正确掌握计划地点的地质状况有困难，多在隧道开挖时直接观察掌子面评价围岩，视其状况确定最佳的支护模式。

日本安藤株式会社开发的统合型开挖管理系统，其中掌子面围岩情报获取系统能够自动评价掌子面主要围岩情报的围岩抗压强度、风化程度、裂隙间距。

该系统把隧道开挖时的掌子面观察自动化，既达到掌子面观察作业省力，同时又能够不依赖技术人员技能，准确地定量评价围岩。

掌子面围岩自动判定系统能够自动评价掌子面围岩抗压强度、风化程度、裂隙间距，是利用 ICT 技术开发出的复合型开挖管理系统。其评价指标包括：

(1) 围岩抗压强度

根据钻孔台车的钻孔数据（钻孔速度、打击压、回转压、给进压），采用十进制计数法计算围岩抗压强度。将钻孔台车获取的钻孔数据和各钻孔的抗压强度关系作为参照数据，进行 AI 回归分析，计算围岩抗压强度，输出抗压强度分布图。

(2) 风化程度

根据掌子面的多光谱图像利用十进制计数法计算出围岩的风化程度。根据多光谱图像提炼出光谱反射曲线，因风化程度而异，通过学习光谱反射曲线和风化关系，计算风化程度，输出为风化程度分布图。

(3) 裂隙间距

隧道分布开挖掌子面大多是凹凸不平的，一般可采用凹凸明显处即不连续点进行裂隙判定。该系统根据立体相机拍摄图像获取掌子面三维形状，同时提炼形状变化点作为裂隙间距判定，输出裂隙分布图。

系统定量评价结果见表 4-3。

系统定量评价结果　　表 4-3

指标	信号感觉方法	评价方法	评价结果
围岩强度	钻孔台车 	AI回归分析 	抗压强度分布图 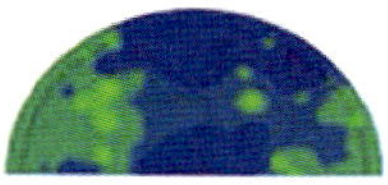
风化程度	多光谱相机 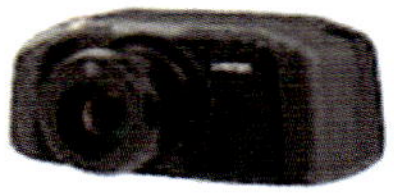	AI的多光谱数据解析 	风化划分图 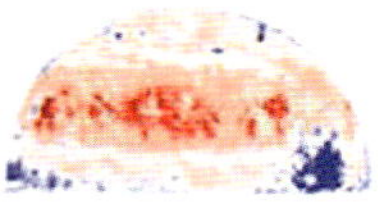
裂隙间距	立体相机 	图像处理、识别裂隙 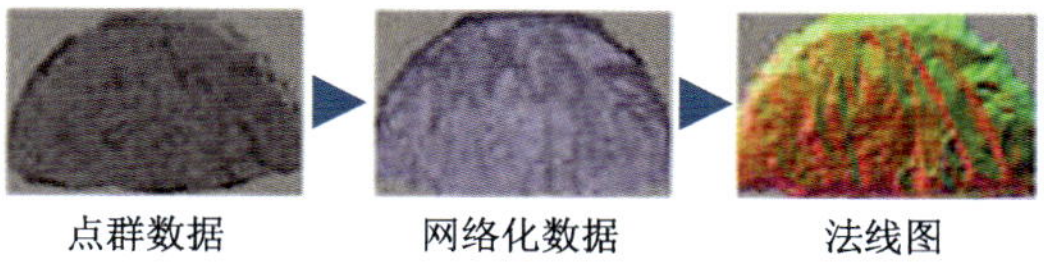	裂隙图像 

系统将专用的量测车辆、量测机器、中央控制室用网络连接，实现从数据获取到数据处理的自动化。专用量测车辆搭载了多光谱相机和立体相机、照明、控制计算机等(图 4-54、图 4-55)。从平板电脑末端发出各设备的作业指令，几分钟内就能够获取掌子面数据(图4-56)。获取的数据，在控制计算机中进行演算处理，计算结果即时传送回平板电脑终端(图 4-57)。同时，计算结果实现中央控制室、现场项目部、公司、总部多方实时共享(图 4-58)。

图 4-54　获取数据的量测车辆

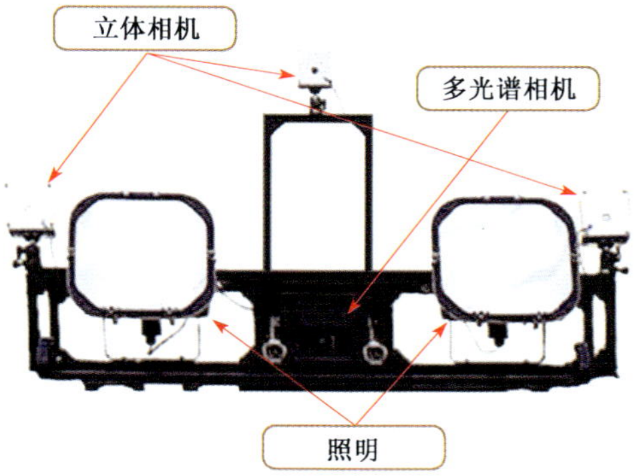

图 4-55　摄影机器类配置

图 4-56　用量测车辆获取数据

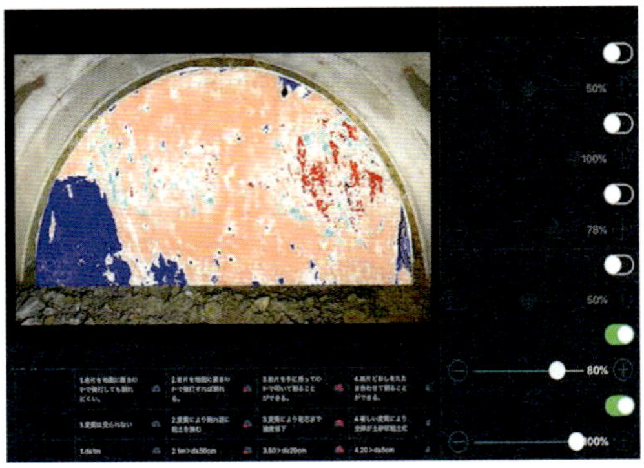

图 4-57　平板电脑终端展示的围岩评价结果

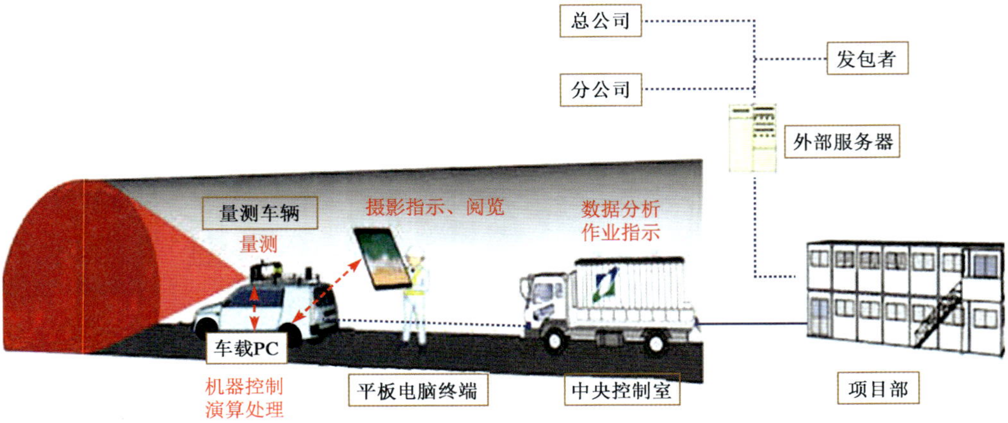

图 4-58　多方通过网络实现共享结果示意图

该系统可在短时间内进行高精度的定量的评价；同时，因无需工作人员进入掌子面正下方，即可大幅度提高了现场安全性。

2) 钻孔数据的三维围岩评价系统(DRISS-3D)

在山岭隧道开挖中，定量掌握掌子面周边及其前方围岩状况方法之一就是利用钻孔数据的掌子面前方探查方法(钻孔探查)。DRISS-3D 是钻孔台车加上钻孔探查，可处理、解析大量钻孔数据进行掌子面附近围岩三维评价的系统。近年来，由于计算机控制的钻孔台车的普及，装药孔、锚杆孔施工时的钻孔位置、角度数据变得更易于获取，这对掌子面附近围岩评价精度大有裨益。

(1) 系统概况

该系统由图 4-59、图 4-60 所示的洞内钻孔台车量测的钻孔数据(量测系统)及进行处理钻孔数据的软件(解析系统)构成。

量测装置设置在钻孔台车上，施工时或掌子面前方探查时，该装置收录凿岩机的各种动作液压、钻孔距离、孔口位置及钻孔角度等数据，收录的数据实时上传至监控画面。量测数

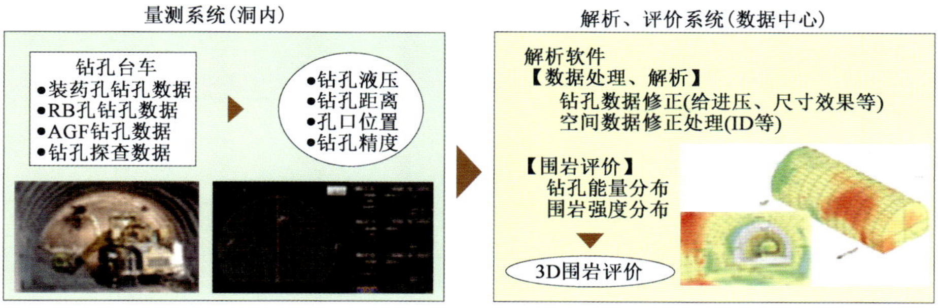

图 4-59　三维围岩评价系统构成

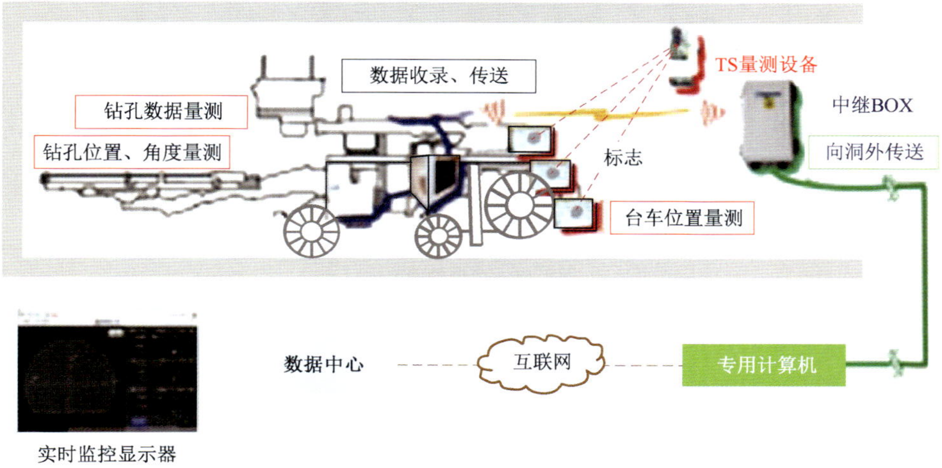

图 4-60　量测系统的组成和数据传输

据通过车载电脑的无线、有线通信设备传送至洞外专用的计算机中，再通过互联网传送至远距离的数据中心，钻孔台车的工作状况实时展现在监控器上。图 4-60 为量测系统的组成和数据传输。

量测系统获得的数据，采用专用软件进行半自动解析、处理。处理过程中，根据钻孔数据计算的围岩评价指标，由下式求出钻孔能量 S_E：

$$S_E = \frac{E_i \times \mathrm{bpm}}{A_H \times P_R} \tag{4-4}$$

式中：S_E——钻孔能量（J/cm^3）；

E_i——凿岩机的打击能量（J）；

bpm——打击数（次/min）；

P_R——钻孔速度（cm/min）；

A_H——孔断面积（cm^2）。

钻孔能量又称为开挖体积比能，相当于单位体积的围岩钻孔，凿岩机需要的能量。此值越小,围岩越脆弱(脆弱围岩),越大越硬(岩质围岩)。钻孔能量可按下式换算为围岩强度。

$$\sigma_C = \left(\frac{S_E}{C}\right)^2 \tag{4-5}$$

式中:S_E——钻孔能量(J/cm^3);

C——常数;

σ_C——围岩强度(MPa)。

数据处理流程如图 4-61 所示。

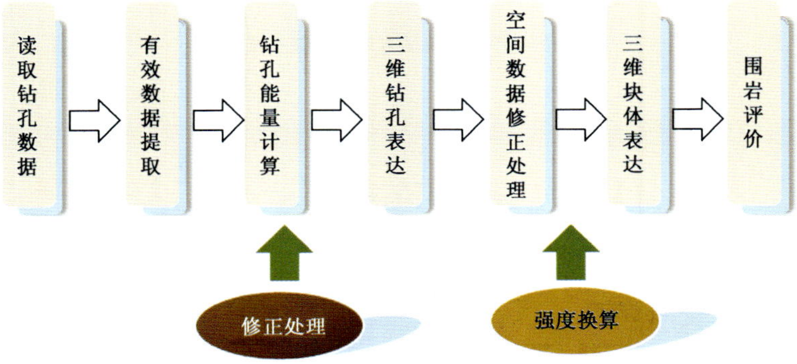

图 4-61　数据处理流程

钻孔能量的三维钻孔及围岩强度的三维分区输出见图 4-62、图 4-63。根据图 4-64 的三维分区图可获得任意断面的二维表示,易于与事前地质调查资料、掌子面照片、掌子面观察记录等资料进行比较。对 10 ~ 100 个钻孔数据进行处理,解析时间仅需数分钟,可迅速且连续地进行三维围岩评价。

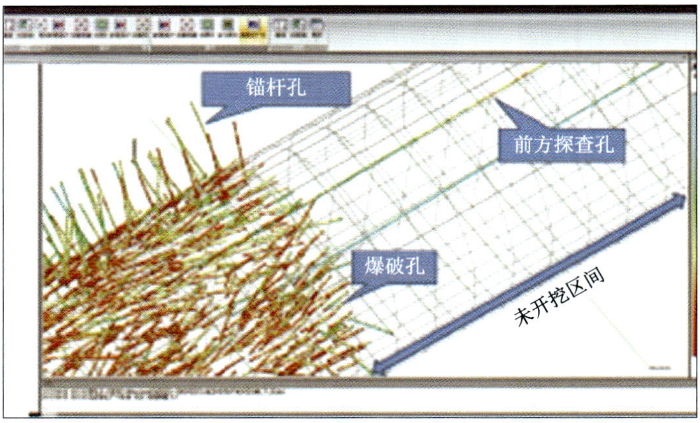

图 4-62　钻孔能量的三维钻孔示意图

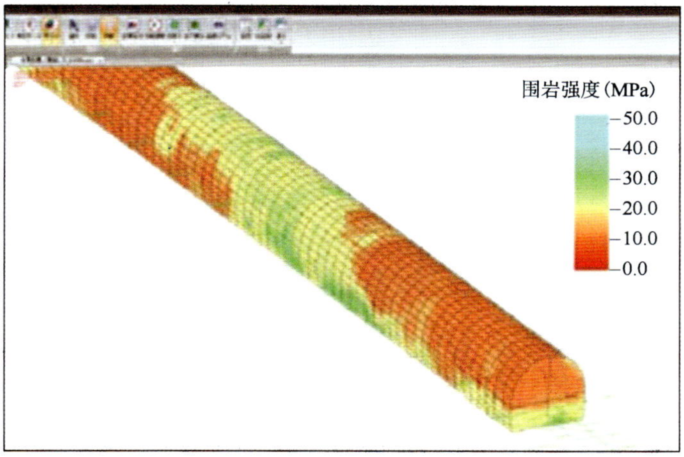

图4-63 围岩强度三维分区示意图

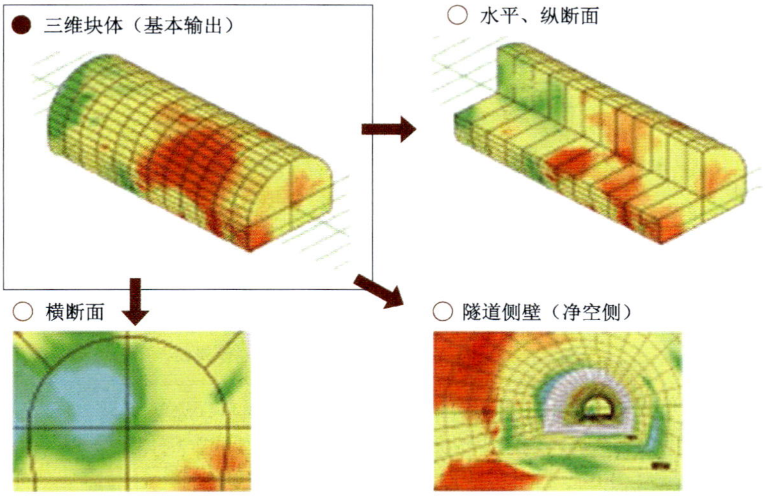

图4-64 任意断面的二维示意图

(2)采用施工数据的注意事项

①给进压的影响

为确保稳定的钻孔，施工时的钻孔作业视围岩状况要施加钻头挤压围岩的力(给进压)。即使在同一强度的围岩中，给进压(推力)改变也将导致钻孔能量的变化，因此在围岩评价中要对给进压影响进行修正。

修正方法可采用图4-65所示的钻孔能量和推力的关系(钻孔能量的最低推力，图中的硬质岩相当10kN)来换算钻孔能量。

②钻孔角度的影响

在拱顶和肩部的锚杆孔及向上钻孔的地点，凿岩机重量与给进压相反，实际作业时作用

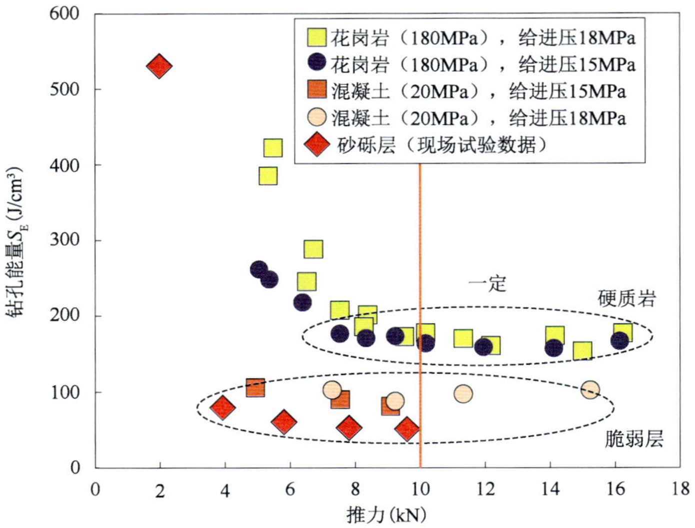

图 4-65 钻孔能量和推力的关系

在钻头上的荷载比给进压小。锚杆钻孔数据与其他施工数据同时评价的地点要考虑给进压降低的影响。

③钻孔直径的影响

因钻孔直径不同钻孔效率会发生变化(尺寸效应),考虑钻孔直径(孔的断面积 A_H)的不同。图 4-66 表示对同一花岗岩进行的钻孔试验获得的钻头直径和钻孔能量的关系,钻头直径越大,钻孔能量降低。

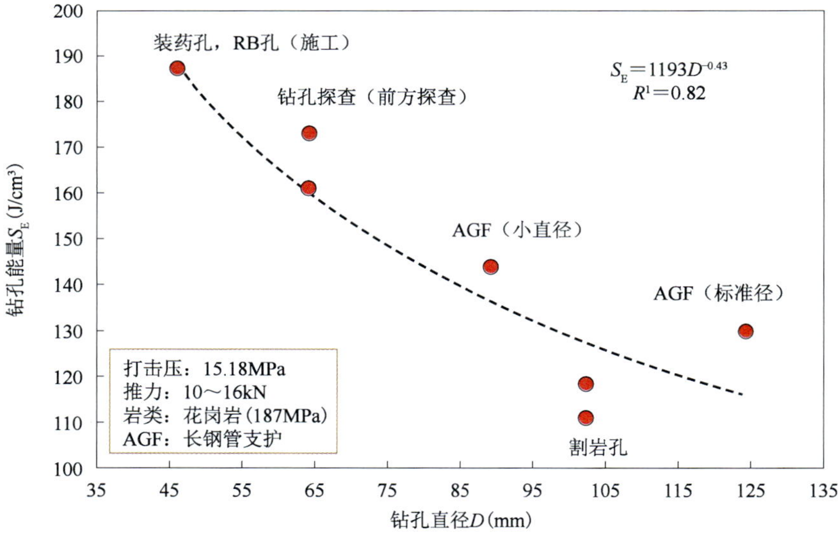

图 4-66 钻孔直径和钻孔能量关系示意图

一般,采用 ϕ65mm 钻头进行掌子面前方围岩探查,采用 ϕ89 ~ ϕ120mm 钻头的钻孔数据进行评价。当装药孔和锚杆孔采用 ϕ45mm 钻头,应按基准钻孔的钻孔能量进行修正。

(3)应用案例

图 4-67 所示案例中,为掌握和预测掌子面围岩强度分布的倾向,继续绘制、更新开挖时围岩强度的分区图。必要时应增加编制横断面图(正面图)、平面图和纵断面图。图中应用区间的围岩强度在 10MPa 左右,与开挖时的原位试验的单轴抗压强度大致相同。应用区间以凝灰质砂岩、凝灰角砾岩为主,其中夹有脆弱的白色凝灰岩层,可用围岩强度分布图进行预测、评价。

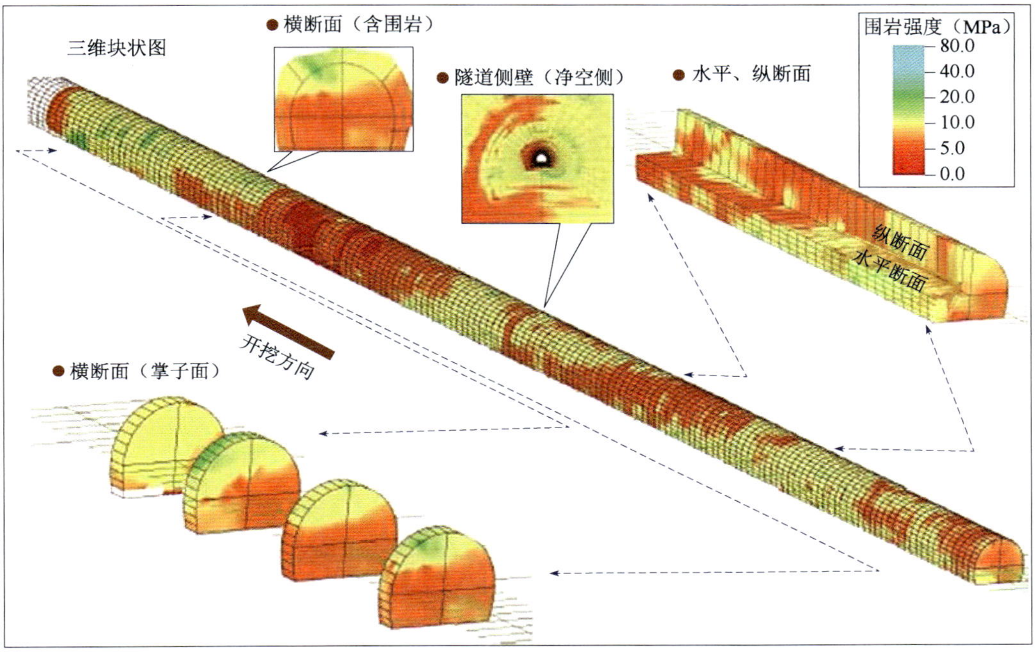

图 4-67　隧道的围岩强度三维评价案例

图 4-68 表示凝灰岩的掌子面状况图像和 DRISS-3D 评价结果的比较。

由图 4-69 可见,开挖围岩评价和掌子面前方预测结果可以同时输出,该系统能够连续实时输出开挖围岩的三维评价及同步的掌子面前方围岩的三维预测。

未来的发展方向,除了继续进行应用试验外,应积极展开三维模型的 IoT 应用的连接,包括实时的围岩评价、机器诊断等综合的开挖管理(图 4-70)。

3)隧道围岩评价系统(K-tes)

隧道围岩评价系统(Konoike tunnel estimation system,K-tes)是基于掌子面前方探查的机械数据、掌子面评价点、量测数据及支护施工实绩等实时进行围岩评价、选定支护模式及数字化施工的系统。

在山岭隧道中,早期设计设定的支护模式需要在根据掌子面状态和量测结果修正的同

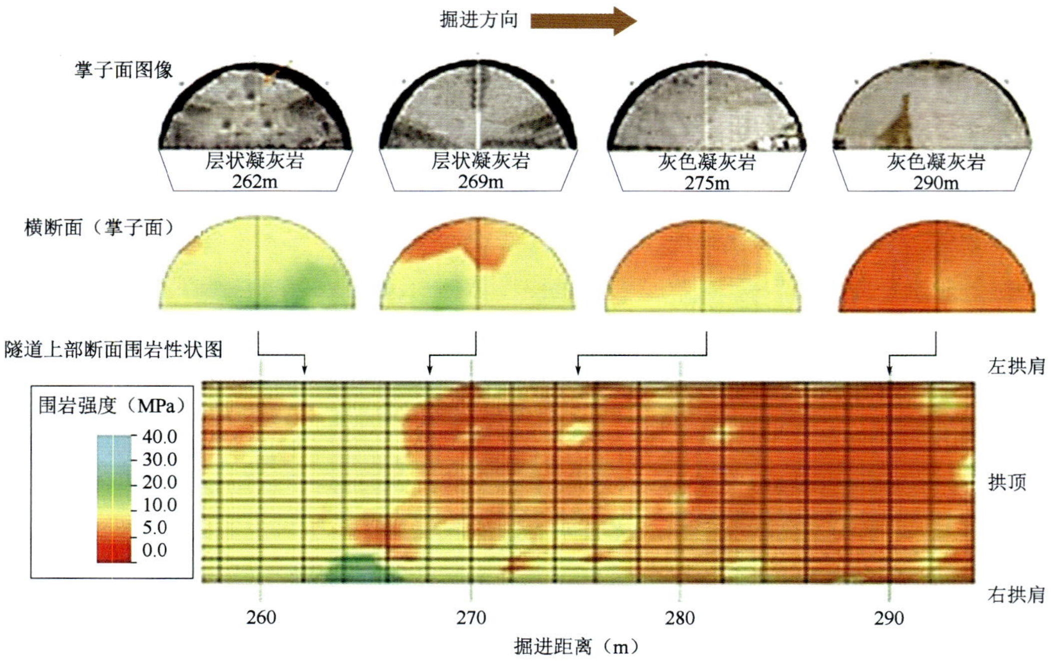

图 4-68　掌子面围岩状况评价比较

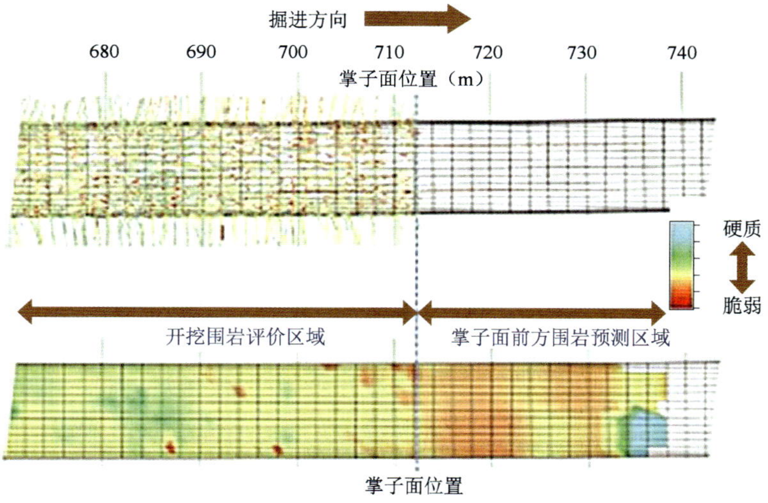

图 4-69　开挖围岩评价和掌子面前方预测结果的同时输出案例(钻孔能量)

时,根据围岩评价选定适宜的支护模式进行施工。目前的现状是把开挖掌子面状态点数化,与支护模式评价实绩和量测结果进行比较来进行围岩评价,但对未开挖部分的围岩并没有进行评价,因此,存在以下问题:

①在地质条件变化多的围岩(洞口段、破碎带、附加体地质等),由于围岩急剧变化,当前围岩评价与其后的围岩可能有差异。

②洞口和破碎带等需要辅助工法的区间长度和范围事前不能设定。

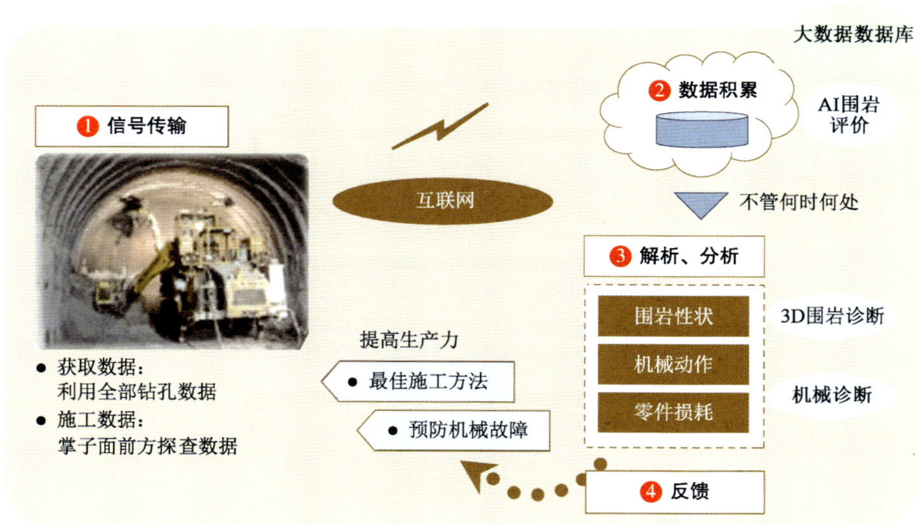

图 4-70　山岭隧道中 IoT 的利用（钻孔台车）

③存在不可预计的突发涌水和地质急变可能导致开挖中断、延误工期等。

该系统包括利用钻孔台车掌子面前方探查的机械数据，整理、积累量测结果、掌子面评价点等既有施工数据，与量测位置的机械数据对比，更能准确地预测前方地质状况，判定支护模式和辅助工法等必要性，其基本概貌见图 4-71，研究流程见图 4-72。

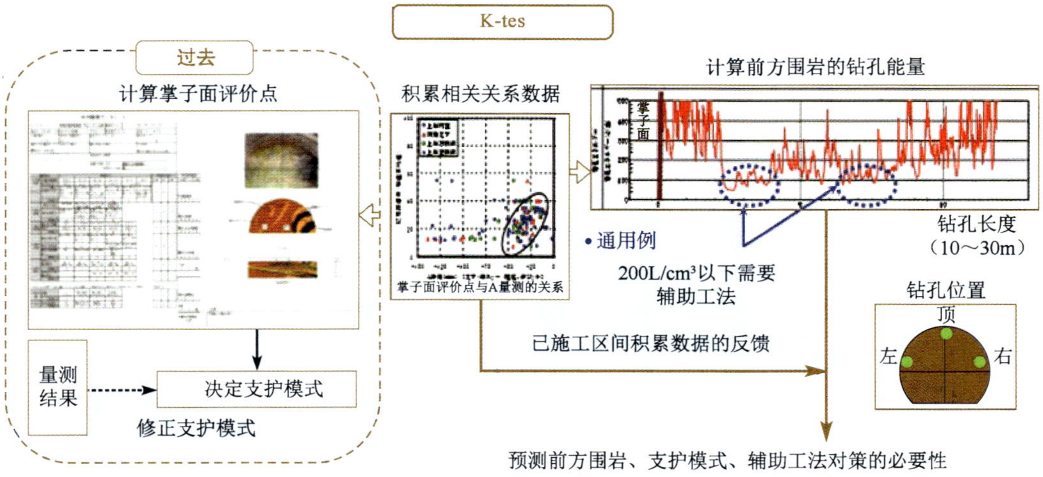

图 4-71　隧道围岩评价系统 K-tes 基本概貌

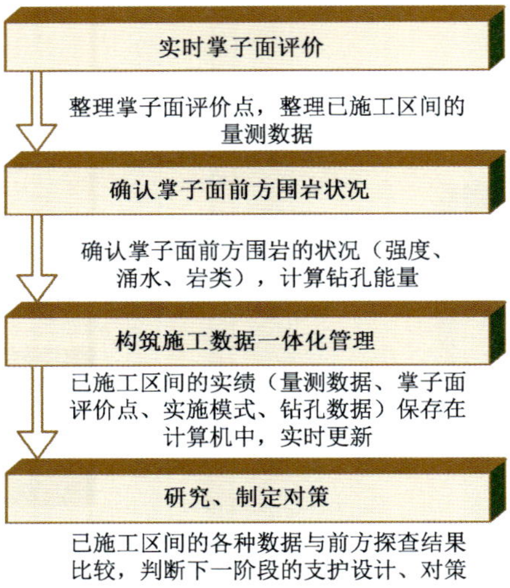

图 4-72　研究流程

4) 利用钻孔台车和图像解析的隧道周边围岩评价技术

鹿岛建设株式会社(日本建筑承包商)开发出利用钻孔探查和弹性波探查的掌子面前方探查技术,通过事前掌握断层等不良围岩,回避了重大的地质灾害并选定合适的支护模式,在诸多隧道施工中得到应用。

隧道施工中,因无法全线实施前方探查,完全掌握断层困难,至今还未做到准确预估断层崩落和大变形。此外,开挖作业通常是昼夜进行的,一般有 4 次开挖循环,进尺 5 ~ 6m,掌子面观察以1 次/d 频率进行,存在不能充分掌握地质变化的情形。断层隐蔽在隧道洞壁背后,只能用目视无法确认,也会导致崩落或不良地质现象出现。

目前开发的技术可定量掌握掌子面近旁的地质状况,此方法利用每一循环施工的锚杆钻孔数据,定量且高精度地掌握隧道周边围岩状况。需要注意的是,如果掌子面测定、数据解析评价时间过长,会对施工循环产生一定影响。目前的系统已解决了这一问题,其结果能够快速反馈到施工管理中心中。

(1)掌子面实时评价系统

该系统最大限度利用装药和锚杆钻孔数据以及在掌子面围岩数据,实时地评价地质状况,并把评价结果迅速反馈到施工系统中,系统概况见图 4-73。

收集到的结果可实现自动化评价,无需特别调查和解析地质状况。利用施工数据和全掌子面的照片得到的围岩情报精度非常高,可视围岩状况选定支护方式,并对隐蔽断层做到事前采取预防措施。此外,实时的围岩情报可有效用于爆破装药量和孔间距的设定。

(2)钻孔台车钻孔数据的评价

过去,爆破装药和锚杆的钻孔数据对推测掌子面及隧道周边围岩状况是有效的,但由于

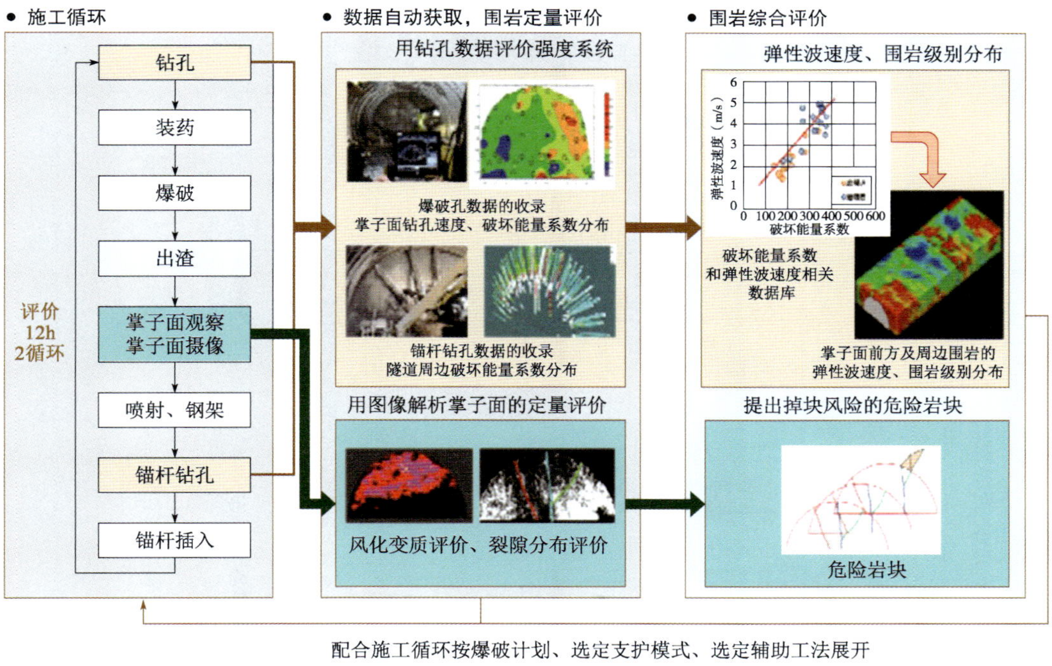

图4-73 掌子面实时评价系统概况

收集日常开挖循环中的钻孔数据和记录钻孔位置存在一定困难，因此无法使用具体的数据进行定量评价。虽有利用收集数据的分析结果与地质评价结合的案例，但每天需收集数量众多的钻孔数据来计算破坏能量系数等围岩评价指标，反馈到实际施工中并不现实。20世纪90年代，在山岭隧道施工中，北欧开发出计算机控制的钻孔台车，实现了从钻孔作业到钻孔数据的突破。近年的全自动型钻孔台车已经能够根据爆破计划自动纠正钻孔位置和角度，实现钻孔作业自动进行。

①钻孔台车钻孔数据评价围岩强度系统

图4-74表示钻孔台车上钻孔数据系统的概况。利用平板电脑能够在现场即时地确认掌子面围岩强度评价结果，掌子面的强度评价基于装药孔的全部数据。掌子面的软硬分布评价根据钻孔速度而定，围岩越硬钻孔速度越慢，越软则钻孔速度越快。图4-75表示钻孔速度分布数据。

②钻孔速度的围岩评价

基于装药孔数据的掌子面评价系统已应用于坚硬的绿色岩、裂隙发育的黏板岩、脆弱的蛇纹岩混合的隧道现场。图4-76表示了掌子面围岩状况，图中左侧是坚硬的绿色岩，图中右侧是裂隙发育的黏板岩，拱顶是脆弱的蛇纹岩。开挖时围岩的状况根据掌子面评价点和钻孔速度的分布确定。由图4-77可见两者具有相同的发展趋势，由图4-78可见掌子面评价点和钻孔速度呈负相关。里程1380~1620m区间内，视围岩状况采用了两种支护模式，即没

有钢架的 $C_{ⅡP}$ 和有钢架的 $C_{ⅡP\text{-}b}$ 模式。

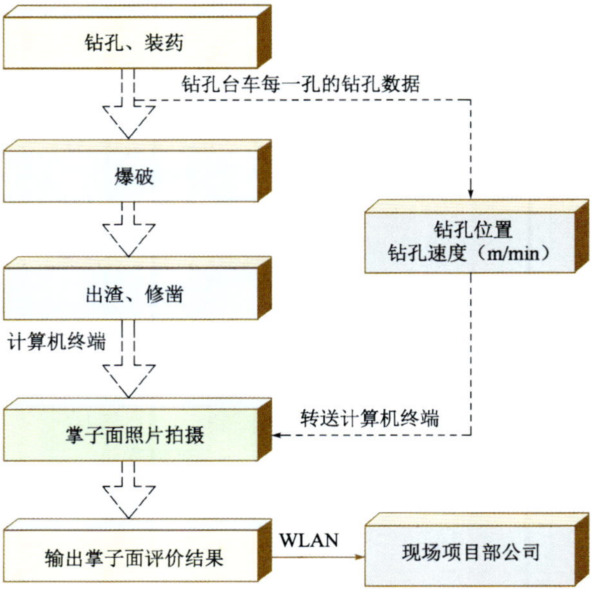

图 4-74　钻孔台车钻孔数据系统概况

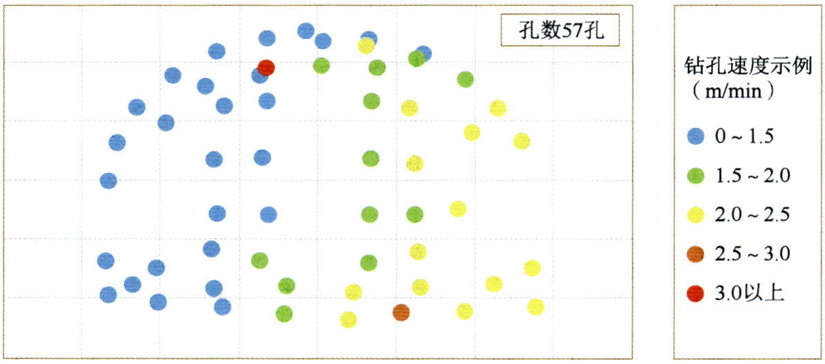

a) 钻孔速度分布

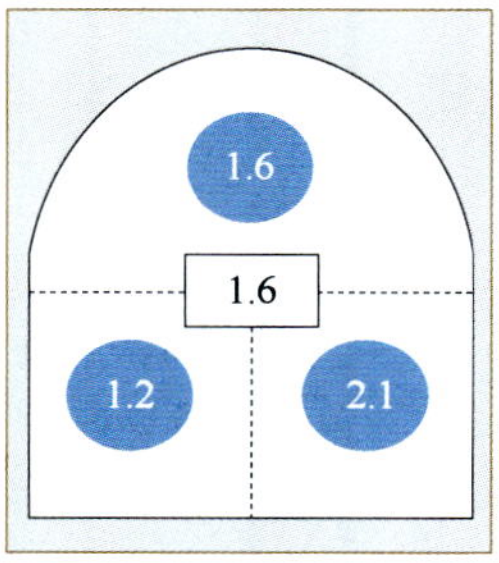

b) 平均钻孔速度(m/min)

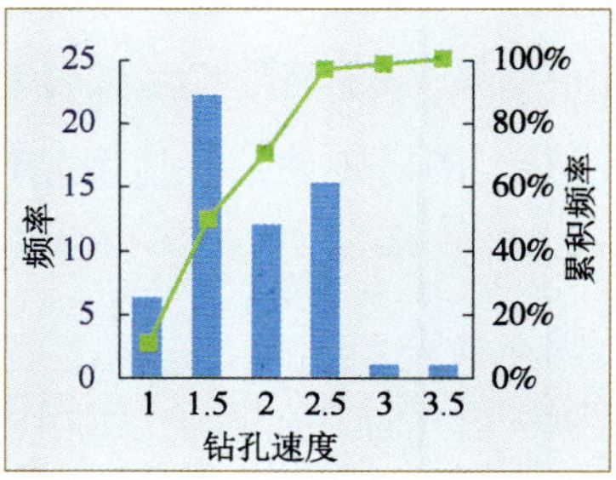

c) 钻孔速度分布图(m/min)

图 4-75　钻孔速度分布数据

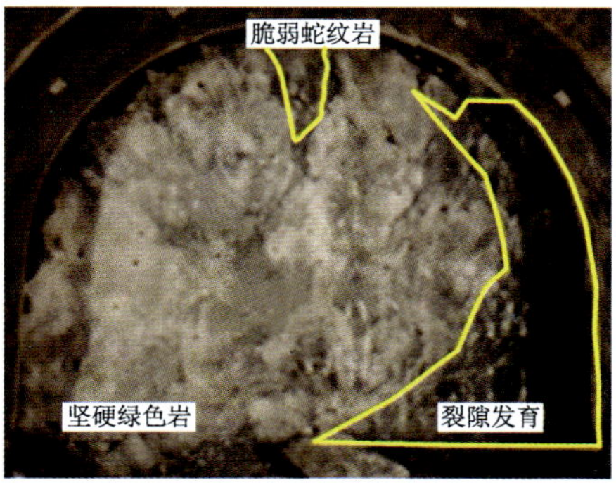

图 4-76　掌子面围岩状况

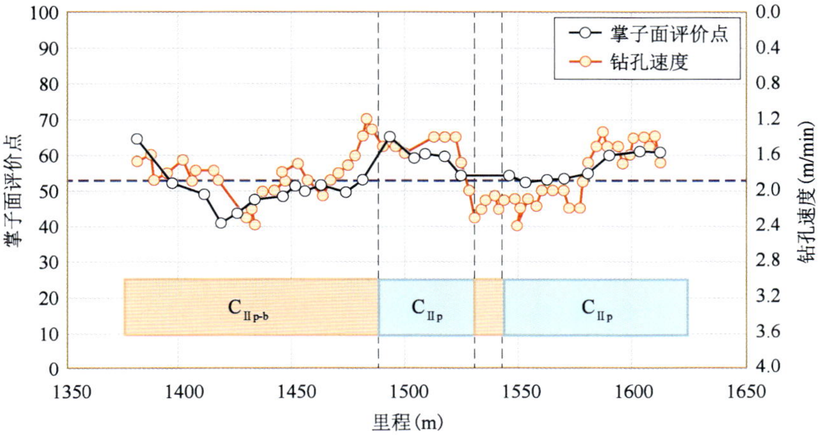

图 4-77　掌子面评价点和钻孔速度的分布

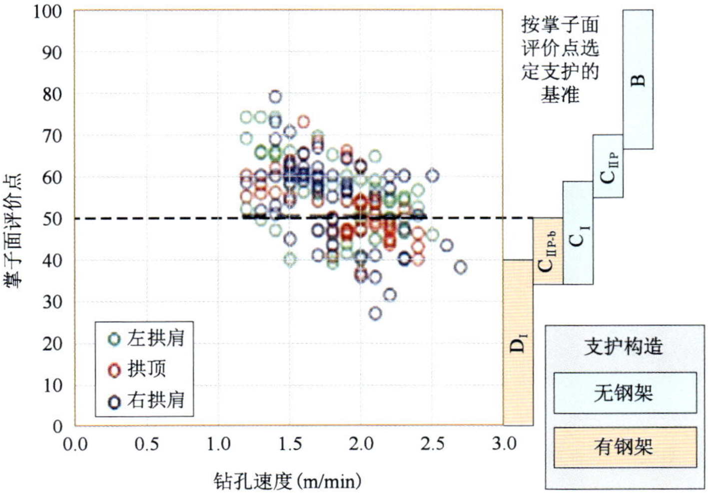

图 4-78　掌子面评价点和钻孔速度相关性

由图 4-78 可见评价点 50 是 $C_{ⅡP}$和 $C_{ⅡP-b}$的分界点。本例中钻孔速度对 50 点范围内的 2 组数据进行统计分析。图 4-79 是两者的累计占比。不满 50 点的一组以钻孔速度大的一侧为起点描绘,50 点以上的是从钻孔速度小的一侧为起点描绘。由图 4-79 可见以 2m/min 钻孔速度为界,钻孔速度小的场合,掌子面评价点在 50 点以上,累积占比为 70% 。

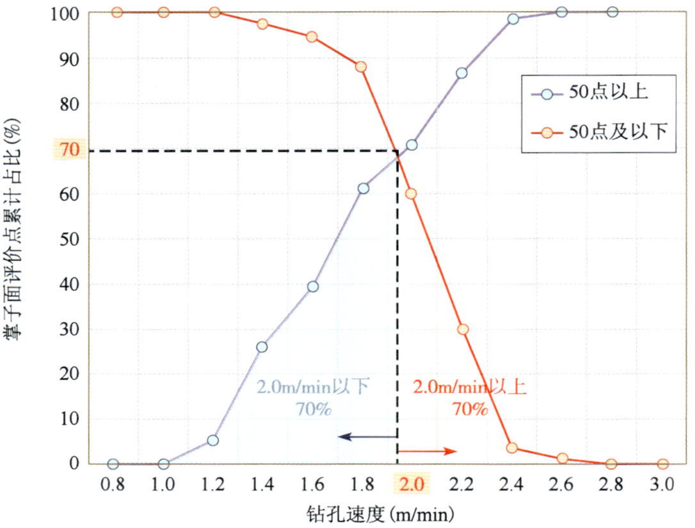

图 4-79　钻孔速度掌子面评价点超过 50 点的判定

由此可见,未来的开挖中,钻孔速度 2m/min 可作为判定选择 $C_{ⅡP}$或 $C_{ⅡP-b}$支护模式的基准数据。

③风化变质判定系统

隧道距洞口 300m 左右出现茶褐色的风化围岩,因其分布状况不同稳定性有所不同。因此,可以采用风化变质判定系统对风化程度进行定量评价,同时进行开挖。风化变质判定系统,根据掌子面照片的色调变化,即岩石防护后呈红色和黄色,判定风化变质程度。利用带有相机的平板电脑就可在掌子面处即时判定风化变质程度(图 4-80)。

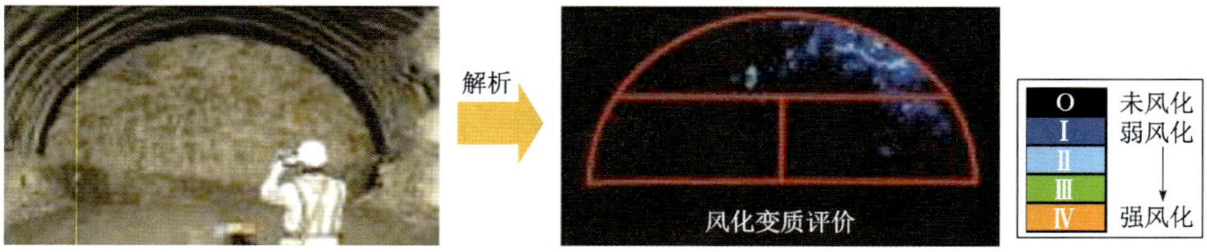

图 4-80　风化变质判定系统概况

在里程 330 ~ 390m 地段采用的案例见图 4-81 和表 4-4。

由表 4-4 可知,该区间风化变质程度的变化显著,其掌子面状况、掌子面评价点也随之改变。

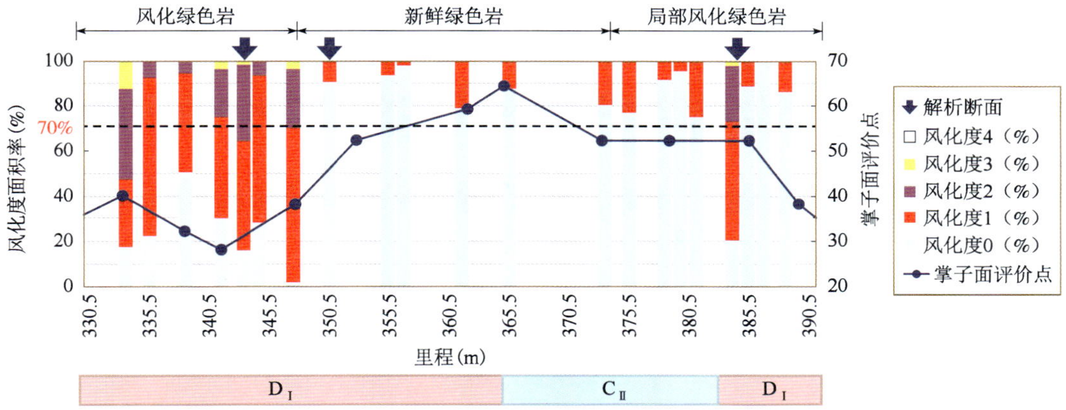

图 4-81 风化变质度评价结果和掌子面状况及其采用的支护模式

风化变质判定系统解析结果　　表 4-4

里程(m)	掌子面照片	解析结果
343.5		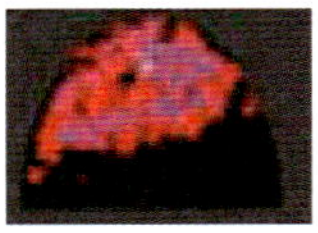
350.5		
384.5		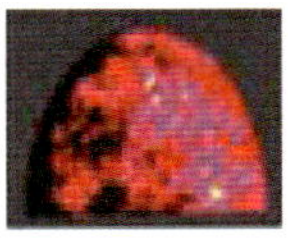
风化变质图例 新鲜 ——→ 变质		

5) 采用钻孔数据和地质展开图像组合

近年来研发的液压计算机钻孔台车,与全站仪连接,可按设计自动进行高精度的钻孔。同时,连续记录、保存各种钻孔数据(给进压、钻孔速度、装药孔的坐标和钻孔长度等),用于评价隧道周边地质构造和围岩状况。

在山岭隧道支护方案中,不仅需要掌握掌子面的地质情报,还需考虑随掌子面的推进的位移增加、喷射混凝土、钢架等的支护变异状况。鉴于掌子面观察的时间比较短,整个掌子面观察是离散的情报。不靠近掌子面周边的围岩暴露面很难观察且难以记录,且充分观察安全上有困难。采用素描和照片摄像的掌子面观察只要几分钟。新系统开发时应着重考虑采用不影响施工、安全且易于摄像的装置,该装置可从钻孔台车及时获取的钻孔数据,用能够掌握壁面性状的地质展开照片代替观察素描等,对隧道周边,特别是掌子面近旁的围岩进行及时的评价。

图4-82表示随开挖进展的三维围岩评价系统的概况。本系统由钻孔数据和地质状况照片构成。

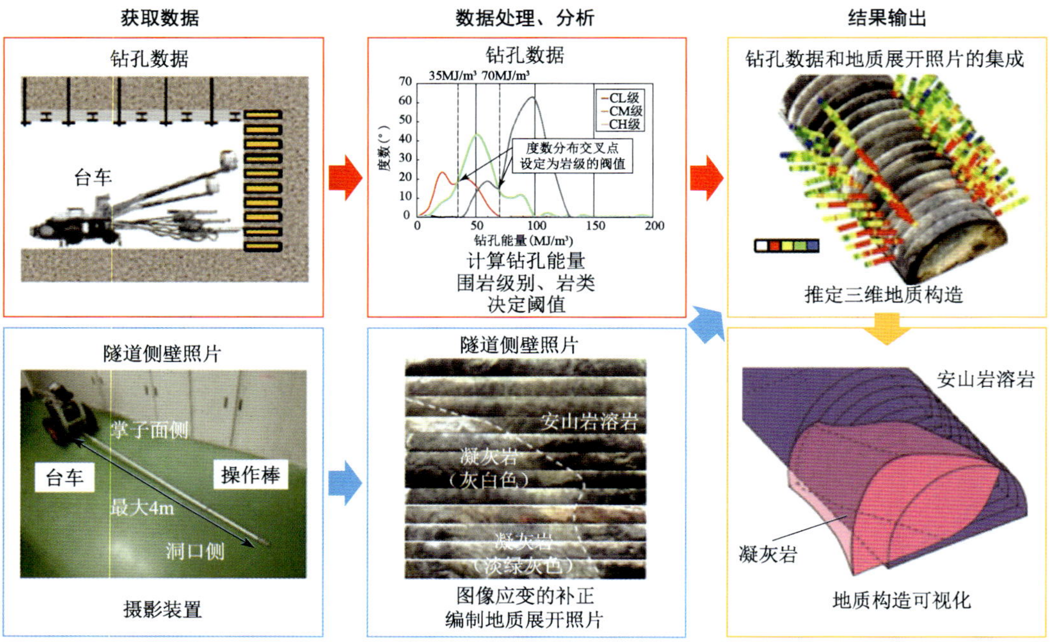

图4-82 三维围岩评价系统概况

(1)钻孔数据获取方法

钻孔数据从锚杆孔和装药孔钻孔处获取。钻孔开始前,靠近掌子面附近设置带有全站仪的测量台车采集数据,可以做到钻孔数据每孔自动收录,现场确认。

用获取的钻孔数据,按下式计算钻孔能量。

$$E_d = \frac{E_p \cdot N_p \cdot T}{V_d \cdot S} \tag{4-6}$$

$$T = T_b \cdot T_r \tag{4-7}$$

式中:E_d——钻孔能量(MJ/m³);

E_p——打击能量(MJ);

N_p——打击次数(bpm);

V_d——钻孔速度(m/min);

S——孔面积(m²);

T——传递效率修正系数(%);

T_b——钻头凿岩传递效率(%);

T_r——钻杆传递效率(%)。

钻孔能量是页岩凿岩机单位体积围岩钻孔需要的能量,与单轴抗压强度正相关,是定量评价围岩软硬的指标。

(2)用钻孔能量评价围岩级别、岩类

钻孔能量是评价围岩软硬的大致基准,随开挖的进展,参考历史数据,可据此判定围岩级别(图4-83)。根据钻孔能量和围岩级别的关系,设定各围岩级别占优势的钻孔能量作阈值,编制各围岩级别的度数分布。现场试验中,凝灰岩和安山岩溶岩两类围岩强度各异,通过钻孔能量即可判定。

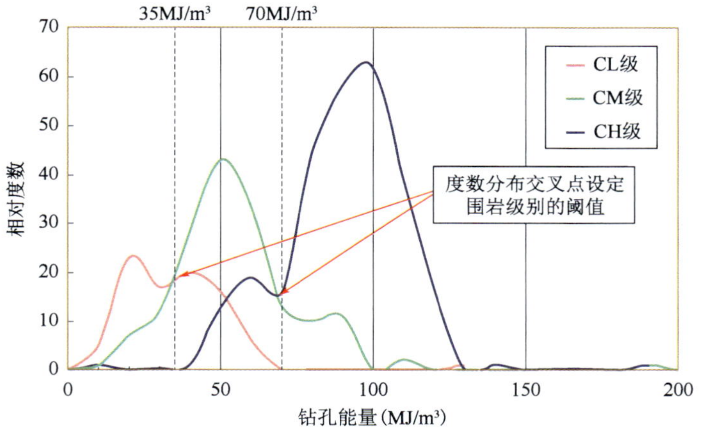

图4-83 钻孔能量的围岩级别评价

隧道侧壁的摄像装置是单独研发的,用于处理摄影的图像后编制地质展开照片。图4-84展示了开发的隧道壁面摄像装置构成,包括由操作棒、相机、照明、激光距离计、台车等。

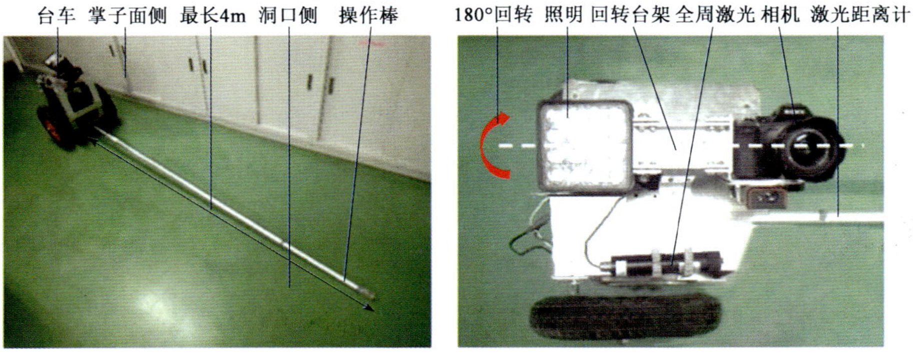

a) 全体图　　b) 台车部分

图4-84 隧道壁面摄像装置

图4-85是地质展开照片的编制流程。该工作于作业每次开挖后进行，每次开挖的图像向隧道轴向汇集，形成标准连续的地质展开照片。

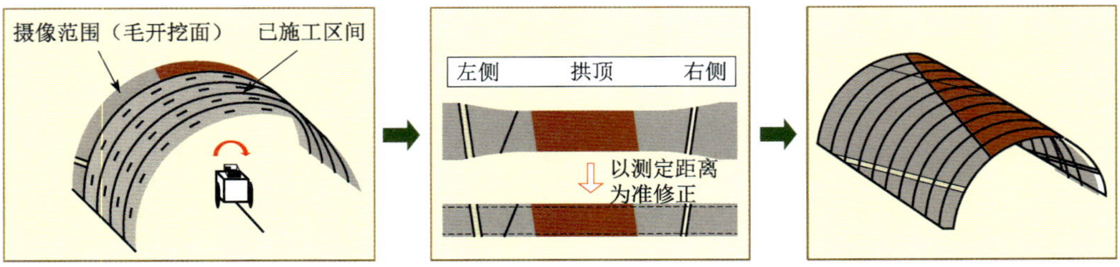

a) 摄像　　b) 图像处理　　c) 向隧道轴向汇集

图4-85　地质展开照片编制流程

(3)钻孔数据和地质展开照片组合的三维围岩评价方法

三维围岩评价按以下3个步骤进行。

①在颜色和裂隙等一定岩相的地质状况连续出现的地点，根据钻孔数据求出与计算的钻孔能量的关系。

②地质展开照片和钻孔能量分布三维表达。

③根据掌子面和隧道背后与对应钻孔能量分布和软弱层、不连续面等的围岩的三维分布推定地质构造。

(4)现场试验

钻孔数据来自计算机钻孔台车钻设锚杆孔和装药孔。隧道侧壁的摄像于每次开挖后进行。

该隧道的地质由第三系凝灰岩和安山岩溶岩构成，根据事前超前钻孔的结果，在凝灰岩占优势的区间向安山岩溶岩移行的区间实施。两区间代表性的掌子面照片见图4-86。

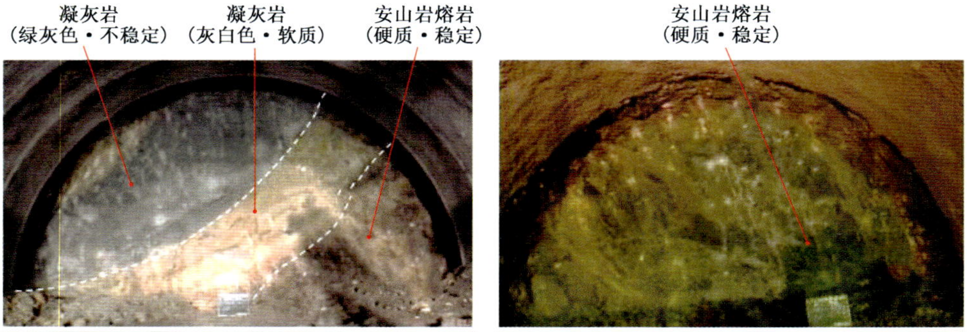

a) 凝灰岩区间　　b) 安山岩溶岩区间

图4-86　试验区间代表性的掌子面照片

图 4-87 表示试验区间确认的凝灰岩和安山岩溶岩的钻孔能量的频率分布。凝灰岩的钻孔能量分布在 80 ~ 150MJ/m³ 范围内，平均值是 100MJ/m³；安山岩溶岩的钻孔能量主要分布在 120 ~ 230MJ/m³ 间，平均值是 160MJ/m³。两者的相交度数对应的能量值为 130MJ/m³ 作为判定阈值。据此钻孔能量可以判定凝灰岩和安山岩溶岩。

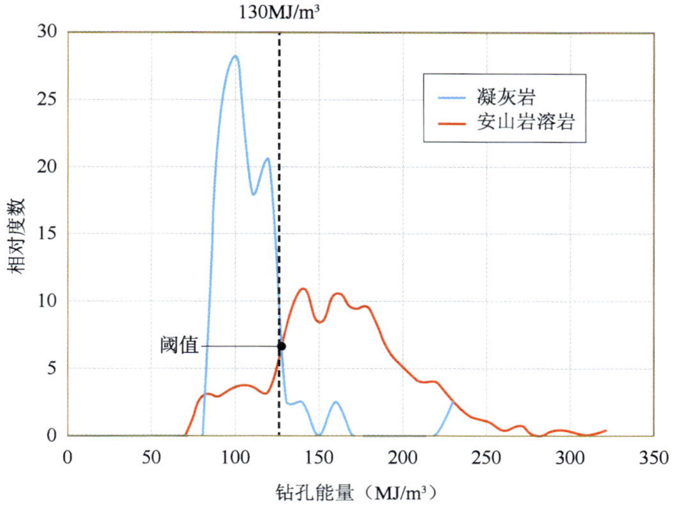

图 4-87　岩类别的钻孔能量频率分布

图 4-88 表示里程与钻孔能量的关系。钻孔能量是左右的锚杆孔(3 孔)、掌子面前方的装药孔(30 ~ 95 孔)的平均值。可见，锚杆孔钻孔能量在凝灰岩区间相对左侧的锚杆孔比较低。在相同地点的地质展开照片上，左侧是软质凝灰岩，右侧是硬质的安山岩。装药孔在凝灰岩区间，是凝灰岩和安山岩溶岩混合的平均值，随开挖的进展，掌子面的安山岩溶岩占比变高，钻孔能量也随之变大。

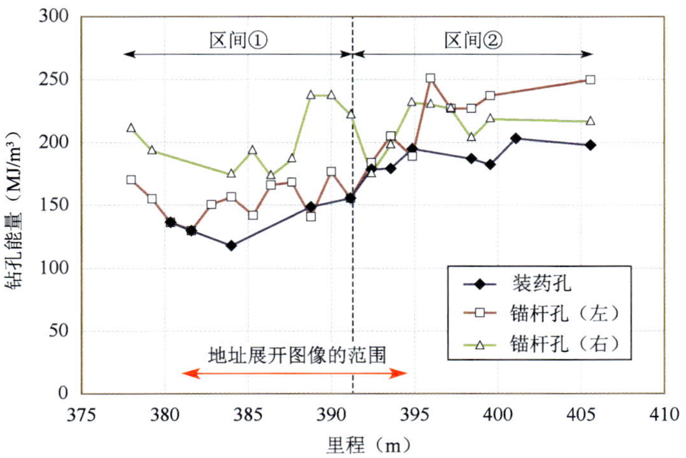

图 4-88　里程和钻孔能量关系

图 4-89 是按隧道壁面摄像编制的地质展开图像。此图像中包含凝灰岩和安山岩溶岩的大致边界 14.4m 的区间。可见,随开挖的进展,从拱顶向左侧分布的凝灰岩向掌子面左侧迁移,392.4m 处不再存在凝灰岩,由此判断地质边界。这说明地质展开图像是按每次的壁面图像编制的,它使地质变化一目了然。

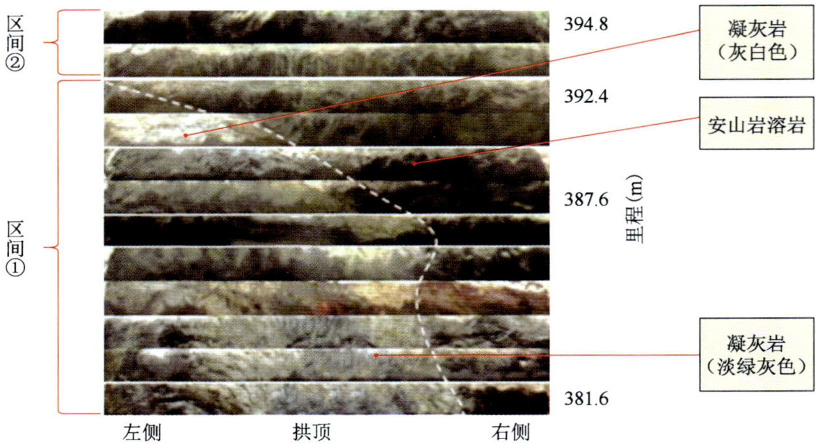

图 4-89　地质展开图像

由图 4-90 表示了根据钻孔能量分布,隧道周边的凝灰岩分布范围区间①中[381.6～392.4m]段的左侧是凝灰岩的钻孔能量分布;[391.2～396.0m]段掌子面和隧道壁面未出现凝灰岩,但隧道背后的左侧,距壁面 0.4～1.0m 的范围,分布有钻孔能量低的地点,存在软质的凝灰岩。

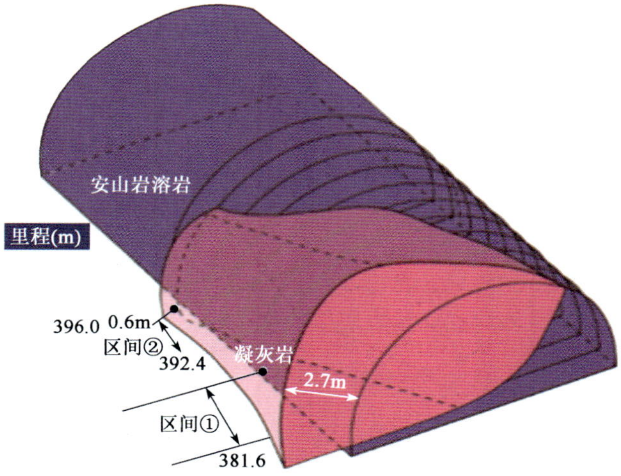

图 4-90　凝灰岩分布范围的评价结果

4.5 掌子面监测和评价的机器学习和深度学习

掌子面混凝土发生裂缝是掌子面崩塌前兆现象之一，目前的掌子面监视系统可在掌子面下作业的情况实时探查裂缝，使用 AI 的深层学习，及时发出警报，降低掉块灾害的风险。图 4-91 介绍了该系统的全景示意图。

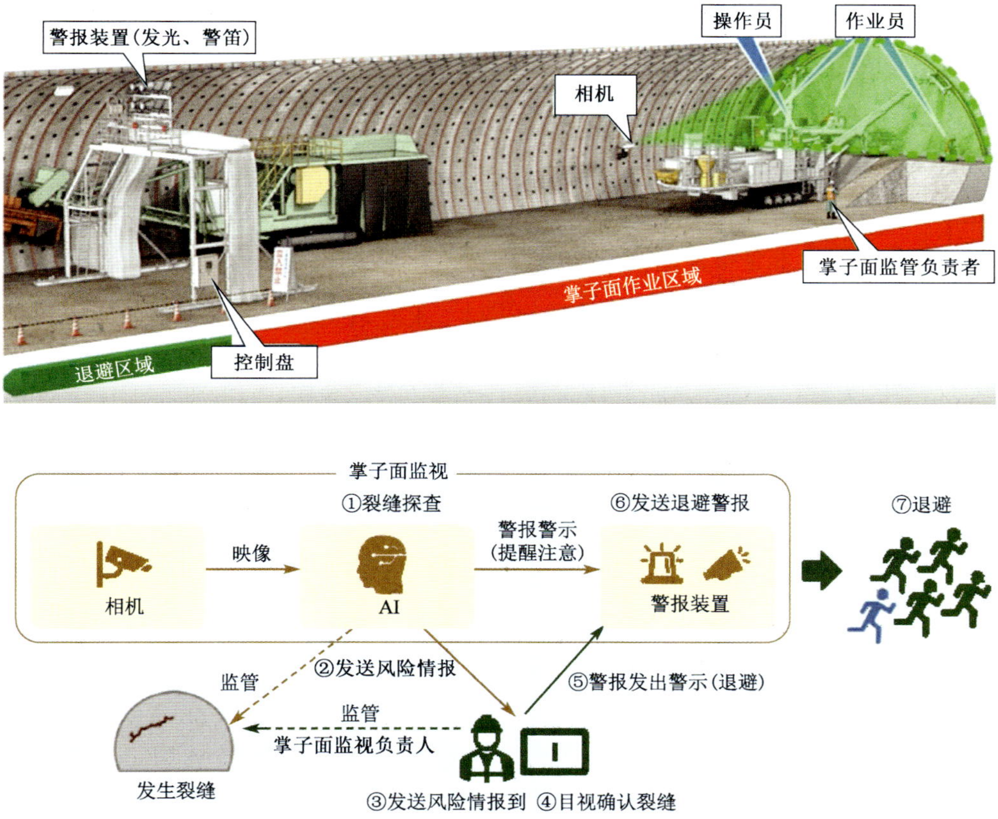

图 4-91 掌子面监测系统示意图

对掌子面监测的意义在于对掌子面围岩的评价和对隧道下一进尺围岩的预测，即对地质风险的预测以及成本和工期的优化。在信息化技术迅猛发展的时代，基于数据的三维解析技术开始广泛应用，关于数据的深层学习和机器学习不断普及，无疑不断改善掌子面预测的准确性和便捷性，大幅提高了隧道施工的安全性，保证了施工的成本和进度。

1）机器学习预测掌子面前方围岩的级别

近年来，机器学习逐渐应用于隧道建设中。所谓机器学习是指根据给予的数据，提炼、定量化获取对新数据的预测性能的分析。

在图像处理技术中，例如根据图像处理采用深层学习构建按强度、风化变质、裂隙间距等各种掌子面观察项目的模型，实现了68%～78%的符合率。利用AI图像识别技术，根据图像构建自动判定岩分类和风化程度的系统。

数值数据的处理，采用遗传程序设计方法进行钻孔台车钻爆破孔的钻孔数据和掌子面观察评价点的机器学习；采用神经网络构建评价事前调查获得的弹性波速度和比阻抗、地表地质调查结果和施工时支护模式关系的方法。

总之，近年来在开发的掌子面前方地质探查技术中，从钻孔数据计算出独立的指标，判断以围岩级别为主的掌子面前方围岩的性状。例如通过钻孔台车超前钻孔获得的给进压和钻孔速度，计算出"正规化的钻孔速度比"的变量，判别掌子面前方围岩的软硬；利用搭载水压锤的钻机，计算出"能量指标值"以评价围岩级别。

（1）学习方法和预测对象

在机器学习中，采用"教师学习"的方法，即根据输入数据及其对应解答已知的输出数据的组合（以下称为教师数据），求出其间的相关性。其中，输入数据按离散类别分类的方法称为分类学习，输出值是数值数据的连续变量的学习方法称为回归学习，见图4-92。

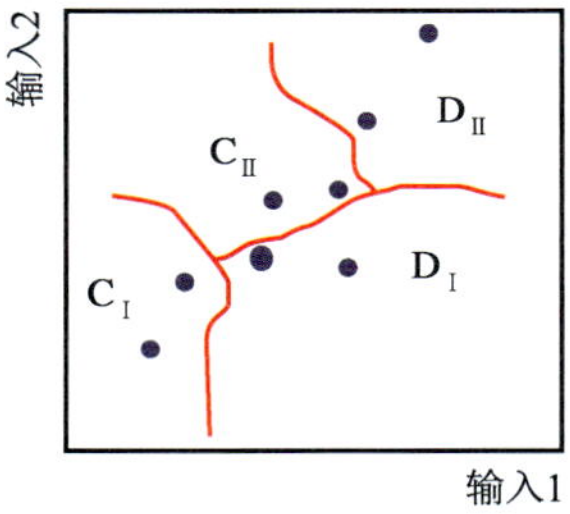

a）分类学习

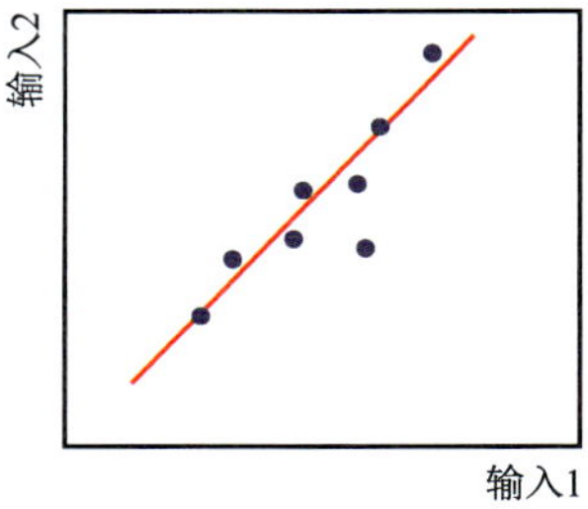

b）回归学习

图4-92　分类学习和回归学习

预测对象是围岩级别及通过钢架位移值计算的围岩应变量（开挖时应变）。钢架位移值排除开挖直径的影响，考虑包括先行位移在内的全应变。

图4-93表示围岩级别和开挖时应变预测结果的学习和利用方法案例。掌子面前方围岩级别的预测，有助于预判支护模式的变更。开挖时钢架应变预测，可逆向分析预测出掌子面前方围岩的物性值，如预测极限应变是否超过管理基准值。

（2）掌子面前方探查和量测数据

研究对象是长约4000m的隧道，地质由砂岩、黏板岩、燧石等构成。围岩级别为C_{I}、

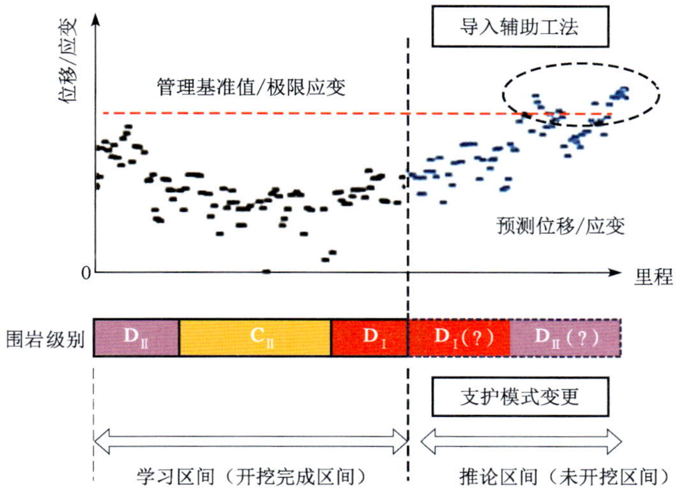

图 4-93 推论结果的预测方法

C_{II}、D_{I}。全隧道实施水压锤掌子面前方探查。钻孔数据获得的实测值设定的能量指标阈值见表 4-5。

围岩级别和能量指标阈值(实测值) 表 4-5

能量指标值	围岩级别
>4.5	B
4.2 ~ 4.5	C_{I}
2.5 ~ 4.2	C_{II}
1.25 ~ 2.5	D_{I}
<1.25	D_{II}

隧道的开挖时应变、能量指标阈值、埋深及实施的围岩级别之间的关系如图 4-94 所示。

侧壁应变、拱顶应变是在开挖完成的区间内以 10m 间隔进行 AI 量测计算而得。计算中除去净空位移与开挖直径,假定先行位移为 30%。

按表 4-4 的能量指标值和围岩级别的实际值基于前方探查的评价,符合率只有 30%。

(3)机器学习方法

在学习及判定的前处理环节,采用每米的平均输入值。输入值包括埋深及前方探查得到的钻孔速度、总水压、给进压、扭矩、能量指标阈值。其中,能量指标值采用每 20m 的平均值。

输出值的围岩级别按分类数据处理,根据分类学习建立预测模型。前方探查的区间中里程 200 ~ 2600m 是学习区间,里程 2601 ~ 3400m 为判别区间,以此验证在学习区间分类学习中预测模型的精度。根据分类学习构筑的模型输入判别区间的输入值,即可得到围岩级别的预测值。

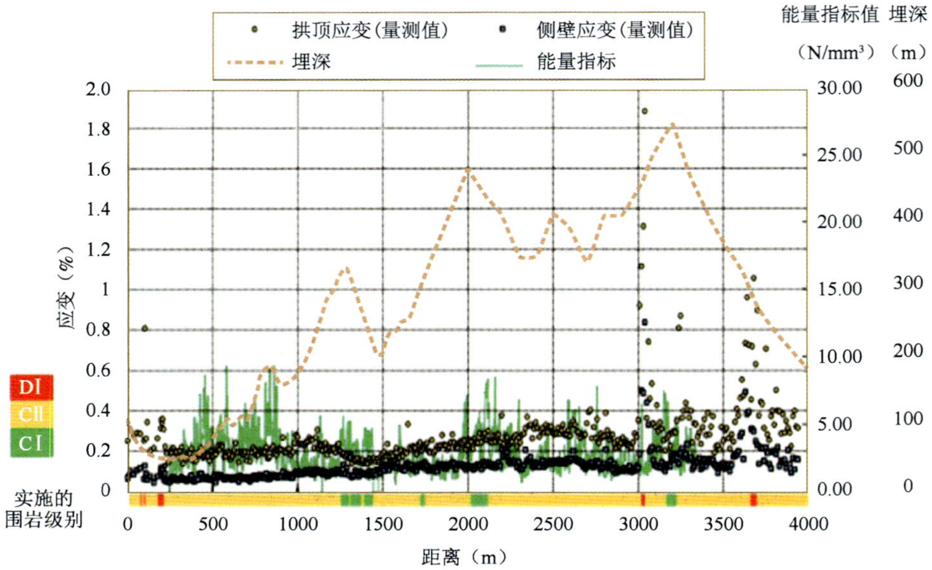

图 4-94 隧道的开挖时应变、能量指标阈值、埋深及实施的围岩级别关系

应变预测设定两个学习区间和推论区间。前方探查实施区间中,其中一个与围岩级别相同,里程 200～2600m 为学习区间,里程 2601～3400m 为判别区间;另一个是里程 200～1399m 为判别区间,里程 1400～3400m 为学习区间,前者称为模式 A,后者称为模式 B。应变预测输出值是拱顶应变数值数据处理后的所得值。用学习区间的教师数据通过回归学习建立预测模型。预测模型输入判别区间的输入值即可得到预测值。

从输入数据选择到教师数据学习、判别的全过程如图 4-95 所示。

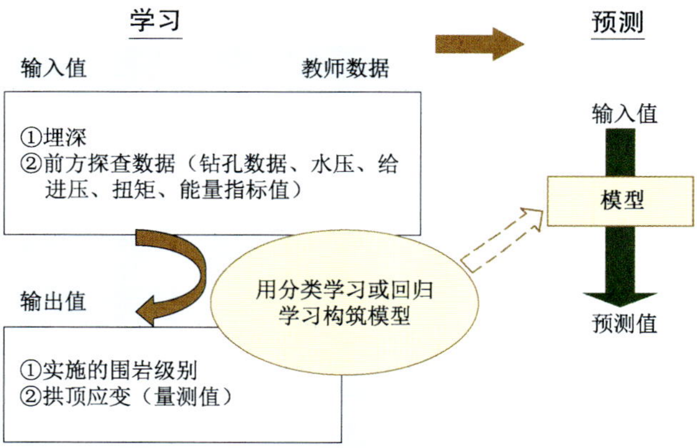

图 4-95 从学习到判别的全过程

(4)结果及预测

预测围岩级别时,图 4-96 表示了各分类方法的学习阶段及判别阶段的符合率。图中判别区间的实际围岩级别 C_{I} 及 C_{II} 为其符合率的平均值。学习阶段的符合率为 85% ~99%，而判别阶段的符合率为 60% ~90%，符合率较低。

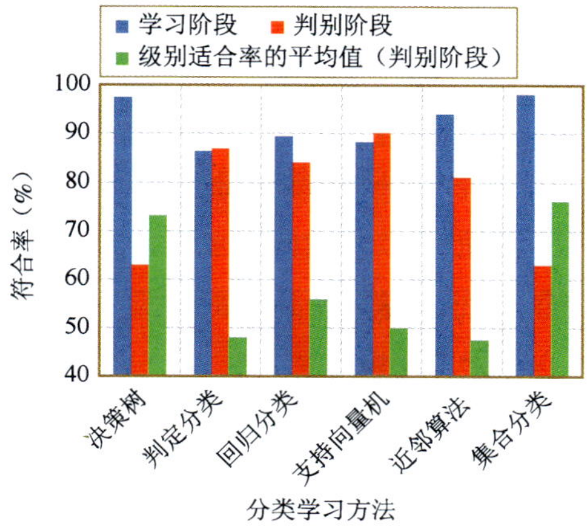

图 4-96　围岩级别预测的符合率

拱顶应变预测中采用学习方法的预测值和实际的量测值的比较和关系见图 4-97、图 4-98。图 4-97表示的是模式 A 里程 200 ~ 1400m 区间的拱顶应变。图 4-98 表示了模式 B 里程 2600 ~ 3400m 学习区间模式的预测值和量测值。

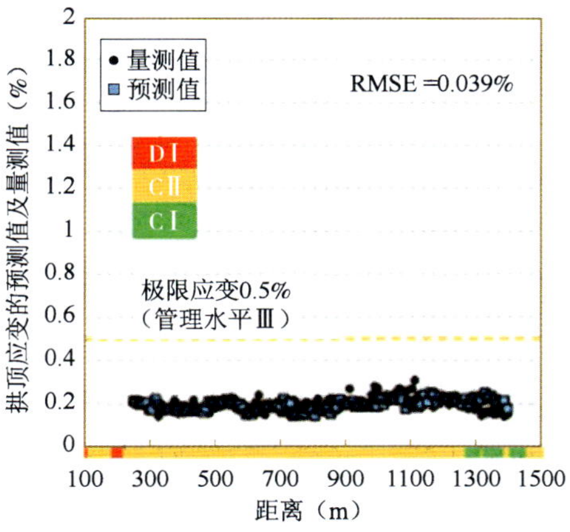

图 4-97　拱顶应变预测结果(模式 A)

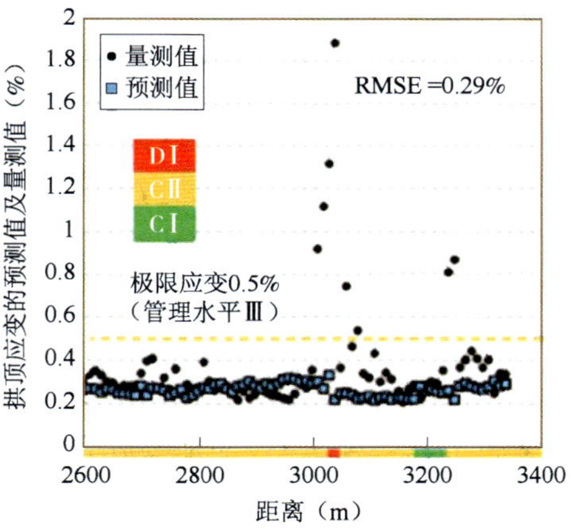

图 4-98　拱顶应变预测结果(模式 B)

2) 基于钻孔数据的掌子面前方预测(TFS-Learning)

隧道施工中，利用爆破孔 TFS-Learning 与利用挖机械钻孔数据的探查技术 DRISS 的比较见表 4-6。

TFS-Learning 和 DRISS 比较　　表 4-6

钻孔探查系统	TFS-Learning	DRISS
图示	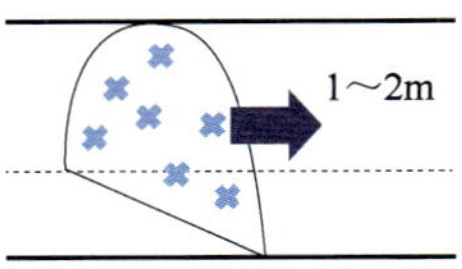	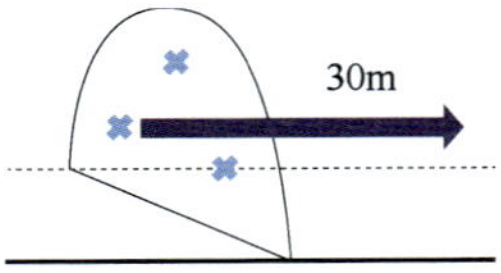
钻孔数(个)	40 ~ 80	1 ~ 3
水平钻孔长度(m)	1 ~ 2	约 30
调查时期	开挖作业中	开挖作业停止中
调查区间	下一循环开挖区间	下一循环开挖区间

由表 4-6 可知,TFS-Learning 的钻孔长度较短,可获取最靠近掌子面的数据,通过所有钻孔数据的机器学习以获得全面的前方围岩状况。该方法更为简便。

(1)钻孔数据

掌子面钻孔时,从开挖机械(钻孔台车)获得的 4 个钻孔数据见表 4-7。

钻孔数据　　表 4-7

钻孔数	单位	备注
钻孔速度	cm/s	单位时间的给进长度
打击压	MPa	打击作业的压力
回转压	MPa	凿岩机液压马达的动作压力
给进压	MPa	通常液压缸的动作压力

钻孔掘进由活塞打击、钻杆回转、凿岩机挤压围岩 3 个动作进行,与之对应的压力分别称为打击压、回转压和给进压。作为钻孔时调查的数据,要求所有的数据由开挖机械实时输出。

(2)回归式的预测方法和预测结果

①预测式

TFS-Learning 是根据钻孔数据自动预测下一个掌子面稳定度的系统。预测流程见图 4-99。其中回归方法采用非线性回归方法之一的遗传程序设计方法。此方法可得到自由度高的回归式,表 4-7 的 4 个钻孔数据为回归式的说明变量,预测对象是掌子面评价点。

钻孔数据是按每秒获取的,数据量庞大,使用时取每孔的平均值。掌子面评价点由技术人员用目视观察获取。首先按表 4-8 的所列项目,获取掌子面拱顶、右侧、左侧的评价点,进行加权计算。表 4-8 掌子面观察项目计算的评价点中,点数越低,表明掌子面状态越好。

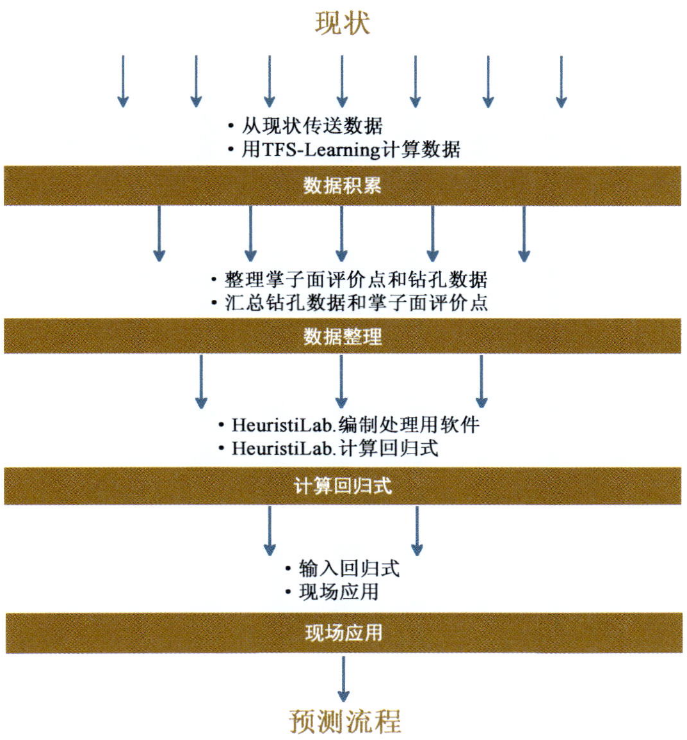

图 4-99 预测流程

掌子面观察项目 表 4-8

序号	项目	评价分级(开挖地点的围岩状态和动态)				
1	掌子面状态	稳定	从正面掉块	正面挤出	正面崩塌或流失	其他
2	素开挖面状态	自稳	随时间岩块堕落(后支护)	自稳困难,开挖后需早期支护(先支护)	开挖前需先行支护	其他
3	抗压强度	$\sigma_c \geqslant 100$MPa	20MPa$\leqslant \sigma_c <$ 100MPa	5MPa$\leqslant \sigma_c <$ 20MPa	$\sigma_c < 5$MPa	其他
4	风化变质	无、健全	沿裂隙变色、强度稍降低	全体变色,强度显著降低	土砂状、黏土状、破碎、未固结	其他
5	裂隙频率	间距 $d \geqslant 1$m 无裂隙	20cm$\leqslant d <$1m	5cm$\leqslant d <$20cm	$d \leqslant 5$cm	其他
6	裂隙状态	密贴	部分开口	开口	夹有黏土、未固结	其他
7	裂隙形态	随机方形	柱状	层状、片状、板状	土砂状、细片状、未固结	其他
8	涌水	无、渗水程度	滴水程度	集中涌水	全面涌水	其他
9	水造成的劣化	无	产生松弛	软弱	崩塌、流失	其他

下述案例共获取长度2875m,主要岩类(花岗闪绿岩)的数据10898个,作为学习数据计算出非线性回归式。

根据学习结果获得的回归式如下:

$$f_i = 1.28\exp A \times [-0.72R \times A - \exp(1.54S)] \times (0.538S - 0.180A) \times \left\{ \frac{-0.0493}{\dfrac{1.14A}{1.21R - 0.187A} + \exp[\exp(0.580S)]} \right\} + 1.85 \tag{4-8}$$

式中:f_i——掌子面评价点;

S——钻孔速度(cm/s);

A——打击压(MPa);

R——回转压(MPa)。

机器学习时,发现给进压的相关性低,因此,此式未考虑给进压,图4-100表示回归式的精度评价。横轴是现场技术人员的评价点,纵轴是式(4-7)计算出的评价点。

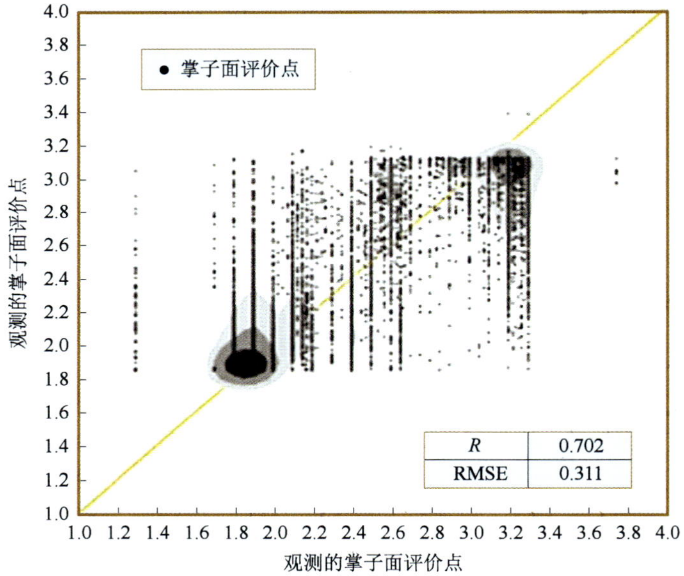

图4-100 回归式的精度评价

②预测结果

图4-101表示用式(4-7)表示掌子面评价点的结果。

图中的紫色越深表示评价点越低,掌子面状态越好,红色越深表示评价点越高,掌子面状态越差。图4-101a)的S掌子面是强风化的花岗闪绿岩,中央部分风化严重,掌子面评价点,在拱顶、右侧、左侧分别是2.4、2.2、2.2。此掌子面用式(4-7)表示的结果,中央风化部分呈黄绿~红色。

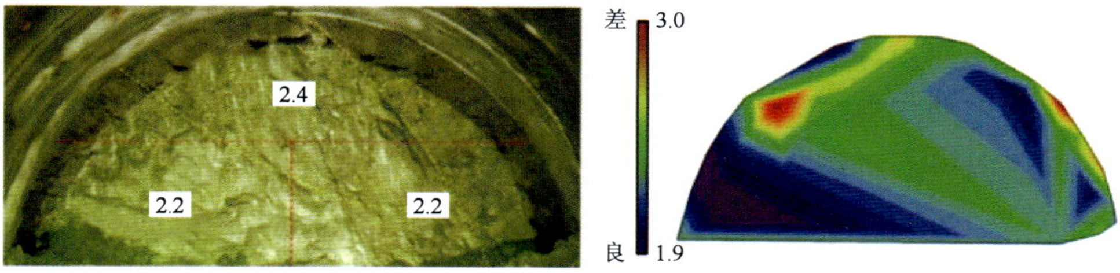

a) S掌子面(No.278+11.0m地点)

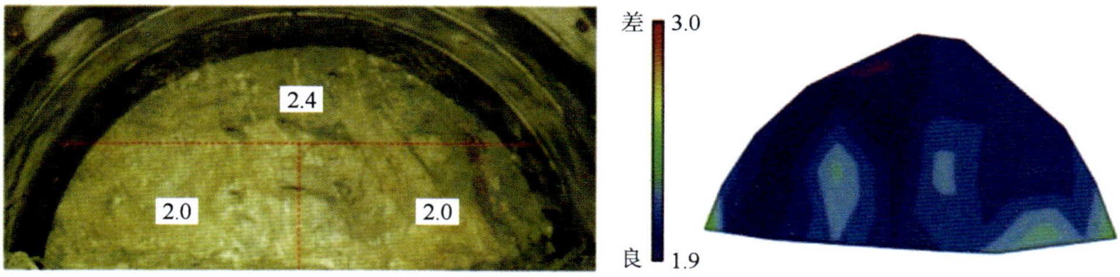

b) T掌子面(No.278+6.0m地点)

图 4-101 回归式预测的掌子面评价

3)利用 AI 的 T-FaceAI 系统

T-FaceAI 系统致力于提高隧道掌子面评价的可靠性及掌子面探查的安全性。

掌子面探查是预测前方围岩状况和评价支护稳定性重要的日常作业,但评价多依赖技术人员的经验,易造成掌子面评价点离散。同时,因隧道开挖后要求迅速喷混凝土支护以确保隧道稳定,防止发生掉块事故,实际上很难确保有充分的掌子面观察时间,加大了评价点的不确定性。为此,开发了 AI 的掌子面评价支护系统 T-FaceAI。

T-FaceAI 系统是基于学习人脑日常的记忆(经验等的记忆即学习系统)和判定(新的判断即判定系统)的机理,在计算机上开发的模式化系统,即使用 AI 的判定系统进行掌子面评价。

系统考虑了现场的实用性,更易于操作(图 4-102)。机器学习时,确定想学习的数据(消除不需要地点的掌子面照片和掌子面评价点的命令)和学习次数,只要点击学习开始按钮即可。判定时,选择使用的 AI 模型和掌子面照片,点击预测开始按钮即可。

以某公路隧道为例,在掌子面评价点中,把掌子面上部断面分为拱顶、左肩部、右肩部 3 个部分,利用抗压强度等 7 个变量进行评价,如图 4-103 所示。T-FaceAI 系统以图像易于判断的风化变质、裂隙间距、裂隙状态 3 个变量为研究对象,其他 4 个变量采用技术人员的判定结果,获得平均 84% 的准确率,为支护模式的选择提供了参考。

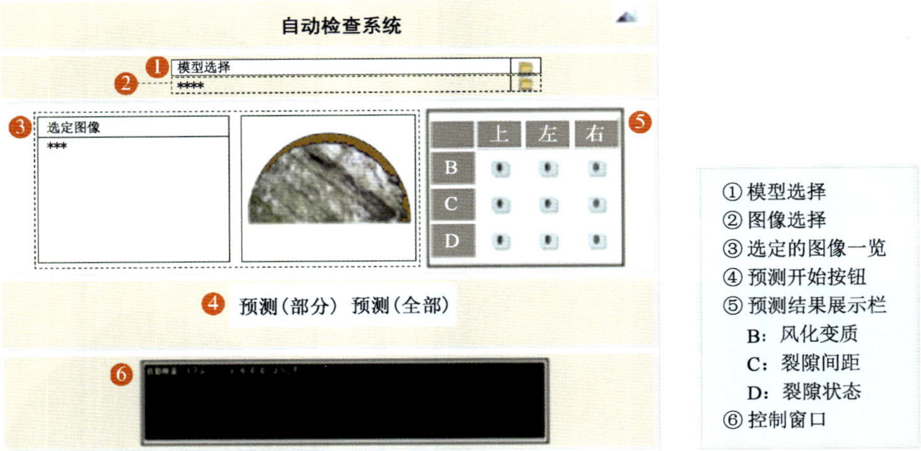

图 4-102　AI 掌子面评价系统的微机操作界面(判定系统)

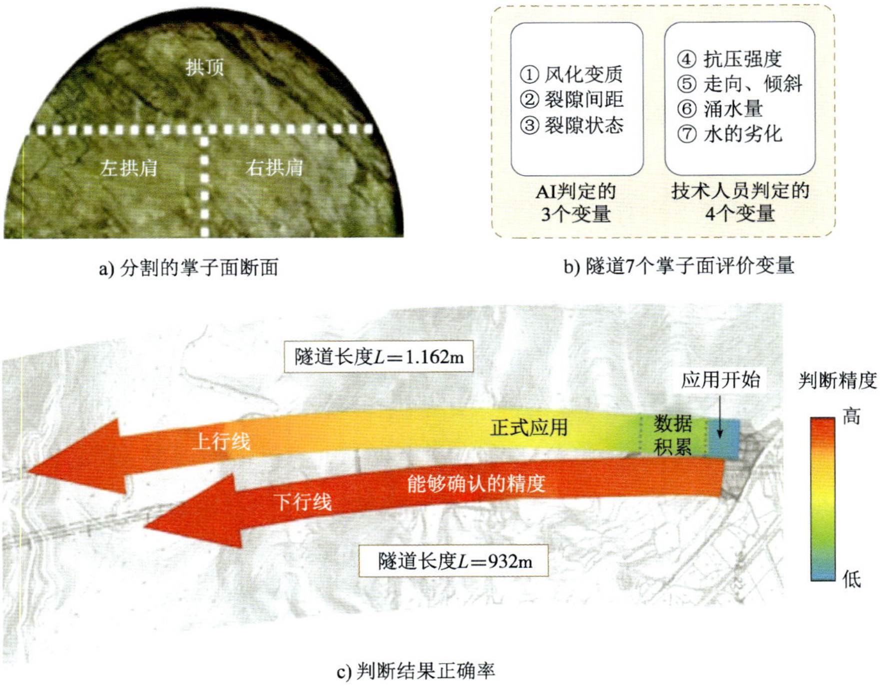

a) 分割的掌子面断面

b) 隧道7个掌子面评价变量

c) 判断结果正确率

图 4-103　T-FaceAI 系统在某公路隧道中的应用

4)深层学习的隧道掌子面评价

在山岭隧道施工中,为了确保施工安全、安心,并尽可能地减少费用、缩短工期,要求对掌子面(开挖最前端)进行详细观察,了解地质特征。因此,不仅需要具有地质学知识的专家,还要求有从事观察工作多年具有经验的技术人员常驻工地。

掌子面评价 AI,是能够支持现场技术人员对地质作出合理判定的技术。该技术利用人工智能的深度学习,对过去施工记录中的掌子面图像和围岩评价进行分析、分类,根据图像提示地质特征,帮助技术人员作出判定为目的而开发的。

(1)山岭隧道掌子面评价

在山岭隧道中,设计阶段根据地表踏勘和物理探查评价地质构造,进行施工方法和支护构造的初步设计。但在此阶段正确评价地下深部的地质构造在技术上存在困难。根据施工中的情报进行修正设计。此时,最重要的是,要观察露出的围岩素颜评价,其特征性状是后期如岩类生成年代、物理力学特性、岩质的软硬、裂隙频度和主方向等重要情报。

围岩特征一般用以下 7 个项目表示。通常把每一项目细分 4 ~ 6 级进行判定。

①抗压强度。

②风化变质。

③裂隙间距。

④裂隙状态。

⑤走向、倾斜。

⑥涌水量。

⑦涌水造成的劣化程度。

(2)深度学习的应用

用计算机实现与人的自然学习能力同等或超过其功能的技术和方法称为机器学习。为实现此目的可采用许多方法,深度学习是其中的一种方法。实施深度学习的数值模型,是模拟人的复杂的脑构造的神经网络(以下称为 NN)。

NN(图 4-104)由特征提出阶段和分类阶段构成。

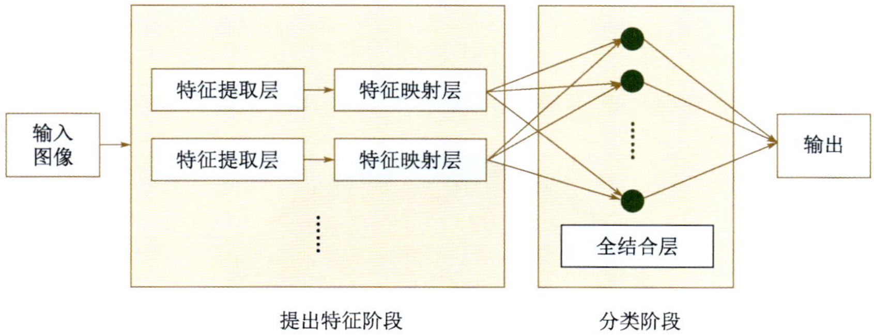

图 4-104　神经网络构造

(3)AI 掌子面评价的概要

采用多伦多大学开发的 AlexNet 软件,特征提出阶段分为 5 层,分类阶段分为 3 层,层构造少,没有 CPU 的计算机也能够使用。

学习数据基于过去积累的施工数据编制。编制时，从 6 个现场选定了 70 个掌子面图像。利用软件按 227 × 227 分割图像，在约 2000 枚图像中选择约 800 枚作为验证数据使用。由专家修正基本数据，把掌子面图像与前面的 7 个围岩特征结合在一起。

(4) AI 掌子面评价的特点

①所用云系统

使用机器和常时不受限制，利用云系统处理(图 4-105)。运用终端是平板电脑或计算机。摄像掌子面发送到云系统，围岩特征按项目返回到运用终端。图 4-106 是在 A 隧道试行的状况。

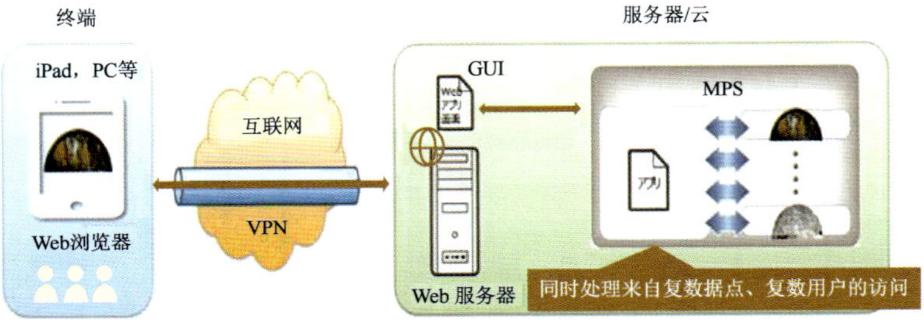

图 4-105　云系统

图 4-106　实施状况照片

②评价细化

过去，评价按掌子面上、左、右 3 部分判定围岩特征，此次约分割 70 个部分进行评价(图 4-107)。因此，能够掌握局部不稳定的部分。

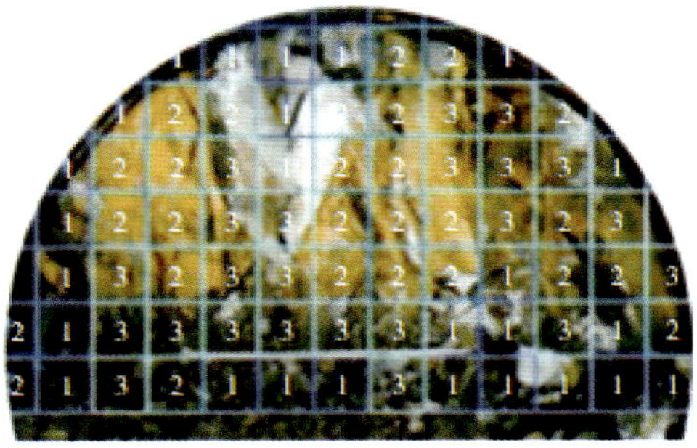

图 4-107　风化变质的热图

1-新鲜良好；2-沿裂隙风化变质；3-岩芯风化变质

③高符合率

7 个项目中，达到表 4-9 中 73% 以上的符合率，提高了判定围岩质量和符合率。

围岩特征项目符合率 表 4-9

围岩特征项目	项目分类数	符合率(%)
抗压强度	6	96
风化变质	4	73
裂隙间距	5	73
裂隙状态	5	83
走向、倾斜	5	81
涌水量	4	88
涌水造成的劣化程度	4	97

5) 利用深层学习的隧道掌子面(开挖面)评价系统

利用深层学习，开发出与地质学专家具备同等专业能力的掌子面评价系统。同时开发出根据掌子面图像的风化变质、裂隙间隔及裂隙状态 3 方面的评价系统将成果可视化。在此基础上，又追加了强度、走向倾斜、涌水量及劣化度 4 个项目的掌子面围岩评价。评价系统核心的学习数据，是由岩体力学和地质学专家的知识和经验组合而成，并已确认 70% 以上同等专家评价。

利用云系统，全国各现场都可利用，施工管理者在现场能够比较目视结果和系统的评价结果，系统界面见图 4-108。

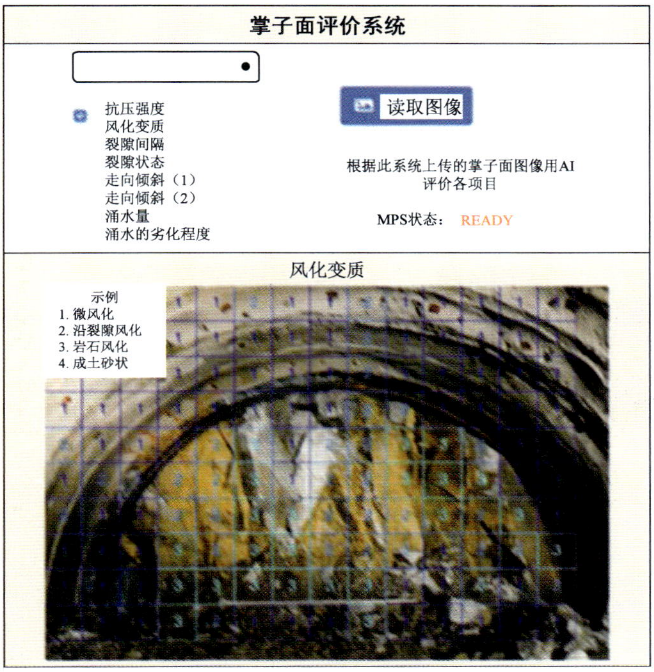

图 4-108 系统界面(解析输出界面)

该系统的特征如下：

(1)利用云系统,即时、精准评价掌子面状况,提高了施工的安全性及经济性

利用平板电脑等把掌子面图像上传至"云"端,选择全部项目,进行解析评价。每个项目的解析时间仅30s。过去采用掌子面上方、左右3个区域解析评价,现在则将掌子面分割成50~70个区域解析,见图4-109。

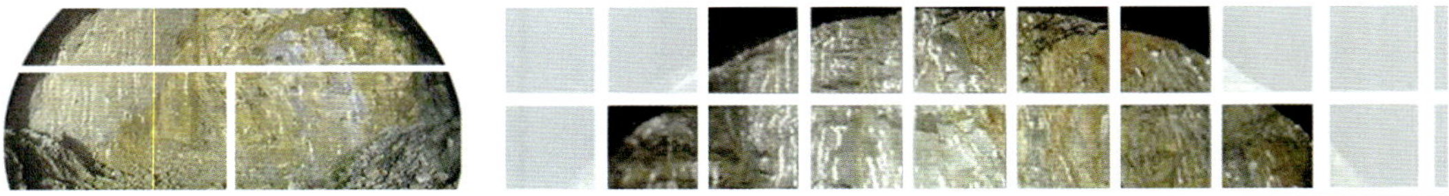

a)过去的掌子面评价区域（分割上方、左右3个区域）

b)本系统分割50～70个区域

图4-109　掌子面评价区域

(2)实现与岩体力学和地质学专家具有同等水平的高精度评价

利用高可靠度的图像识别模型(AlexNet)评价掌子面图像,与专家的判断评价结果的符合率约在70%以上(7个项目平均值是84%,最高的超过90%)。在现场获取的数据积累在云服务器中,通过模型学习和实践积累,还将进一步提高符合率。

6)隧道掌子面AI评价系统和应用

本系统是利用卷积神经网络(Convolutional Neural Network,CNN)分析掌子面图像,自动进行掌子面评价和支护模式选定的系统。

(1)隧道掌子面AI评价系统简介

图4-110表示系统的运用简介。本系统的围岩判定、支护模式选定分为"一次判定"和"二次判定"进行。一次判定,根据摄像的掌子面图像,用图像识别AI自动计算掌子面观察簿的点数,选定支护模式。二次判定,基于钻孔探查(DRISS)的倾向和掌子面挤出位移值,修正一次判定的支护模式。

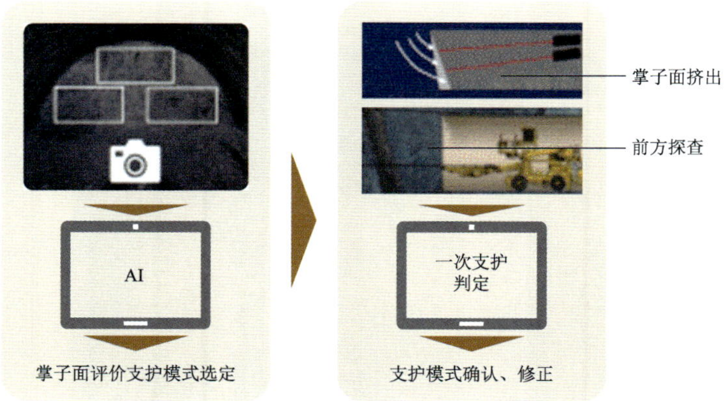

a)一次判定　　b)二次判定

图4-110　支护模式选定

(2)掌子面评价模块的开发

①适合于 AI 的隧道掌子面观察

在隧道施工中,为选定最佳的支护模式和对策,对掌子面进行观察,其中围岩、岩石的强度和裂隙状态等观察项目(表 4-10)应基于评价分级的点数判定。判定时,分别按拱顶、左肩、右肩三部分判定,取其结果的平均值(拱顶按 2 倍加权平均)作为评价点。评价点不仅是判断掌子面变化的数据,也是选定支护模式的指标。

观察项目及评价分级　　　　表 4-10

观察项目		评价分级					
A 抗压强度	单轴抗压强度(MPa)	100 以上	50 ~ 100	25 ~ 50	10 ~ 25	5 ~ 10	5 以下
	点荷载(kN)	>4	2 ~ 4	1 ~ 2	0.2 ~ 1	<0.2	—
	评价分级	1	2	3	4	5	6
B 风化变质	风化的基准	大致新鲜		沿裂隙风化变质	风化变质到岩芯	土砂状风化	
	评价分级	1		2	3	4	
C 裂隙间距	裂隙间距 $d \geqslant 1m$		50cm≤d<1m	20cm≤d<50cm	5cm≤d<20cm	d<5cm	
	RQD	>80	50 ~ 80	30 ~ 60	10 ~ 40	<20	
	评价分级	1	2	3	4	5	
D 裂隙状态	裂隙开口度	裂隙密贴	裂隙部分开口	裂隙多处开口,宽度<1mm	裂隙开口,宽度 2 ~ 5mm	裂隙开口,宽度 5mm 以上	
	裂隙加持物	无	无	无	夹有薄黏土(5mm 以下)	夹有厚黏土(5mm 以上)	
	裂隙的粗度	粗糙	裂隙平滑	一部分镜面	易于滑动的镜面		
	评价分级	1	2	3	4		
E 走向、倾斜	走向与隧道轴成直角	1:倾斜;45° ~ 90°(逆坡)	2:倾斜;20° ~ 45°(逆坡)	3:倾斜;0° ~ 20°(逆坡、顺坡)	4:倾斜;20° ~ 45°(顺坡)	5:倾斜;45° ~ 90°(顺坡)	
	走向与隧道轴平行	—		1:倾斜;0° ~ 20°	2:倾斜;20° ~ 45°	3:倾斜;45° ~ 90°	
10m 区间掌子面的涌水量和水造成的劣化状态的评价(判定劣化现在和将来的可能性)							
F 涌水量	状态	无、渗水(1L/min 以下)		滴水程度(1 ~ 50L/min)	集中涌水(20 ~ 100L/min)	全面涌水(100L/min 以上)	
	评价点	1		2	3	4	
G 劣化	水造成的劣化	无		发生松弛	软弱化	流失	
	评价分级	1		2	3	4	

开发的 AI 掌子面评价模块中每个观察项目均能够自动判定围岩级别。基于业主确定的“选定支护模式的评价点基准”可根据计算掌子面评价值自动选定支护模式。

②自动化

系统开发时,在图像解析中采用了卷积神经网络(CNN)。该方法是对图像进行多次卷积(Convolution)处理(过滤)的解析方法。图 4-111 表示卷积处理的计算案例。图 4-111a)左侧表示掌子面图像,图 4-111b)表示用 3 行 3 列矩阵进行卷积处理,图 4-111c)提出了图像边缘。在 CNN 中,进行反复处理后提出图像的特征可进行识别。

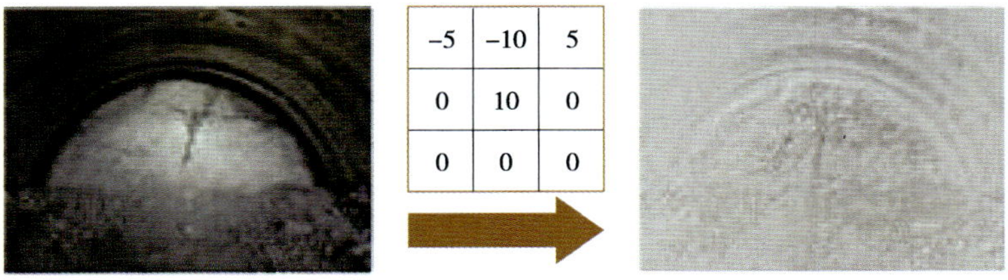

a) b) c)

图 4-111 卷积的计算

在掌子面观察中,为计算评价点,要赋予每一项目分级的点数,此阶段的评价与 CNN 识别是对应的。自动评价的流程见图 4-112。首先删除不需要评价的地点,在掌子面观察簿中,对拱顶、左肩、右肩依次序进行裁剪。各级别评价使用 CNN 自动计算。最后集合 CNN 得到的各项目的评价计算掌子面评价点,并选定相应的支护模式。

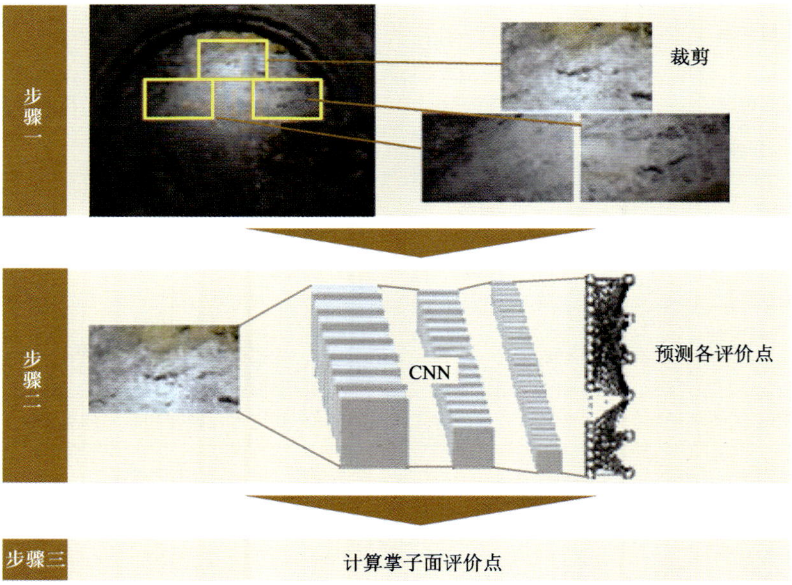

图 4-112 自动评价流程图

③利用竣工数据验证 AI 评价

以竣工隧道(长 2258m)的施工数据(约 700 张图像及对应的观察记录)编制 CNN,计算出识别各观察项目的评价点,与实际施工情况比较,两者评价是一致性。

表 4-11 列出用 CNN 识别和实际施工的各观察项目的一致率,图 4-113 表示最终用于选定支护模式的掌子面评价点中自动评价计算的与实际施工数据的差异。验证中可见,CNN 具有 60% 涌水的识别能力,与实际施工数据的最大误差是 17.6%。此识别误差和评价点的误差,对选定支护模式的判定分级影响不大,因此说明 CNN 的自动评价是一个有效的方法,可作为图像解析的方法。

调查项目的识别一致率(施工后的现场的验证)　　表 4-11

观察项目	一致率
掌子面状态(分 4 级评价)	70.00% (21/30)
素开挖面状态(分 4 级评价)	90.00% (27/30)
单轴抗压强度(分 4 级评价)	80.00% (24/30)
风化变质(分 4 级评价)	60.00% (18/30)
裂隙状态(分 4 级评价)	70.00% (21/30)
裂隙形态(分 4 级评价)	70.00% (21/30)

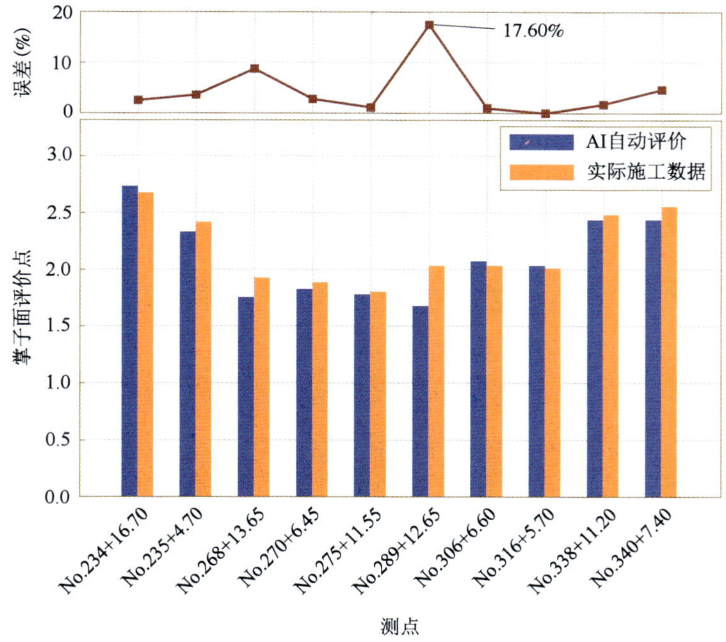

图 4-113　CNN 的事前验证结果(掌子面评价点比较)

(3)系统导入及应用结果

某隧道长1021m,净空断面积约70m^2。CNN的学习区间设在开挖早期阶段,学习区间及运用区间纵断面见图4-114。

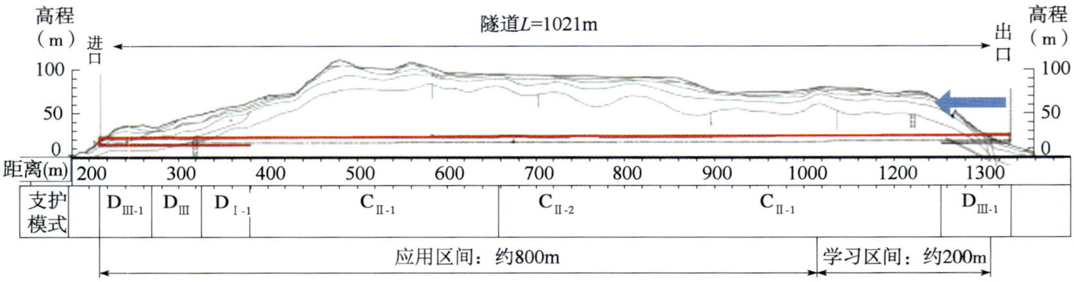

图4-114　学习区间和应用区间示意图

用已开挖的200m区间作为学习区间,其间对每个掌子面进行拍摄和评价,构筑学习用数据组。200m后的800m开挖按CNN学习后的识别结果选定支护模式。

200m的学习区间中,为进行以后的验证,用180m的数据汇集为教师数据编制CNN。开挖学习区间时,获得106枚掌子面图像,编制成318枚数据组(表4-12)。

调查项目的图像数(教师数据)　　表4-12

观察项目	评价区分					
	1	2	3	4	5	6
压缩强度	0	0	236	34	21	27
风化变质	0	81	204	33	—	—
裂隙间隔	0	0	105	163	50	—
裂隙状态	0	39	186	46	47	—
走向、倾斜	0	0	26	263	29	—
涌水	318	0	0	0	—	—
劣化	318	0	0	0	—	—

为验证编制的CNN的识别能力,设定20m的验证区间对CNN识别结果与现场技术者判定结果进行比较。此20m开挖区间获得6枚掌子面图像、18枚验证对象。图4-115表示其中1枚掌子面图像的结果,可以看到,AI判定与现场技术者判定基本一致,两者的一致率见表4-13。

观察项目的识别一致率　　表4-13

观察项目	一致率
单轴压缩强度(4阶段评价)	100.00%(18/18)
风化变质(3阶段评价)	72.22%(13/18)
裂隙间隔(3阶段评价)	55.56%(10/18)
裂隙状态(4阶段评价)	94.44%(17/18)
走向倾斜(3阶段评价)	100.00%(18/18)

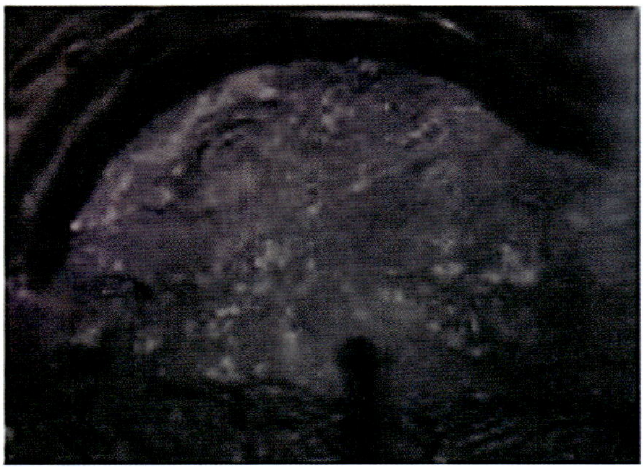

评价项目	现场人员判定			AI自动判定		
	左肩	拱顶	右肩	左肩	拱顶	右肩
抗压强度	3	3	3	3	3	3
风化变质	—	—	—	—	—	3
裂隙状态	4	4	4	3	4	4
裂隙间距	3	3	3	2	3	3
走向、倾斜	4	4	4	4	4	4
涌水	1	1	1	—	—	—
劣化	1	1	1	—	—	—
掌子面评价点	45.0			53.0		
支护模式	C_{II}			C_{III}		

图 4-115　CNN 判定和现场技术者判定的评价比较

7) 利用爆破振动数据的掌子面预报系统

大和集团株大和房屋工业株式会社开发的提高安全性的掌子面预报系统，在隧道开挖中，利用爆破时的振动，在 150m 前预测掌子面的地质状态（性状）的变化。该系统在新三国隧道中进行了基础试验后，成功应用于羽之浦隧道中。

该系统是在离掌子面一定的距离设置一台专用记录装置，记录爆破时的振动，并进行波形处理（地震波干扰法自相关处理）的方法，通过提取分析从掌子面附近地质变化的反射波，从而预测掌子面的性状。该系统可以像天气预报（“晴” = 安全，“阴” = 稍微注意，“雨” = 严重注意）一样实时预测断面的性状变化，将这些情报告知作业相关人员。因此，与以往相比，该系统的应用降低了掌子面坍塌的风险，提高了掌子面附近作业的安全性。

图 4-116 为每日公开的掌子面预报界面；图 4-117 为掌子面预报系统概貌。

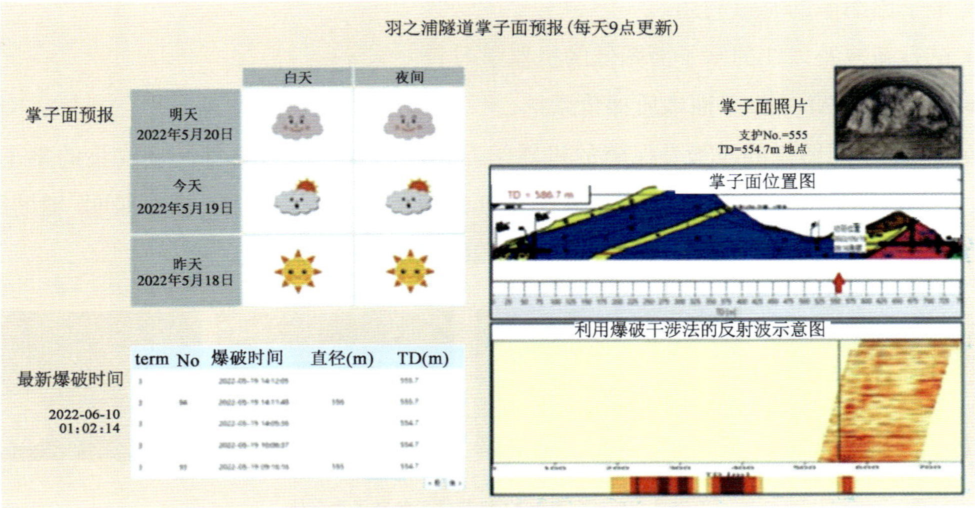

图 4-116　每天公开的掌子面预报的网页界面

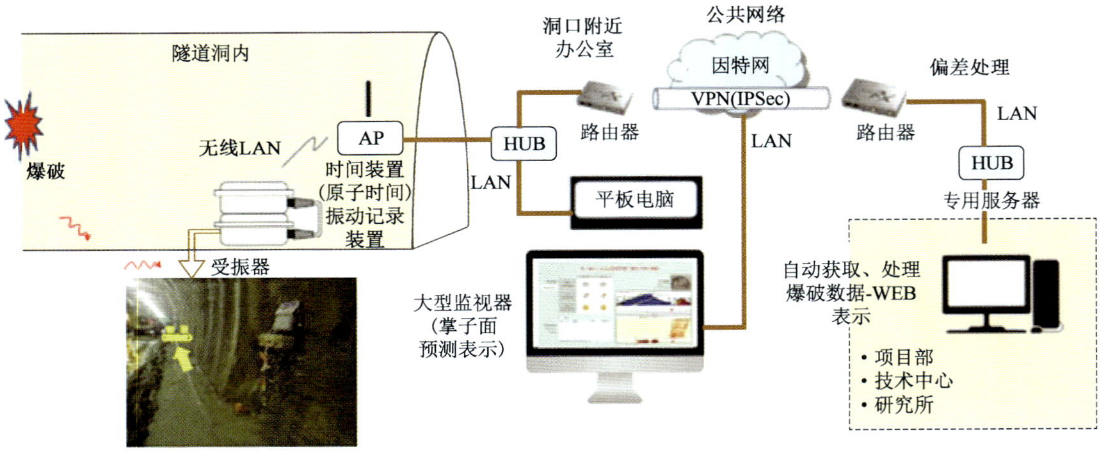

图 4-117　掌子面预报系统图(洞内爆破振动观测～波形处理～掌子面预报的公开表示)

该系统可以自动更新振动数据,进行作业当日、次日的掌子面预报。可以从专用的网站上阅览,随时、实时从智能手机和平板电脑终端随反映到作业上,提高了掌子面附近作业的安全性。同时搭载了表达结果好坏的反馈功能,通过积累的振动结果提高预测精度。

未来通过多现场的不断应用,可以获得大量的掌子面预报数据,利用人工智能技术进一步提高预报的精度和安全性。

8) 利用掌子面图像机器学习的地质 AI 评价

利用掌子面图像进行围岩智能评价工作流程简述如下:

- 收集、评价、分析以往现场的掌子面图像及同类研究。
- 掌子面照片摄像的最佳化。
- 掌子面图像的有效利用。
- 试行新规及以往的掌子面图像的机器学习。
- 编制利用 AI 的掌子面地质评价系统。

可见,掌子面图像的质量是保障的机器学习正确的首要输入条件。从收集的掌子面图像看,有一些图像并不适合机器学习,图 4-118 所示的图片可以看到,拱部照明、辅助照明、机械类照明等摄像条件差异很大,照度在 70～200 lx 之间,很离散。

图 4-118　不适合 AI 机器学习的掌子面示例

为保证图像质量，编制掌子面图像的摄像要领十分必要，包括摄像条件的要求、摄像准备、注意事项等。掌子面摄像条件的调查示例如图 4-119 所示。

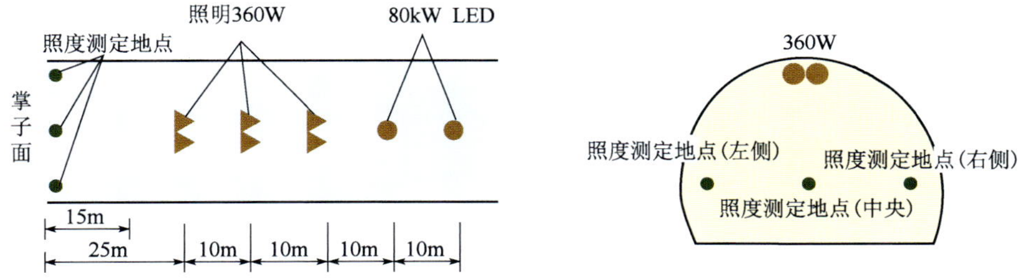

a) 平面图　　b) 断面图

图 4-119　掌子面摄像条件的调查示例

为达到掌子面照片摄像的最佳化，摄像中要注意以下事项：

(1)摄像准备

- 用像素 1200 万以上的摄像设备。
- 摄像模式自动设定。
- 数据格式取 JPEG。
- 颜色样本为黑白，设置在据掌子面前 10m 的位置。
- 摄像时照度不充分，手晃动的情况，要使用三脚架防止晃动。

(2)摄像时的注意事项

- 掌子面中心部摄取 1 张正面图像，左右各 1m 摄取正面图像各 1 张，计 3 张子面全体图像。
- 原则上不使用变焦。
- 采用投光器等照射掌子面，摄像时的照度取 70 ~ 150 lx。
- 不使用闪光灯。
- 掌子面配合焦点。
- 图像的掌子面部分不要有黑板和人物的影子进入。

如果利用历史的掌子面图像进行机器学习需要对图像进行选定。机器学习的数据前处理是从掌子面图像中识别提取掌子面、支护、锚杆等构筑物标志及颜色样本，颜色样本通过掌子面图像的颜色修正系统进行修正。如图 4-120 所示。

编制教师数据，掌子面评价中围岩划分、风化划分、裂隙频率等是必不可少的项目。并应选择对应的机器学习的模型。最终，利用机器学习，将数据图面化、点数化。表 4-14 总结了评价对象采用的模型是否需要教师数据。输出结果如图 4-121 所示，判定流程如图 4-122 所示。

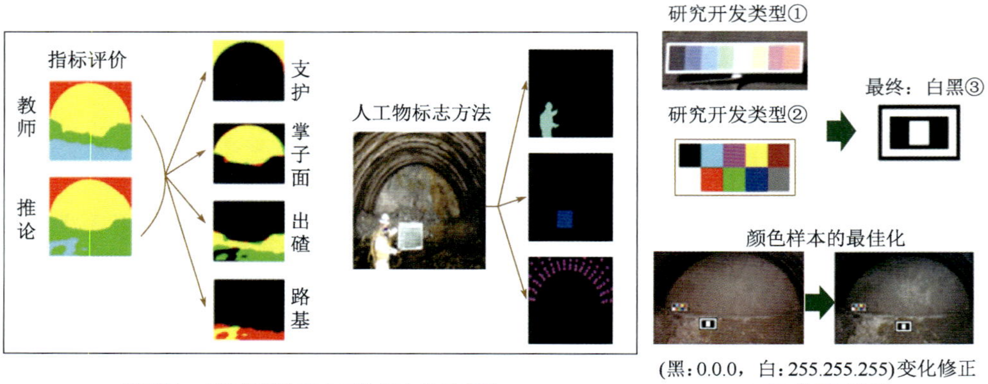

掌子面、支护等划分及人工物标志的示意图

图 4-120　掌子面、支护及人工物的标志示意图

评价对象采用的模型和教师数据的有无　　表 4-14

评价项目	采用的模型	教师数据
掌子面、支护等的划分	SegNet	有
人工物	U-Net　YOLOv3	有
地质变质	IIC	无
风化划分	K-means	无
裂隙频率	Canny	有

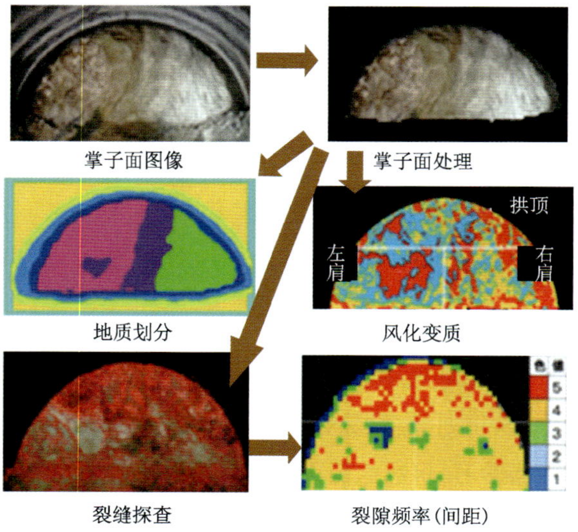

图 4-121　评价对象项目的输出示例

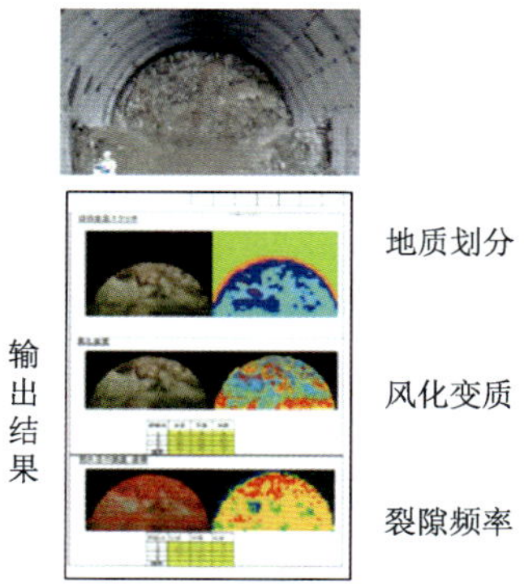

图 4-122　掌子面判定流程

最后,AI 的掌子面地质评价系统应用需要现场技术人员边观察掌子面,边参考平板电脑显示的输出结果,编制掌子面观察数据卡,见表 4-15。

掌子面观察数据卡 表 4-15

观察项目		评价分级					
A 抗压强度	单轴抗压强度(MPa)	100 以上	50 ~ 100	25 ~ 50	10 ~ 25	5 ~ 10	5 以下
	点荷载(kN)	4 以上	2 ~ 4	1 ~ 2	0.2 ~ 1	0.2 以下	
	锤击基准	把岩片置于地面,用锤强烈打击难以破裂	把岩片置于地面,用锤强烈打击破裂	用手拿着岩片用锤打击能够破裂	岩片自身相互打击能够破裂	用两手能够掰裂	用指甲能够划开的岩片
	评价级别	1	2	3	4	5	6
B 风化、变质	风化基准	大致新鲜	沿裂隙风化、变质		风化、变质到岩蕊	风化到土砂状、未固结砂	
	热水变质等的基准	没有看到变质	因变质裂隙夹有粘土		因变质到岩蕊,强度降低	显著变质全体呈土砂状黏土化	
	评价级别	1	2		3	4	
C 裂隙间距	裂隙间距	大于 1m		50cm ~ 1m	20 ~ 50cm	5 ~ 20cm	小于 5cm
	RQD	80 以上		50 ~ 80	30 ~ 60	10 ~ 40	20 以下
	评价级别	1		2	3	4	5
D 裂隙状态	裂隙开口度	裂隙密着	裂隙一部分开口(宽度小于 1mm)	裂隙多处开口(宽度小于 1mm)	裂隙开口(宽度 1 ~ 5mm)	裂隙开口,有大于 5mm 宽度的	
	裂隙充填物	无	无	无	夹有薄黏土(5mm 以下)	夹有厚黏土(5mm 以上)	
	裂隙粗糙度	粗糙	平滑	一部分成镜肌	有摩擦痕迹的镜肌		
	评价级别	1	2	3	4	5	
F 涌水量	状态	无、渗水 1t/min	滴水程度 1 ~ 20t/min	集中涌水 20 ~ 100t/min		全面涌水 100t/min 以上	
	评价级别	1	2	3		4	
G 劣化	因水劣化	无	不产生松弛	软化		流出	
	评价级别	1	2	3		4	

注:涌水量和劣化的观察项目作为修正掌子面评价点的项目。

本章关注

- 地质情报管理平台。
- 围岩可视化。
- 掌子面前方预测和地层监测。
- 围岩评价和掌子面 AI 评价。

SHANLING

DIZHI DIAOCHA

YU ZHINENG

SUIDAO

JISHU

第 5 章

隧道地下水调查技术和涌水监控

地下水问题是困扰隧道设计、施工、运营的关键问题之一。突发涌水甚至会导致恶劣的后果，为此，单独作为一章进行讨论。本章以案例方式介绍地下水调查、涌水监控和地下水信息化施工。

在隧道及地下工程修建中,地下水问题是困扰隧道设计、施工的关键问题之一。虽然各国的地质条件、技术条件以及对环境影响考虑有所不同,但对地下水问题的认识基本一致。为保证施工的质量和安全,大家都希望隧道的施工环境应处于无水状态或处于施工可以接受的渗漏水(涌水)状态;隧道建成后,为确保建(构)筑物的长期使用性能,隧道内的渗漏水应在容许的范围内。因此,各国在地下水控制技术上大同小异,差异仅局限于各自的技术条件、对策方法以及地下水泄漏控制标准上。

地下水调查,首先要认识到围岩是一个天然的隔水屏障,地下水的存在是必然的,进入隧道的涌水形态与地质状况、地下水存在形态关系密切。突发的异常涌水分布极不均匀,可能是突然的、不可预计的,会形成水荷载异常的状态。因此,为减少隧道开挖中可能出现的问题,需要在计划、设计、施工的各阶段,通过有效的地质调查技术,以良好的精度掌握隧道周边的地下水存在形态、水文地质构造等。

通过水文调查可掌握隧道涌水量的研究和地下水对隧道建设的影响。图 5-1 为一般的水文调查流程。

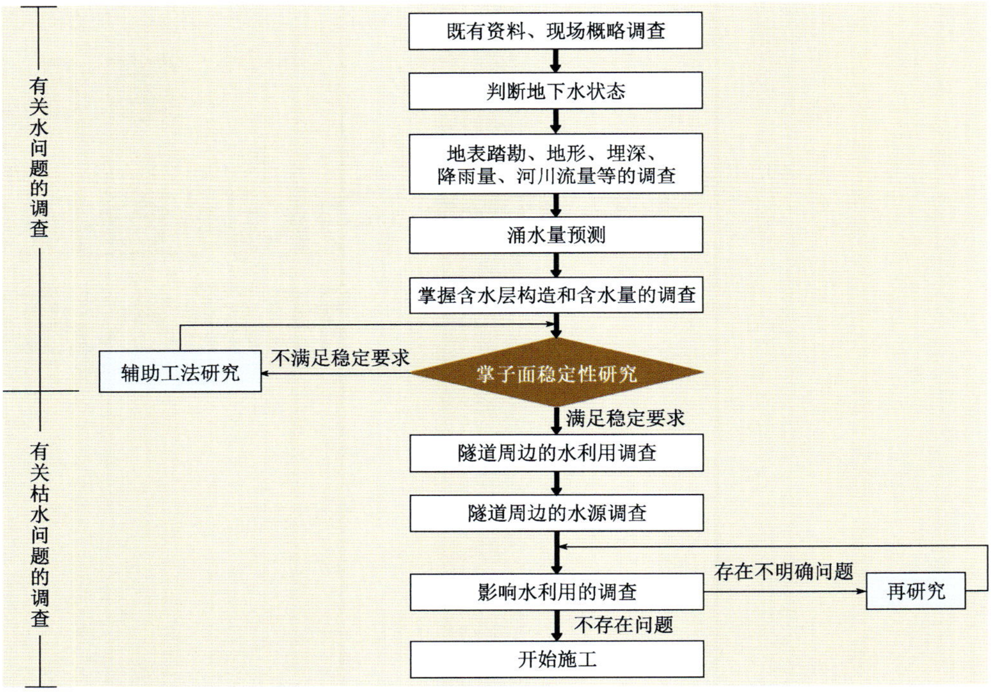

图 5-1　水文调查的流程

水文调查,最重要的是查明对工程的影响和水利用的障碍。地球上的水在大气层、水圈、地圈三层环境中循环。雨水到达地表的水成为河流和湖泊的地表水,渗入地下成为地下水,最终流入大海。然后,地表水和海水蒸发,形成云,再变成雨回到地表。水文调查就是研究水循环的领域,采用降水量调查、流量观测、地下水观测、地下水的流向和流速调查、水质调查等方法,科学地观察和调查地表水和地下水现象,分析地形、地质、土壤、人类环境的变化等。根据相互关系,预测水对建设工程等的影响,明确水利用障碍的有无和程度。

水文调查包括降水调查、流量观测、地下水观测、地下水的流向和流速调查、水质调查、对施工影响的评价等。

(1)降水调查

从大气中降落的水被称为降水,大致分为雨和雪。降水量与水位、流量、地下水位、流出砂土量和水质等关系密切,因此探讨应对工程项目的立项和施工、设施的维护管理、洪水和缺水等引起的水灾害、水文解析等不可或缺,是最基本的调查内容之一。

(2)流量观测

流量是指单位时间内流过河流某横断面的水量。流量是河流规划、洪水预测、预报等河流管理中使用的基本数据。为了制定水资源计划,需要了解多年来的全年流量变化;为了制定合理的治水计划,需要了解历年洪水期的流量。

(3)地下水观测

地下水观测是掌握地下水位的空间分布和时间变化,揭示地下水赋存状态和地下水动态的调查方法,目的是掌握地下水收支、评价工程对地下水的影响、追踪地下水污染的路径等。

(4)地下水的流向和流速调查

地下水的流向和流速调查是查明地下水的流向和流速的调查方法。掌握土壤和水源的保护、堤坝渗水的对策讨论、地下建(构)筑物的建设和混凝土的铺设等对地下水的影响,以查明地下水污染的机制和评估扩散风险等为目的,实施调查。

(5)水质调查

水质调查是掌握地表水和地下水的颜色、气味等物理性质,有害化学物质有无等科学性质,细菌的有无等生物性质,判断其是否符合利用目的的标准,开展地下水的涵养、流动机制或揭示的调查。

(6)对施工影响的评价

综合考虑各种水文调查结果,地形、地质以及工程内容、期限等,查明地表水减少、地下水位下降、地下水流动变化、水质变化等是否影响工程及其影响程度、影响期限等。

具体来说,水文调查包括施工前调查对象地域周边的水井状况调查(井点调查、利用状况、地下水位等)和溪流、河流等的流量调查,收集降雨量数据等。水文调查包括施工前调查、施工中调查、施工后的调查,以便掌握地下水变化和评价。

施工时引发的地下水问题包括突发涌水造成的掌子面崩塌;未预计的大涌水造成混凝土喷射不足;周边地域的枯水导致用水不利等。施工中,掌子面开挖的涌水会引发掌子面崩塌,这使得涌水的监测尤为重要。

早期水文调查的研究和观测结果与施工时状况发生不同时要及时反映到施工中。要实时判断施工时是风险发生的可能性、危害程度以及因果关系等。

本章以案例方式介绍地下水调查、涌水监测和地下水信息化施工。

5.1 地下水调查方法、内容及示例

在山岭隧道中,事前掌握掌子面前方的地质和涌水区间的状况,对确保围岩稳定性和施工安全非常重要。开挖中突发的大量涌水,不仅延误工期,也会造成极大的地质灾害。为此,要求事前能够掌握涌水区间的位置和涌水的程度。

地下水调查技术主要采取超前钻孔的方法,以下介绍采取超前钻孔、超长、中长钻孔的相关案例。

1) 利用超前钻孔判断高压和大水量含水层

矿山法是以排水为前提的隧道开挖工法。通常,涌水量在掌子面附近最大。出现涌水时,为了不破坏掌子面的稳定性和减少对开挖作业的影响,须采取相应对策减少流入洞内的地下水量,特别是减少掌子面附近的涌水量。

地下水调查的基本方法是采用不同长度的超前钻孔。超前钻孔的目的是调查前方的地质状况,同时导出地下水,降低掌子面附近集中涌水的水位,确保掌子面稳定。向掌子面前方钻设直径 50 ~ 250mm 的钻孔,利用钻孔获取的各种数据(岩芯、RQD、钻孔能量、钻孔探查、涌水量、涌水压等)可决定相应的施工方案。

超前钻孔的施工方法可以按钻孔长度分类,见表 5-1。

超前钻孔的分类　　表 5-1

类别	长度、直径	有无岩芯	施工位置	特征
A 长钻孔	长度:200 ~ 500m 直径:80 ~ 250mm	从无到有	通常从断面外的钻孔座进行	●能够进行长距离的钻孔; ●在固结的围岩中可以取岩芯; ●能够进行长时间的排水; ●能够预测大的地质变换点,以及前方的大含水层及高水压
B 中长钻孔	长度:50 ~ 200m 直径:70 ~ 136mm	从无到有	通常从断面外的钻孔座进行	●采用通用机械是排水的基本方法; ●通常采用搭接方法进行钻孔; ●能够取岩芯
C 中长钻孔	长度:50 ~ 150m 直径:76 ~ 81mm	从无到有	从掌子面进行	●利用休息日作业停止时,进行钻孔,近年来应用较多; ●多在 TBM 工法中采用; ●多在缺乏连续性的复杂地质状态,不能充分掌握前方围岩状况的场景应用
D 短钻孔	长度:8 ~ 50m 直径:65 ~ 116mm	无	从掌子面进行	●可以用钻孔台车进行钻孔; ●在掌子面附近存在小规模棱镜状的含水层中应用; ●在中、长尺钻孔中,掌子面附近的涌水量没有减少的情况,可进行多孔钻孔的情况应用; ●为提高喷混凝土、锚杆的作业品质采用短钻孔

在分类中(表 5-1),A 和 B 用于掌子面前方预计存在高压、大量含水层的情况,为了不干扰开挖作业在断面外设置横洞等从断面外进行施工。C 和 D 一般都组合到开挖循环中,或者周末进行施工。

2)超长钻孔的涌水量测技术

超长钻孔的改良如图 5-2 所示。

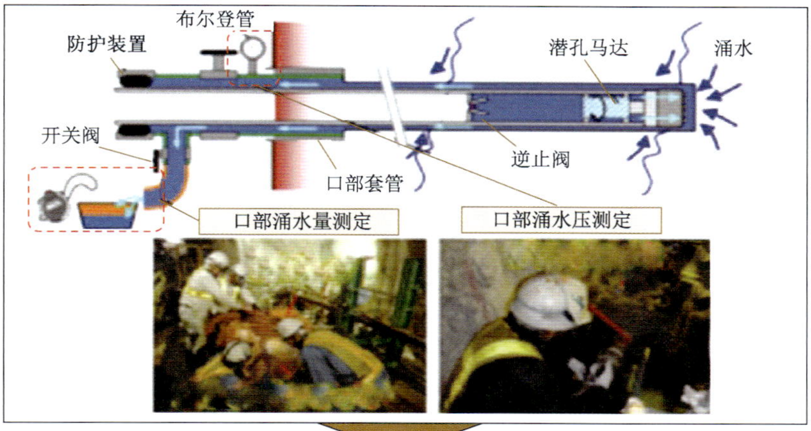

a) 传统方法

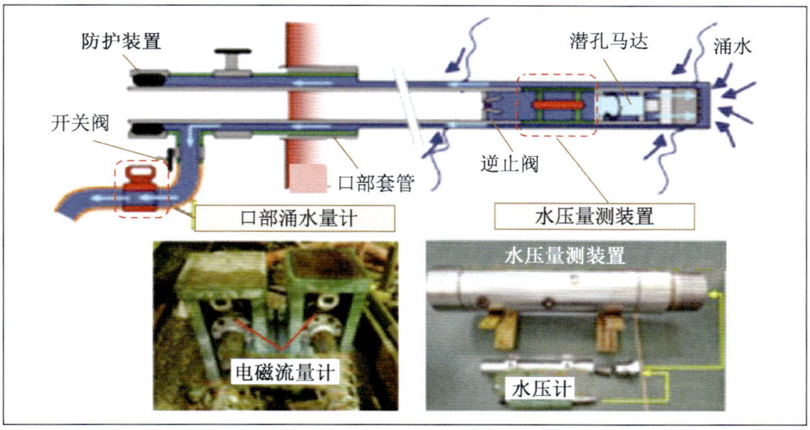

b) 改进方法

图 5-2　超长钻孔的改良

以某隧道为例,采用超长钻孔进行地下水调查后,在扩幅部进行的超长钻孔(钻孔长度第 1 次为 700m,第 2 次为 600m),如图 5-3 所示。

传统的孔口涌水量依赖人工量测,既费时又仅能获取断续的数据。采用皮托管目视量测法仅能获取断续的数据,钻孔长度增长时无法判断各涌水带准确的位置和水压。目前,在超长钻孔孔口设置电磁流量计,钻孔中的涌水量可以连续自动量测。在超长钻孔最前端设置水压量测装置,连续量测前端的水压。

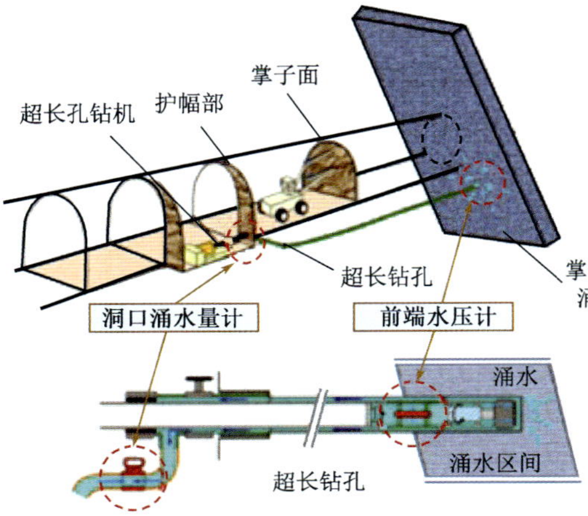

图 5-3　涌水压、涌水量量测概念图

涌水量用孔口设置的电磁流量计量测，涌水压用水压量测装置量测。从量测数据中提炼的数据如图 5-4 所示。

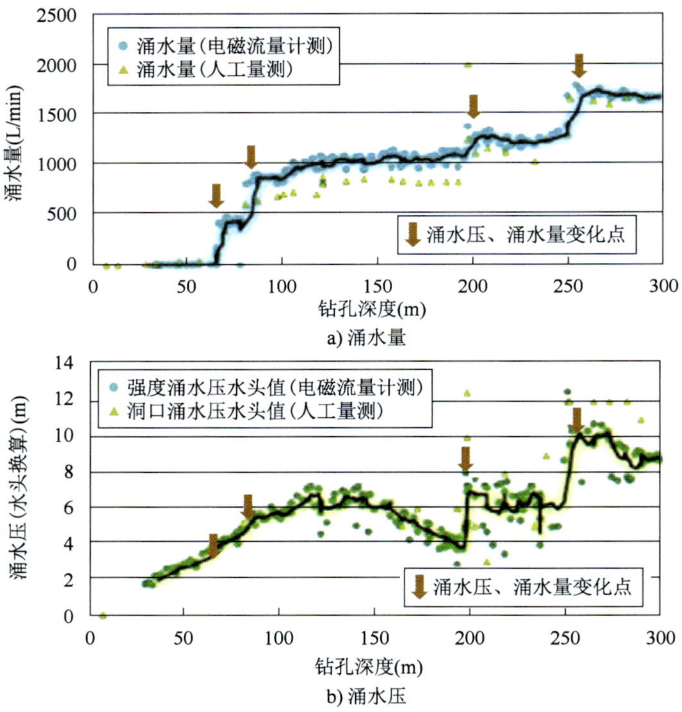

图 5-4　超前钻孔的涌水压、涌水量数据

值得注意的是，钻孔时孔口的电磁流量计测定合计的送水量和涌水量，前端的水压装置主要量测送水压。钻杆接续时和钻孔停止时，电磁流量只量测涌水量。

根据区间的超长钻孔的涌水量、涌水压数据，整理的隧道前方的水文、地质情报如图 5-5 所示。

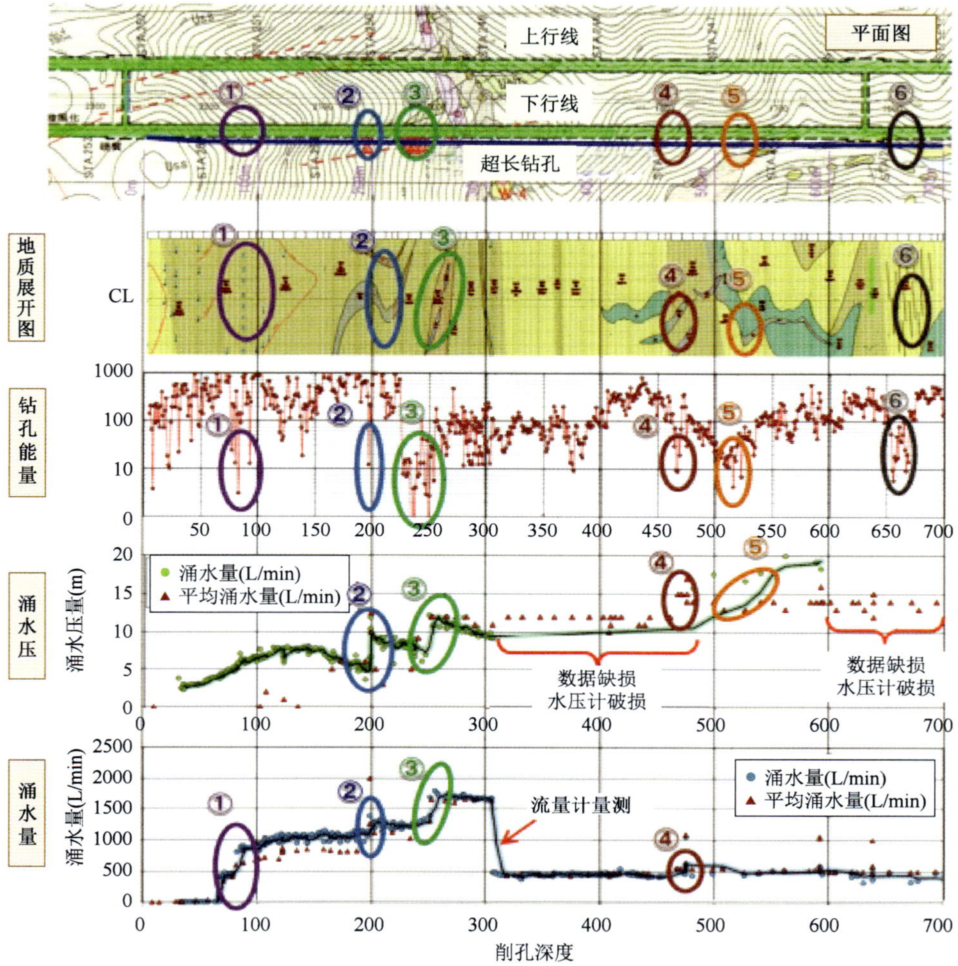

图 5-5 超长钻孔实施区间的地质、涌水情报

根据钻孔能量，钻孔区间有 6 处属不良地质区间(①~⑥)，其中前 3 个(图中的①~③)与涌水压、涌水量激增点一致。

3) 中长钻孔涌水量测技术

在隧道内利用水平钻孔，可有效监控涌水区间，钻孔前要做好密封。

如图 5-6 所示，在孔口的水压量测中，隧道侧壁渗水会使水压降低，造成评价偏危险。为此，开发出密封装置插入、设置系统，如图 5-7 所示。

羽根隧道在砂砾层区间有涌水的可能，采用了从地表进行的井点排水工法(图 5-8)。在砂砾层前方 80m 处，从洞内采用中长钻孔(钻孔长度 120m)，砂砾层距孔口前方 72m 处，按图 5-7 的步骤设置密封装置，插入现场如图 5-9 所示。

中长钻孔完成后进行 3 个月水压监控(图 5-10)。图 5-11 为监控中的中长钻孔和地表观测井的涌水压数据。可见，中长钻孔的量测结果与最靠近的观测井的水压变动几乎相同。

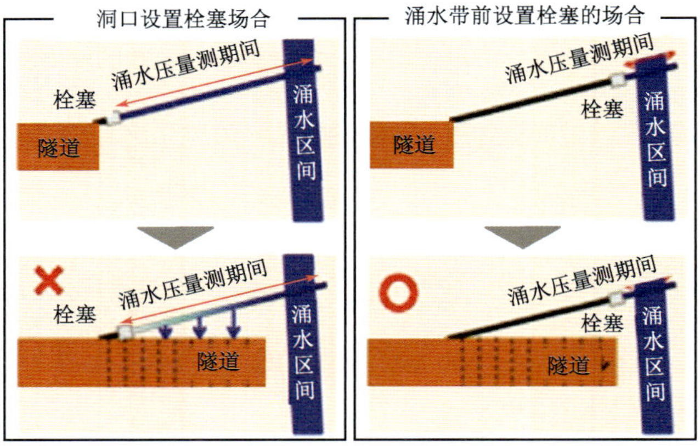

图 5-6　密封装置位置对涌水压量测的影响

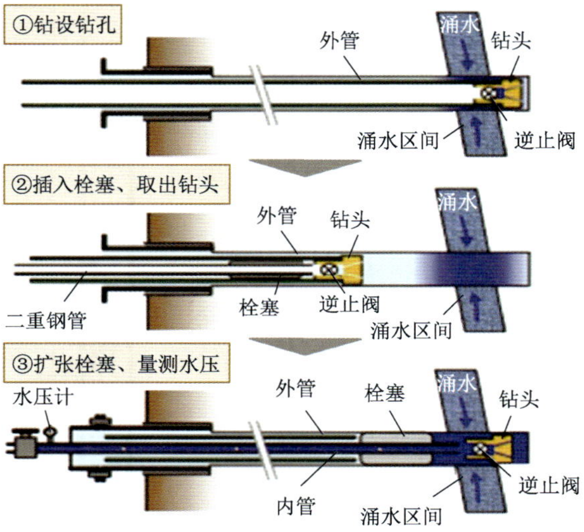

图 5-7　中长钻孔的水压监控步骤

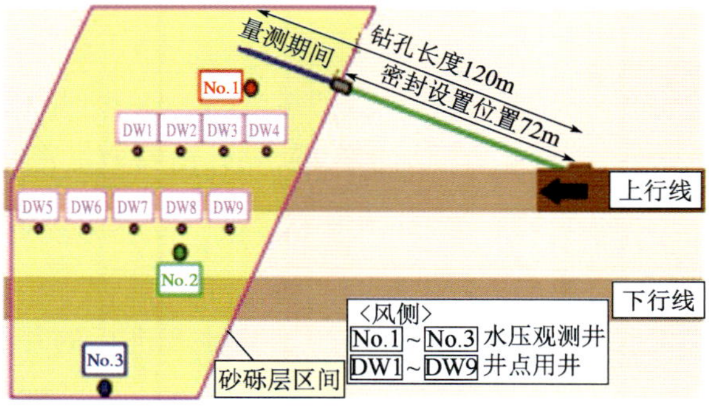

图 5-8　砂砾层间和中长钻孔的平面位置关系

图 5-9　密封装置插入状况

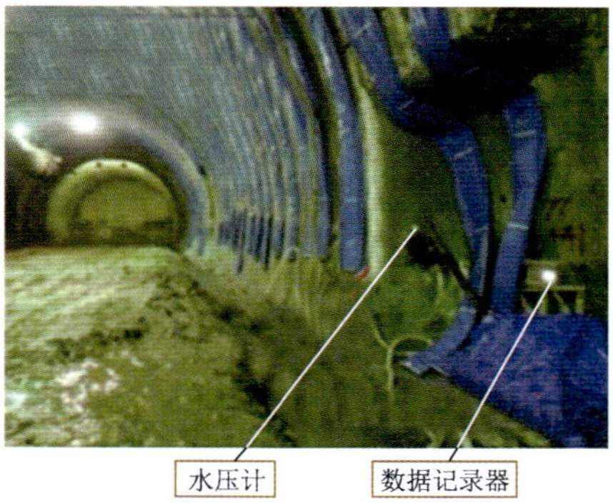

图 5-10　水压监控状况

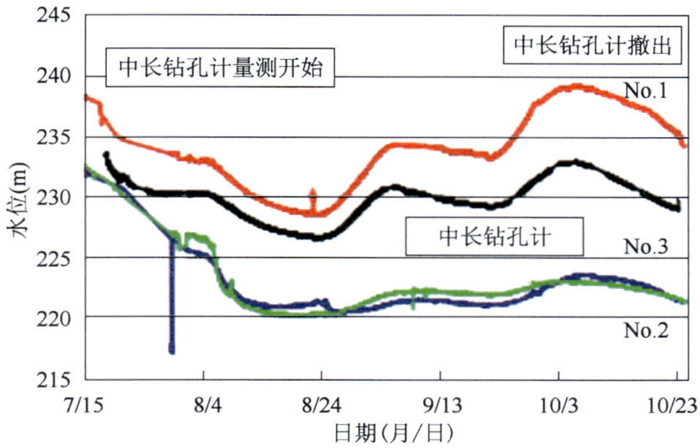

图 5-11　中长钻孔的水压监控

4)连续掌握超长钻孔时的前端涌水压和涌水量的技术

目前,已在长大隧道中进行了超过 500m 的超长钻孔,进行前方断层破碎带的地质调查。超长钻孔钻机工作现场及示意图如图 5-12 所示。

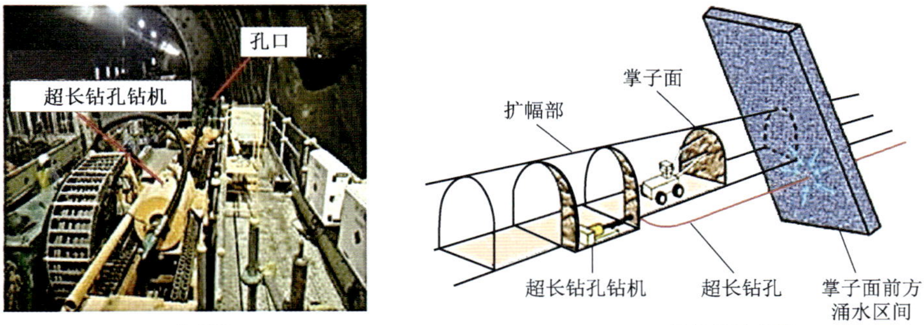

a) 工作现场　　　　b) 工作进程示意图

图 5-12　超长钻孔钻机工作现场及示意图

针对涌水调查和量测,以往在口部断续进行,因此,准确地掌握不同涌水区间的涌水数据很困难。涌水压测定的传统方法是在钻孔后拔出钻杆,再插入测定水压的管,但这种方法作业非常麻烦,且存在钻孔崩塌的风险。

新开发的系统由钻孔前端涌水和口部涌水两个量测系统组合而成。前端涌水压通过在钻机前端装备内置电源的水压计，测定钻孔中前端的涌水压。口部涌水量自动量测是在口部设置电磁流量计，根据钻孔口部的排水量，自动连续测定。系统的工作过程如图 5-13 所示。

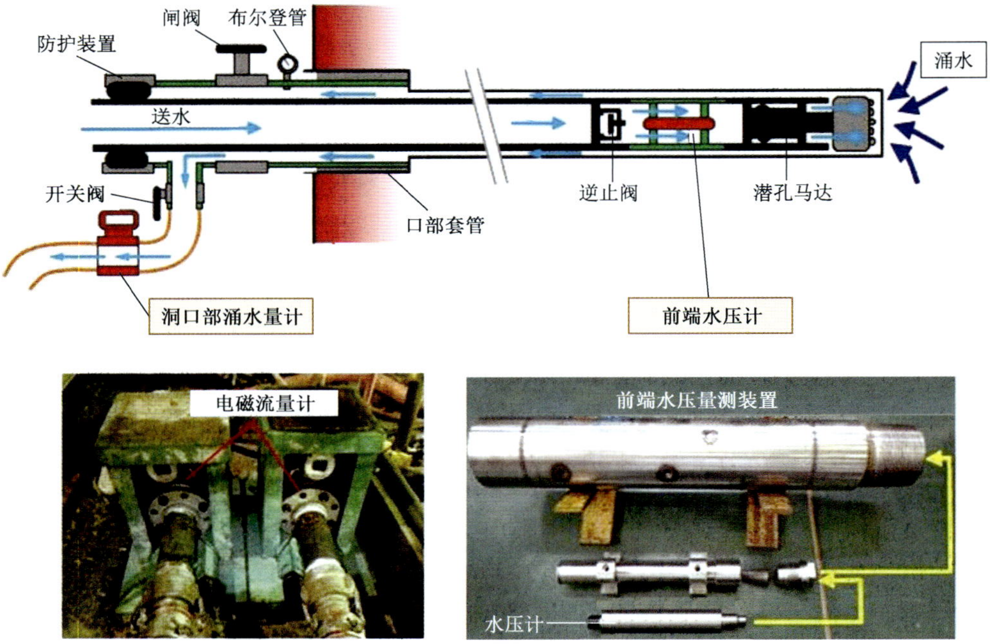

图 5-13　超长钻孔应用状况

该系统应用于箕面隧道（上行线长 2816m，下行线长 2785m）西工区，通过超长钻孔连续掌握前端涌水压和涌水量（图 5-14），精度良好。

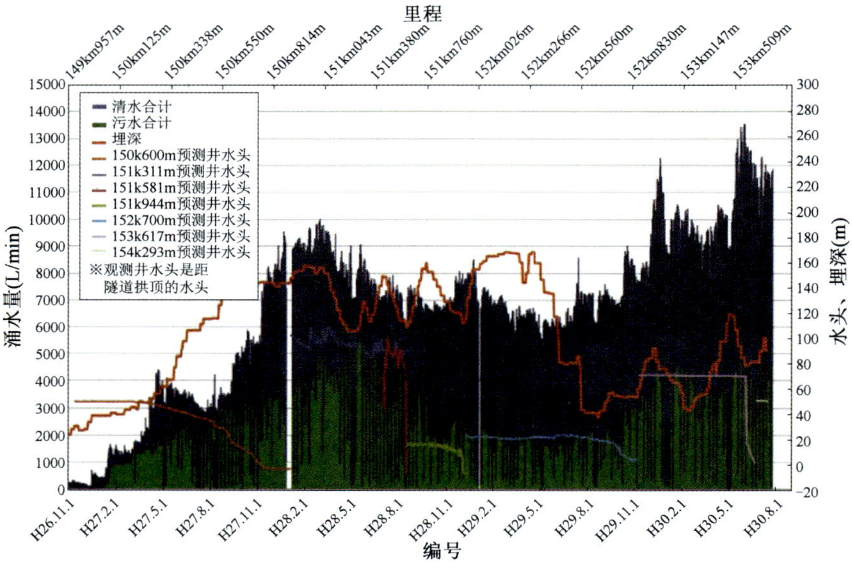

图 5-14　洞内涌水量和水位观测井的水头

箕面隧道西工区在河川的正下方,预计在涌水的区间,采用 700m 超长钻孔进行探查。在该工程中,未来将尝试 800m 级的超长钻孔。

5.2 隧道涌水监控

在长大隧道中,由于高水压、突发涌水会造成工程的延误和重大灾害。在大埋深条件下,仅从地表的观测井难以掌握这些信息,为此,施工阶段从洞内采用超前水平钻孔获取地下水信息。近年来,采用各种不同长度、不同用途的超前钻孔、超长钻孔的应用逐渐增加,并开发出以综合评价掌子面前方围岩状况、安全开挖为目的的获取涌水情报的监控系统。

1) 围岩涌水预报系统

图 5-15 所示的围岩预报系统将现场每天获取的施工数据反映在虚拟空间上,模拟日常地下水环境的历时变化,将涌水引起的风险信息及时报告给施工人员。从获取现场量测数据到最终将风险预警的一系列流程实现了自动化,大幅度降低了现场管理者的负荷和预想之外的风险。

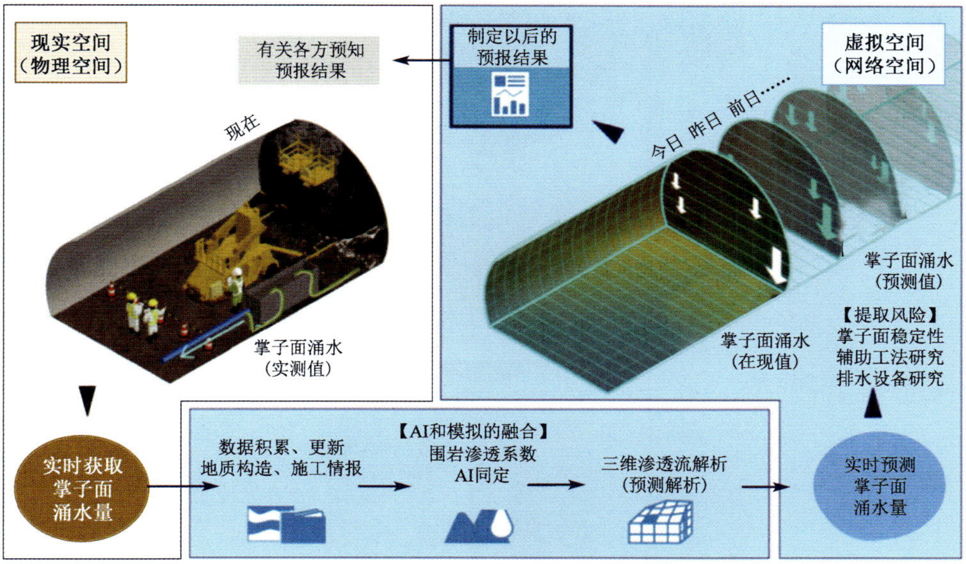

图 5-15 围岩预报系统

2) 掌子面前方涌水监控技术的开发

掌子面前方涌水监控技术的开发目标是构建一个从洞内采用量测、监控确实掌握掌子面前方的涌水状况,基于其数据预测洞内涌水量,判断是否采取对策、选定对策方法,是能够安全开挖的掌子面前方的涌水对策的系统(图 5-16)。

系统构建的关键掌子面前方的涌水量测技术,以及基于其数据的对策判定及评价方法。

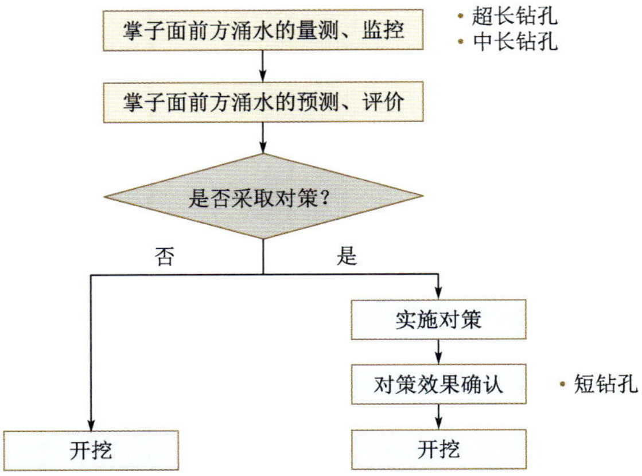

图 5-16　掌子面前方涌水对策系统流程

在大埋深隧道中，地表观测井的作用难以发挥，基本上以洞内超前钻孔的信息为准。目前从洞内的超前钻孔可分为长或超长（超 500m）、中长（80～150m）、短（20～30m）超前钻孔三类。如图 5-17 所示，根据各种超前钻孔的实施时期确定其量测的目的和作用。

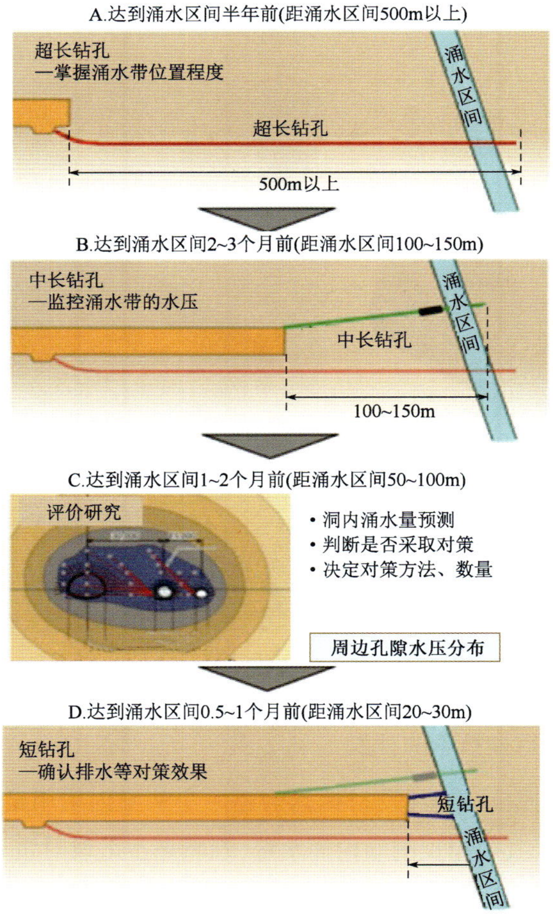

图 5-17　不同时期钻孔的选择

超长钻孔指沿隧道计划线路掘进 500～800m 级的水平控制钻孔，是减轻长大隧道风险的实用对策。根据钻孔时获得的数据计算钻孔能量系数，能断续量测孔口的涌水量和涌水压。中长钻孔指以排水、确认地质为目的，长 80～150m 的钻孔。钻孔需用专用钻机进行，如取芯的绳系工法钻机和 80m 的水锤式钻机等，多在休息日实施。涌水与超长钻孔同样能断续量测涌水量的变化。短超前钻孔指以排水、确认前方地质为目的，可以用通常的钻孔台车钻孔，施工时间只需要数小时，可以频繁地实施。

不同长度钻孔涌水量测的开发目标是不同的。对于超长钻孔，因为其长度很长，考虑孔壁自稳、段落的施工步骤、钻孔完成后的密封设置、监控的技术困难，钻孔期间的涌水压、涌水量要求采用连续量测的技术。对于中长钻孔，过去的涌水压在孔口处量测的情况下，随隧道的进展，涌水压可能会降低，因此对掌子面前方的涌水压评价可能偏于危险侧。为此，要在钻孔前端的对象区间设置好密封装置，采取能够连续监控的技术。对于短超前钻孔，涌水压量测一般没有统一的规定，量测数据也多是断续的。因此，有必要开发能够连续监控的技术。

3）短超前钻孔涌水量测技术

短超前钻孔的水压测定，各个现场是自行独立测定的，多为断续的数据。短钻孔多按图 5-18和图 5-19 设置水压量测系统。

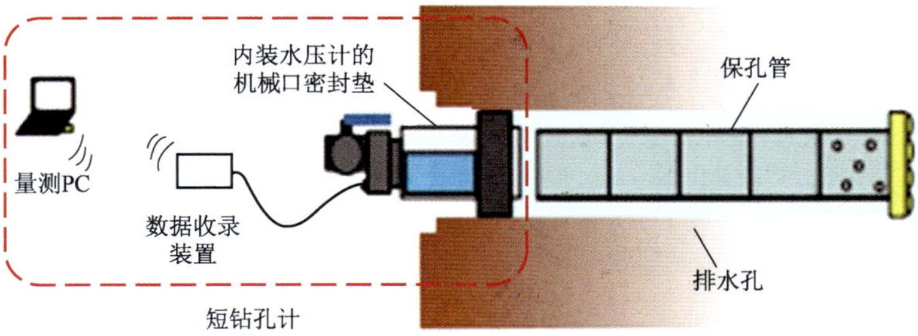

图 5-18　短超前钻孔的概念图

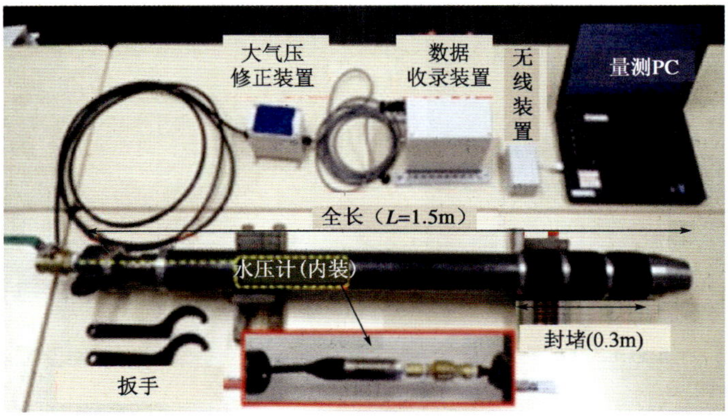

图 5-19　短超前钻孔的全貌

从某隧道现场应用中可见，在钻设短钻孔前，先进行通信试验（图 5-20）。数据收录装置和 PC 的距离，确认通信状况的结果，在离掌子面 180m 出设置防声屏，以便能够确实收录数据。

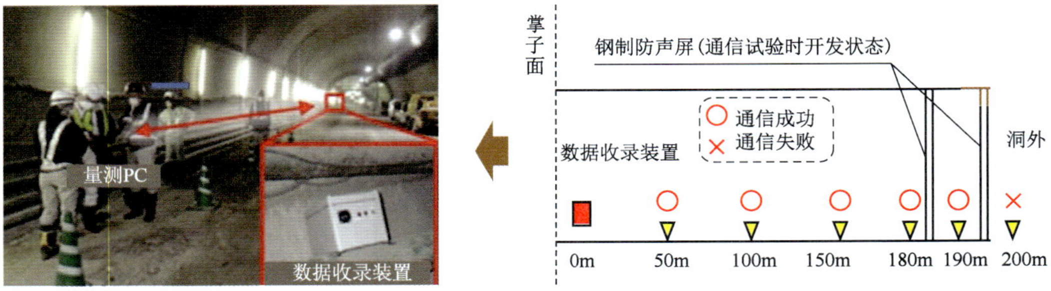

图 5-20　隧道内通信试验

该系统的插入试验在现场的排水钻孔内实施，设置密封装置（图 5-21、图 5-22）。监控中，把 PC 设置在水压量测位置后方 160m 的电源台车上（图 5-23）。图 5-24 所示为实施 8 天的试验数据。

图 5-21　短钻孔的插入状况

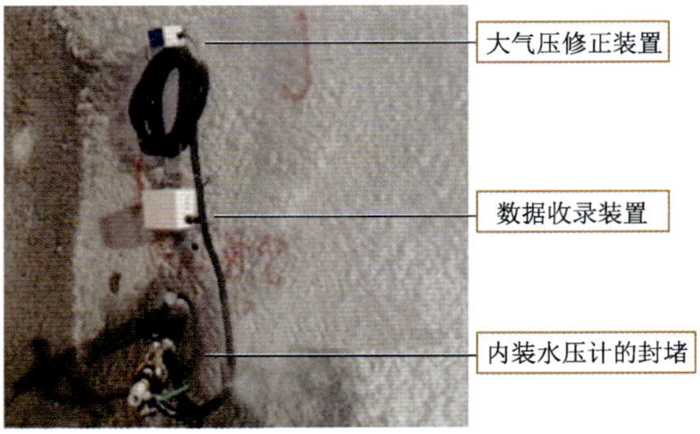

图 5-22　短钻孔的设置状况

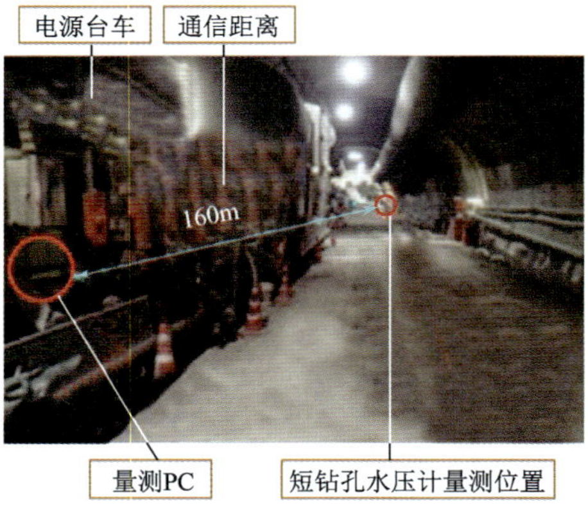

图 5-23　监控的通信状况

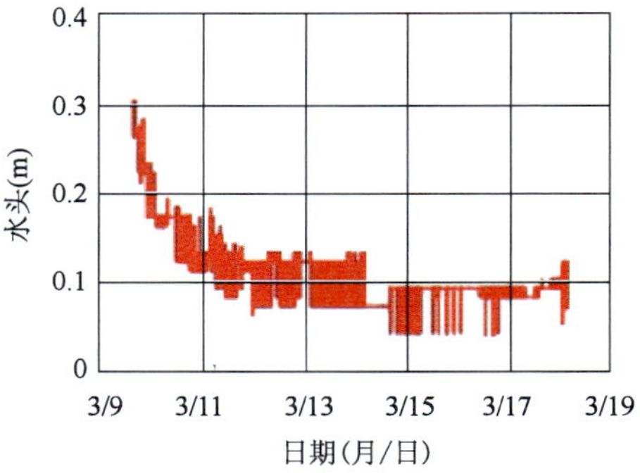

图 5-24　短钻孔水压数据

4) 利用中长钻孔正确掌握掌子面前方 80m 的涌水压

利用中长钻孔调查掌子面前方 80m 左右的地质状况，掌握掌子面前方涌水区间的涌水压系统，可以提高隧道开挖的安全性，降低工期延误的风险。

在羽根隧道中应用，已确认可以较理想的精度掌握 80m 内涌水区间的涌水压。采用的系统示意如图 5-25 所示。

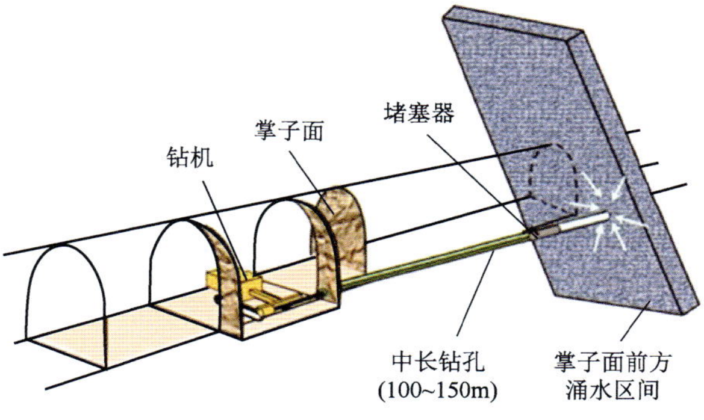

图 5-25　中长钻孔简介

为了连续监控涌水压，要在钻孔前端插入堵塞器与周边分离，只量测涌水区间的涌水压。

该系统开发出的新模块单元，前端带有堵塞器的钢管，通过钻孔钢管，挤出钻头（前端的刃口）插入堵塞器（图 5-26）。不需要钻孔钢管拔出作业，解除了孔壁的风险。

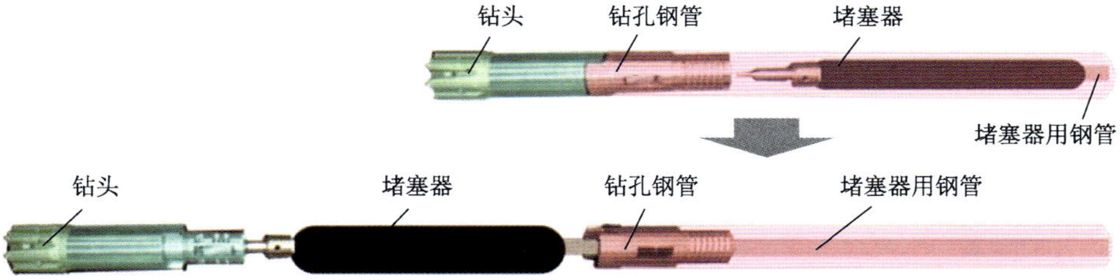

图 5-26　用堵塞器钢管挤出钻头的机构

当中长钻孔的前端到达涌水区间前进行钻孔时，钻孔钢管到达涌水区间前拔出，在钻孔钢管中插入堵塞器钢管，堵塞器钢管挤出钻头后，扩张堵塞器，分离涌水区间。之后，接续水压计，监控前端涌水区间的水压。如图 5-27 所示。

在羽根隧道的应用中，钻设 120m 左右，在涌水区间前（72m 左右）设置堵塞器，进行了约 3 个月的水压监控。系统获得的试验数据与周边观测井的水位在初期阶段仅有几米的差异，与水位变动类似。因水位与水压的相关关系，通过水位的测量可以准确监控水压数据。如图 5-28、图 5-29 所示。

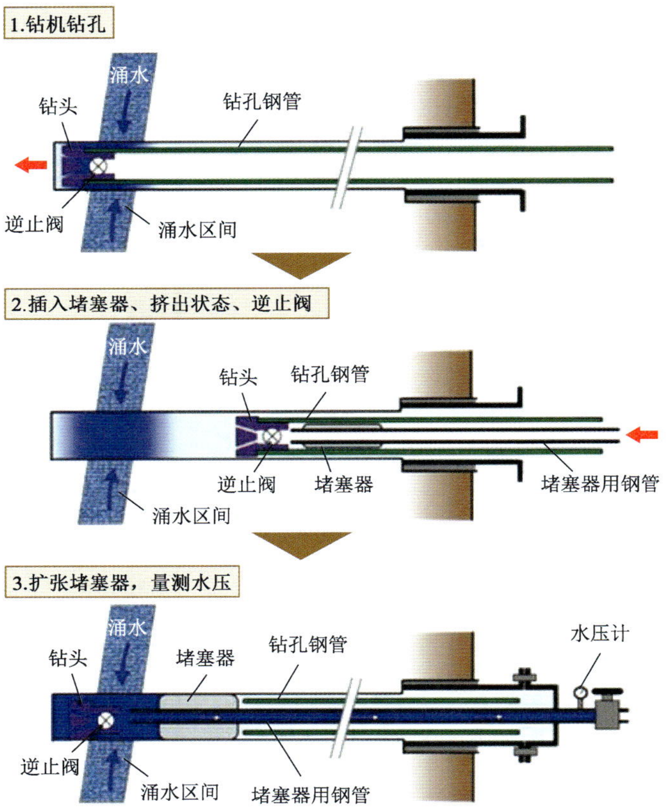

图 5-27　中长钻孔监控水压的实施步骤

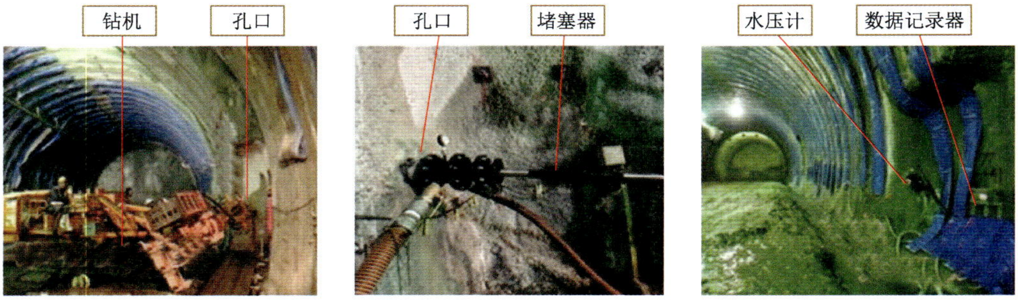

a) 钻孔的状况　　b) 堵塞器插入　　c) 中长监控状况

图 5-28　中长钻孔状况

5) 涌水对策工具(T-WELL-PLANNER)

因山区地带地表调查困难,难以事前掌握涌水发生的位置和水量。预计大涌水的隧道中,通过超前钻孔探查掌握前方的涌水地点,在隧道到达前的有限时间内做好涌水对策是非常必要的。

一般涌水对策计划流程如图 5-30 所示。

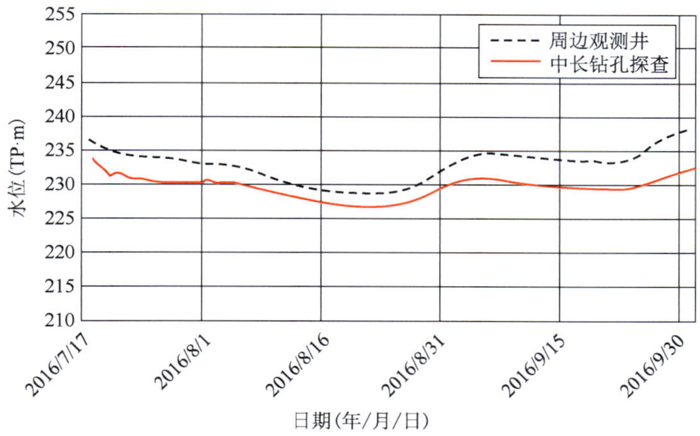

图 5-29　监控结果(水压换算为水位的比较)

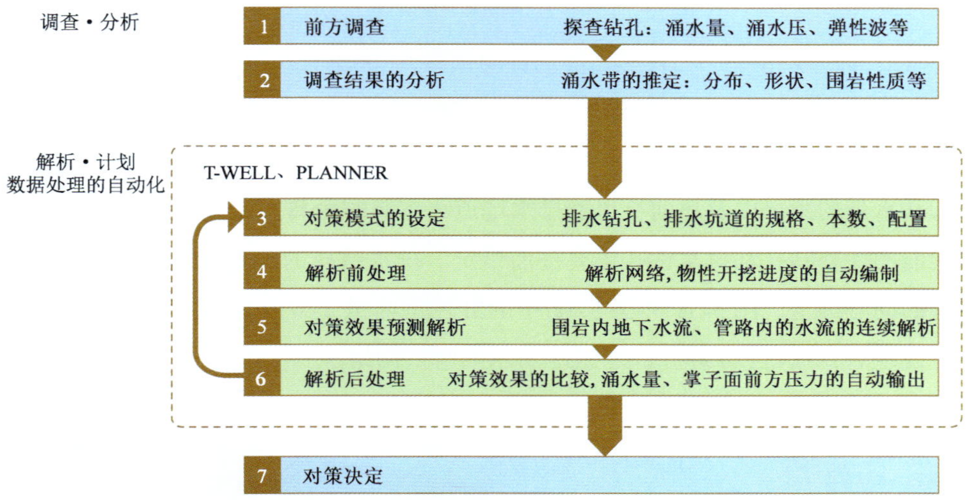

图 5-30　涌水对策计划流程

在山岭隧道中，首先应根据从掌子面进行的超前钻孔，推定掌子面前方涌水带的分布和透水性，设定几个可能的对策方案。而后，比较各对策的效果。根据费用及进度，选定最合理的对策。对策效果的预测需要进行复杂而多样的比较，特别是解析前、后处理需要的时间和人力。

基于以上背景，开发出 T-WELL-PLANNER，可以自动进行预测解析的前、后处理，大幅度缩短计划时间。

排水钻孔从掌子面向前方的涌水带钻设，以便在隧道到达涌水带前排出地下水。在钻孔排水量大的情况下，钻孔内的水流呈紊流状态，基于层流状态达西准则的地下水流动解析方法无法准确评价。T-WELL-PLANNER 中涌水对策的预测解析程序采用了 T-WELL-FLO 程序。T-WELL-FLO 是为预测排水钻孔效果而开发的地下水流动解析程序，能同时考虑围岩内的地下水流和排水钻孔内水的紊流状态并进行求解，从而更准确地预测排水钻孔的效果。

图 5-31 为 T-WELL-PLANNER 模型的基本条件。

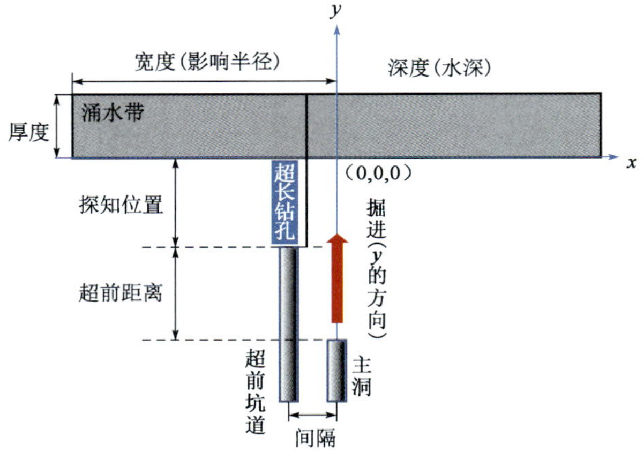

图 5-31　模型的基本条件

在 T-WELL-PLANNER 中，数据处理是自动化的，对涌水带和隧道、排水钻孔的位置关系和形状，以及对策的施工步骤等条件都有一定限制。涌水带可按任意的厚度、宽度、深度条件输入，配置在模型空间的中央位置。除主洞外，还可能有超前坑道和排水坑道等，各隧道的间隔和涌水带的距离以及超前坑道和排水坑道离主洞的距离都需要提前设定。兼有调查和排水功能的探查钻孔和排水钻孔也要提前设定。排水钻孔的配置如图 5-32 所示，配置在隧道周围的同心圆上。图 5-31 和图 5-32 中的红色字体是 T-WELL-PLANNER 的输入条件，这些条件设定后，可以自动编制如图 5-33 所示的解析网络。

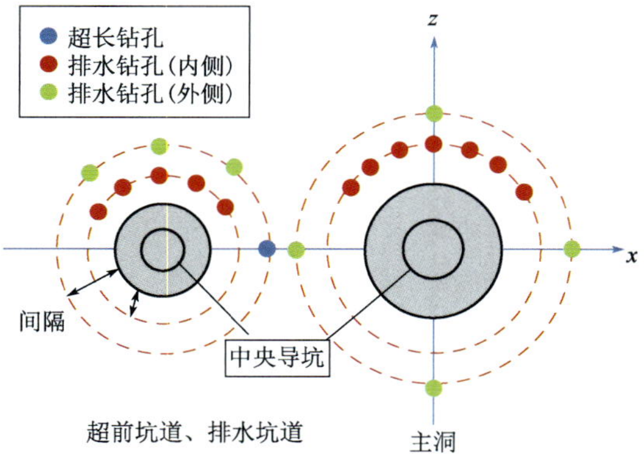

图 5-32　钻孔配置

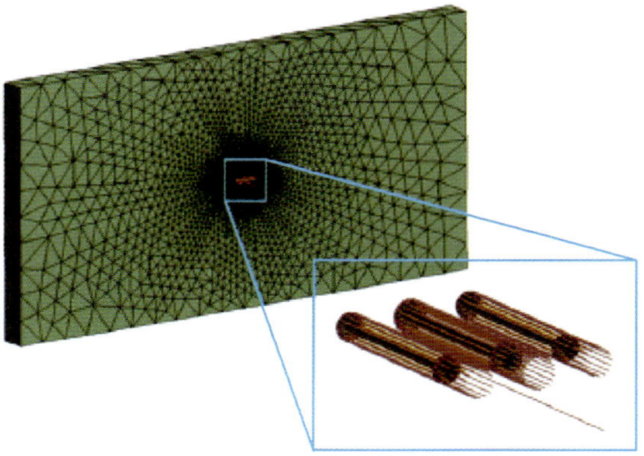

图 5-33　解析网络示例

在涌水对策计划中，从采取对策到发挥效果需要的时间是重要的研究问题，为此要预测真实反映施工的步骤和速度。在 T-WELL-PLANNER 中，可以从用探查钻孔确认涌水带时点开始，边实施对策，边掘进，直到通过涌水带的全部过程(图 5-34)，进行逐次开挖解析。作为输入条件，要给出隧道和钻孔的掘进速度、排水钻孔的掘进长度和搭接长度、施工循环等情报，程序可自动生成贯通涌水带的施工进度表及输入文件等。

解析结果自动输出隧道和钻孔的涌水量、周边围岩内的水头分布等历时变化数据。隧道涌水量用隧道全体涌水量的洞口涌水量用开挖面附近发生掌子面涌水量表示。围岩内的水头分布用等高线图的历时变化与隧道和钻孔的开挖状况表示,可动画呈现。

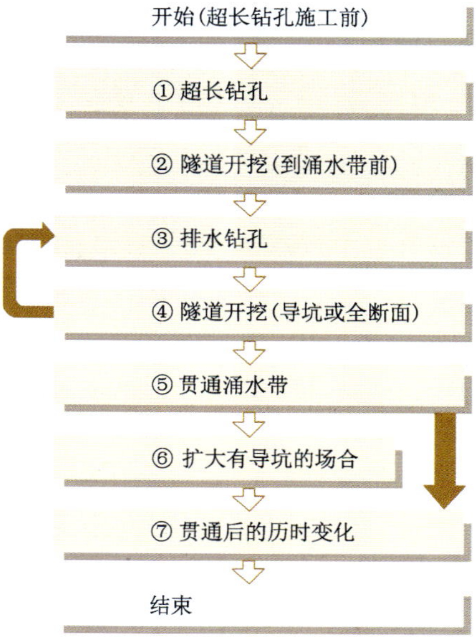

图 5-34 施工步骤

为确认 T-WELL-PLANNER 的适用性,以曾发生过大量涌水的飞弹隧道为实验对象。飞弹隧道全长 8.7km,最大埋深约 800m。在主洞掘进前先行修筑的超前坑道(开挖直径4.5m)中,距洞口约 2700m 地点曾经发生过大量涌水,涌水压 5.5MPa,洞口涌水量 50t/min,模型示意如图 5-35 所示。根据既有研究数据,采用飞弹隧道的涌水量数据,反分析大量涌水带的渗透系数。研究中,预计大量涌水带条件(宽:300m,隧道埋深:地下水位以下 550m,渗透系数:5.5×8^{-6}m/s),采用 T-WELL-PLANNER 选定涌水对策。

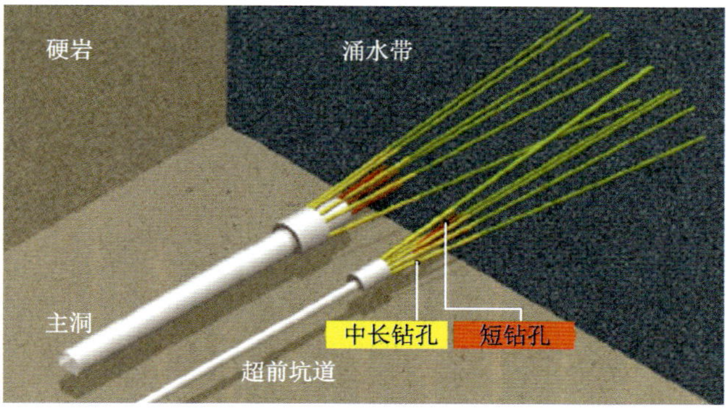

图 5-35 模型示意图

研究中,作为涌水对策的长度采用了两种排水钻孔(短及中长钻孔),选定其中组合最佳的对策。对策模式如图 5-36 所示。模式 1 是最简单的模式,设置 30m 的短排水钻孔;模式 2 从隧道扩幅部配置 70m 的中长排水钻孔并用;模式 3 是采用大直径的中长钻孔;模式 4 是从长 70m 的中长钻孔延长到 200m 的钻孔。

在对策效果的比较中,采用了施工中掌子面的最大涌水量。研究中,隧道施工可能的涌水量假定为 1L/min。模式 1 的主洞、超前坑道的最大涌水量都远大于 1L/min,无法施工。模式 2 主洞可以施工,但先行施工的超前坑道无法施工。模式 3、模式 4 的对策效果显著,都可以施工,但模式 4 成本更低,是理想的对策。

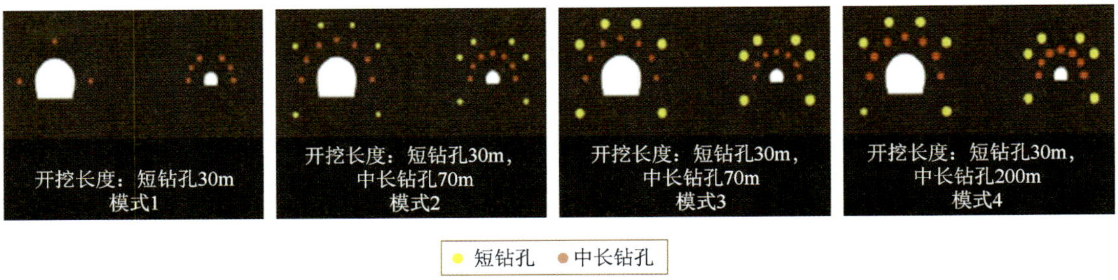

图 5-36　对策模式

模式 4 的成本低是因为施工循环次数少，扩幅部施工的费用降低所致。研究中，模式 4 消耗的时间只有半天，远低于传统方式的 5 天。

可见，采用 T-WELL-PLANNER，大幅度缩短了研究时间，给出了适当的对策。

5.3 地下水情报化施工

地下水情报化施工的流程如图 5-37 所示。

由于隧道连续开挖导致出现地点变化，上述流程重点放在随施工的任意地点进行连续评价。上述流程强化了实时监控，包括施工前的事前调查、预测解析、影响预测判断、施工中（掌子面到达前）的调查、调查结果的判断、对策选定的判断、施工中（掌子面到达—通过掌子面后）的影响判断、对策实施的判断等。

随着计算机技术的发展，三维地质模型工具不断进化，大规模的三维渗透流解析比较易于实现，可以渗透流的数值解析模型，预测伴随隧道开挖的涌水量和对地下水位的影响。图 5-38 展示了进行地质模型和物性更新的同时，进行渗透流解析的流程。

首先，基于事前调查等资料，构建隧道开挖前的地质模型。同时构建进行三维渗透流解析的数值解析模型，各地层的渗透系数和孔隙水压等的物性值要与周边钻孔等量测的地下水位和孔隙水压的计算结果整合。

其次，在数值解析模型上，预测隧道开挖涌水量等指标。

涌水量要与实态整合，隧道开挖后，把预测结果与实际的涌水量比较，如差异大，就要改变地层的物性值，并在新的条件下预测隧道开挖的涌水量。值得注意的是，除改变地层的物性值外，还要根据超前钻孔和掌子面观察等的结果（如考虑破碎带等新的地层存在）修正三维地质模型，变更数值解析模型中的物性值。

在三维渗透流解析中，隧道开挖面从非排水边界变为排水边界，解析要反复计算，配合开挖进度预测涌水量。三维渗透流解析中采用包括地表面的数值解析模型（图 5-39）预测地表面附近的地下水位变化。上述作业可利用 Geo-Graphia 软件进行。

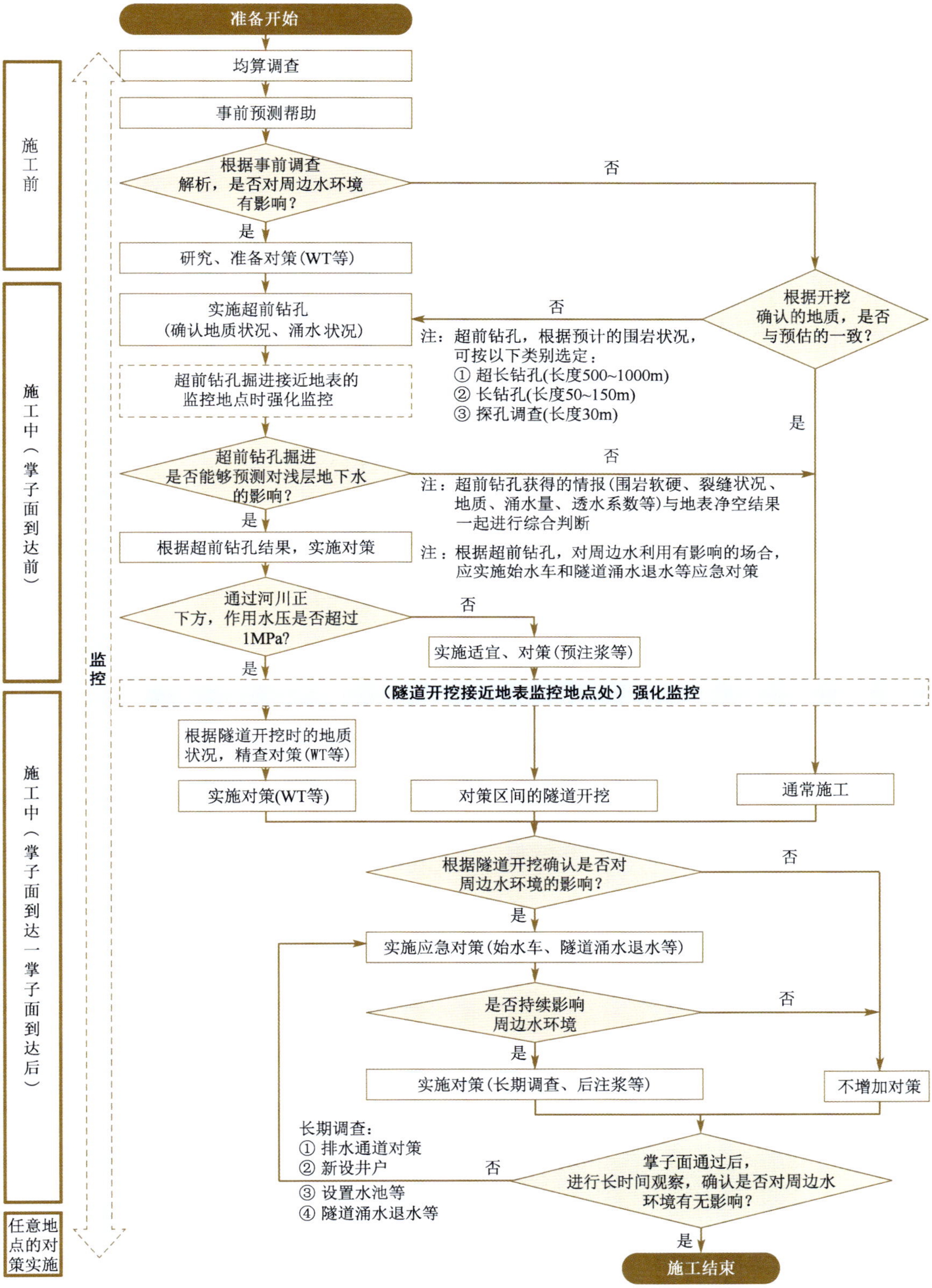

图 5-37 地下水情报化施工的流程

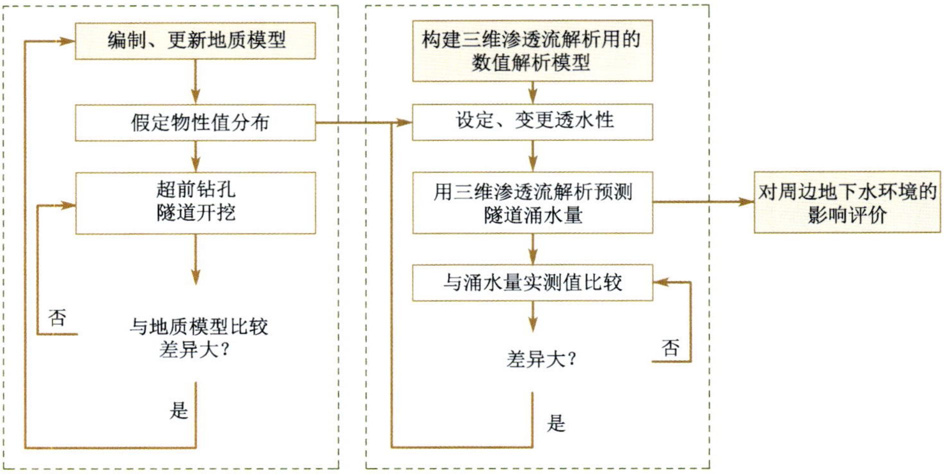

图 5-38　隧道地下水情报化施工的流程

一般来说，评价地下水问题的方法多采用地下水解析方法。以三维渗透流解析和修正贮水池模型法为代表的解析方法要求，以具有一定规模的地层模型为基础。即使利用计算机进行高速计算，也需要很长的解析时间和数据处理。而采用实际的隧道开挖数据进行反分析和验证分析的地下水解析应用较少，过去几乎没有对地下水的事前评价。因此，采用能够反映施工中实际数据的解析工具并不理想。

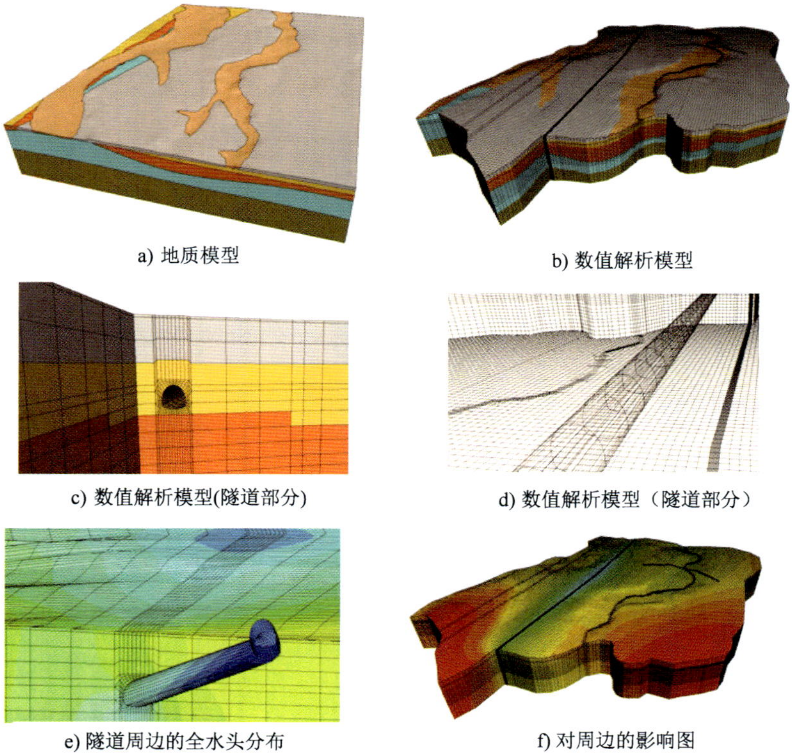

a) 地质模型　　b) 数值解析模型

c) 数值解析模型(隧道部分)　　d) 数值解析模型（隧道部分）

e) 隧道周边的全水头分布　　f) 对周边的影响图

图 5-39　数值解析模型示例

本章关注

- 采用不同长度的超前水平钻孔进行地下水调查。
- 以综合评价掌子面前方围岩状态、安全开发为目的获取涌水情报的监控系统。
- 地下水信息化施工的流程。

SHANLING

DIZHI DIAOCHA

YU ZHINENG

第6章

地质调查的社会意义与发展

地质调查是基础设施建设的“基础”。

地质调查行业是将看不见的地下调查结果加工并提供对社会有用的情报的知识型服务行业。

将每个隧道项目的地质调查扩展到地质调查行业，理解行业的社会意义和发展，有助于从更高的维度加强对地质调查工作的认识，提高地质调查人员的技术能力，推进数字化变革。

6.1 地质调查行业的社会意义

(1)明确地质调查行业的社会意义

地质调查行业是对看不见的地下地质和地层调查与分析,并在此基础上对情报进行评估,然后向有关各方报告的一种知识型服务行业。因此,地质调查的质量和精度对使用地质调查结果的各类工程有很大影响。为了使地质调查行业成为可持续发展的行业,提高社会对地质调查行业的认知十分必要。为了实现这一目标,应明确地质调查行业应有的价值及其社会意义,通过交流提高行业的意识,将其推广到有关各方。

(2)支撑所有社会基础的地质调查

地质调查行业是工程建设、维护管理、防灾减灾等所有社会基础设施的基础,是从事地质、地层相关工作的综合性专业。地质调查业涉及的基础设施包括水库、隧道、桥梁、堤坝、道路、自然边坡、人工边坡、大规模发电设施、地下贮留设施、港湾、机场等。此外,地质调查行业不仅包括陆域,还包括海域的调查。

支撑人们的生活和经济活动的道路、铁路、港湾、水库、上下水道、通信设施、学校、医院、公园、社会福利设施、防洪设施、等基础设施都是建立在“地层”上,对地质和地层进行调查的地质调查行业是这些基础设施的支柱,也是“基础设施的基础”,如图 6-1 所示。

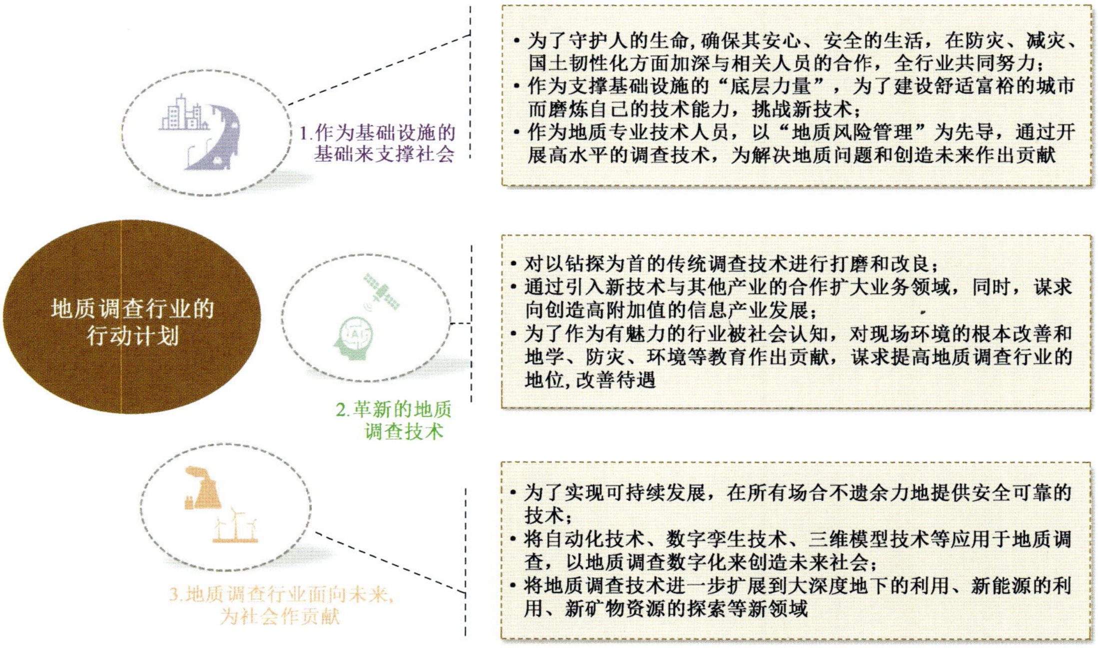

图 6-1　生活环境和地质调查的关系

(3)维护社会安全的地质调查

通过地质调查,分析风险,应对风险。近年来,人们逐渐认识到地质、地层风险管理的重要性,在工程计划、调查、设计、施工、维护管理的各个阶段,都要有地质技术人员参与,实施风险管理,因此地质调查行业起到很大作用,拥有高度专业技术的地质调查行业应该为此作出更大贡献。

6.2 地质调查行业的发展

(1)地质调查技术的继承、演进

从"匠人"的技艺到钻机的自动化。随着地层等解析技术的高精度发展,室内试验和现场调查的结果也要求高精度化。因此,在培养高技能操作人员的同时,必须推进知识和经验的数字化,从根本上提高管理和处理的效率和精度。同时,采取措施节省现场作业和检查的人力也很重要。考虑到现场工作人员的多样性,有必要减轻工作负担,在引进辅助服务等应对措施的同时,向着钻机的省力化和自动化方向演进十分重要。此外,推广代替标准贯入试验的地层调查方法,从而获取更精准的数据,也有助于建(构)筑物的设计、施工。

此外,将人工智能、物联网、大数据、机器人等新技术应用于地质调查领域,在推广新技术开发的同时,创新各种物理探测技术及相关技术,推进地质调查的高度化。近年来,安装了新型传感器锥体贯入试验(CPT)、常年微动量测和分析、空中电磁波探查等新的量测技术也正在普及。在导入新技术的同时,为了让有关各方理解其必要性和有效性,要促进行业团体与招标方的交流、地质与地层风险管理的三方会议,普及地层的 3D 建模等地质调查新技术。

(2)地质调查的情报化、地质情报的高附加值化

再定义作为新时代情报行业的地质调查行业。地质调查行业是将看不见的地下调查结果加工并提供对社会有用的情报的知识型服务行业,提供的服务就是"情报"。"情报"不仅仅是根据钻孔调查等得到的数据,还包括实地考察等的结果。根据地质技术人员的专业知识和经验解释地质、补充数据,进一步形成三维地质模型。通过包括过程在内的四维推定,将风险等级高的三维情报等作为高附加价值情报提供给有关各方。

通过物联网(IoT)将所有人和物联结在一起,共享各种知识和情报,进而使信息产生新价值。通过人工智能、大数据、物联网、机器人等技术,使情报与现实高度融合,创造出前所未有的新价值。地质调查带来的地质、地层情报是其他领域无法获得的独一无二的情报。在迈向新时代的进程中,如何将这些情报融合到网络物理系统并加以利用,关键在于地质调查行业的发展。

为此,在地质调查领域推进数字变革(DX)是必要的。推进利用各种传感器和设备获取

高质量地质情报的量测技术、地层的3D建模、在网络空间利用当地数据的数字孪生、收集情报的数据库化和开放数据化等。作为产生高附加值的情报行业，地质调查行业的发展前景广阔。此时，不仅要将现有的情报数字化，还应该推进新技术研发，获取和解析至今为止未得到的数据，并将其与社会实践联系起来。同时，通过地质调查和解析等调查得到的各种高附加值的地质、地层情报正在被行业逐渐认可，相应的调查机制也有必要与相关机构协商探讨。

地层情报数据库方面，正在推进钻孔柱状图和土质测试结果的数据库化，除此之外，今后还将推进物理勘探等其他调查成果的模型化。地质、地层为了综合性地汇集有关风险情报等，应用过去的数据，同时根据新的地质调查数据进行插值的地质调查，这使得数据的有效利用成为可能。通过情报的集成和解析，期待广域地层的3D建模等，同时在新领域的立案、基础设施的维护、地质、地层风险管理等各种各样的场景中进一步应用地质情报。另外，根据地层情报和地下埋设物情报的数据库化，可实现施工的高效化，降低维护管理的成本，强化城市设施的抗灾能力。

加强地质调查领域DX人才的培养。为了配合电子交付的实施，满足i-Construction、三维模型、基础设施领域的DX政策，制定地质情报管理师的评定制度，并发展为精通数字技术的专业资质证书。

(3)提高地质调查技术人员技术能力的改革

钻探调查中，专业的技术判断不可或缺。

地质调查行业的钻探，涉及从器材的设置到钻孔样品的采集和保管处理、确保后续调查所需的孔内条件等工作内容，作为地质技术人员，必须具备丰富的专业知识和实践经验。在地质调查行业中，不仅包括钻探，还包括原位测试的实施和汇总、量测仪器的设置和量测、物理探测数据的获取和整理等基于高度专业知识和丰富经验的地质调查。

现在，对于提高地质调查行业的重要性，正在被社会逐渐认识。根据各自的经验和业务类别职责不同，应尽可能地在技术人员培训上投入力量，以确保将来队伍的中坚力量、工作环境的改善以及充满希望的劳动环境。通过改善环境，可以将地质调查行业发展成为有魅力的职业。

与50年前的地质调查现场相比，今天的地质调查现场仍使用钻机采集土壤和岩石的基本形式，这是遵循地质调查原理、原则的方法。迄今为止的半个世纪，所有领域都发生了飞跃性的变化和进化，特别是技术领域的变革和变化是难以想象的。在这样的变化中，地质调查的基本形态还在继续改变，应以这个基本形态为核心，谋求相关领域的技术进步，收集并提供高精度的地球基础情报、地区地形、地质及水文特性情报是该行业的社会功能。

本章关注

- 人工智能、物联网、大数据、机器人等新技术应用于地质调查领域，在推广新技术开发的同时，创新各种物理探测技术及相关技术，拓展地质调查的广度和深度。
- 推进利用各种传感器和设备获取高质量地质情报的量测技术、地层的 3D 建模、在网络空间利用当地数据的数字孪生、收集情报的数据库化和开放数据化等。作为产生高附加价值的情报行业，地质调查行业的发展前景广阔。